바로바로

하루 10분

일상 일본어

바로바로

하루 10분 일성 일본어

저 자 이원준
발행인 고본화
발 행 탑메이드북
교재공급처 반석출판사
2024년 11월 10일 초판 2쇄 인쇄
2024년 11월 15일 초판 2쇄 발행
반석출판사 | www.bansok.co.kr
이메일 | bansok@bansok.co.kr
블로그 | blog.naver.com/bansokbooks

07547 서울시 강서구 양천로 583. B동 1007호
(서울시 강서구 염창동 240-21번지 우림블루나인 비즈니스센터 B동 1007호)
대표전화 02) 2093-3399 **팩 스** 02) 2093-3393
출 판 부 02) 2093-3395 **영업부** 02) 2093-3396
등록번호 제315-2008-000033호

Copyright ⓒ 이원준

ISBN 978-89-7172-988-5 (13730)

바로바로
하루 10분 ☆
일상 일본어

탑메이드북

일본은 우리나라와 경제적, 문화적 교류가 매우 활발한 나라입니다. 비즈니스로, 여행으로, 기타 여러 이유로 우리나라와 가까운 나라지요. 이렇다 보니 일본어에 대한 수요가 점점 더 커지고 있습니다. 꾸준히 일본어에 관심이 많았던 젊은 이들뿐 아니라 중장년층에서도 일본어 회화를 배우고자 하는 분들이 많아졌습니다.

그렇다면 일본어를 어떻게 공부해야 할까요? 일본어를 얼마나 공부해야 유창해질 수 있을까요? 사람마다 조금씩은 다르겠지만, 365일 동안 매일 꾸준히 공부한다면 일본에서 생활하기에 큰 문제가 없을 정도가 되지 않을까 싶습니다.

무슨 일이든 마찬가지겠지만 특히 언어는 꾸준히 하는 것이 가장 중요합니다. 며칠 동안 언어 공부를 하지 못하다가 다시 하면 마치 처음 보는 것 같이 생소하고 낯선 느낌이 듭니다. 그만큼 언어 공부는 감을 잃지 않도록 매일매일 하는 것이 가장 좋습니다.

『바로바로 하루 10분 일상 일본어』는 매일 한 문장씩 1년 동안 공부할 수 있도록 구성된 책입니다. 타이틀 문장을 활용한 대화문을 익히고, 그에 관련된 표현을 추가로 공부하는 것이 하루의 공부량입니다. 매 파트마다 타이틀 문장만 복습할 수 있도록 복습하기 페이지도 따로 마련해두었습니다. 하루 동안 공부해야 할 양은 적지만, 그것이 쌓이고 쌓이다 보면 어느 순간 일본어에 자신감이 생긴 자신을 발견할 수 있을 것입니다.

한 페이지가 적다고 가볍게 생각하지 말고 날마다 공부해 나가면서 성취감을 느끼고 더욱 신나게 공부해보세요. 의욕이 앞서 하루에 너무 많은 양을 공부하려고 하다 보면 오히려 금방 지치게 됩니다. 날마다, 꾸준히! 이 말을 잊지 마세요.

모쪼록 이 책이 일본어를 공부하고자 하는 분들에게 많은 도움이 되었으면 합니다.

저자 이원준

이 책의 특징

『바로바로 하루 10분 일상 일본어』는 매일 하나의 문장을 익히면서 관련된 표현도 함께 학습할 수 있도록 구성하였습니다.

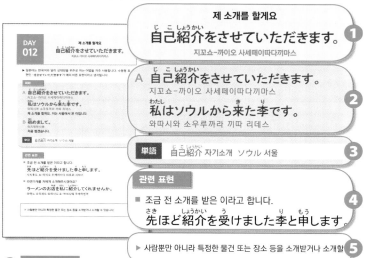

제 소개를 할게요
自己紹介をさせていただきます。 ❶
지꼬쇼-까이오 사세떼이따다끼마스

A 自己紹介をさせていただきます。
지꼬쇼-까이오 사세떼이따다끼마스 ❷
私はソウルから来た李です。
와따시와 소우루까라 끼따 리데스

単語 自己紹介 자기소개 ソウル 서울 ❸

관련 표현 ❹
■ 조금 전 소개를 받은 이라고 합니다.
先ほど紹介を受けました李と申します。

▶ 사람뿐만 아니라 특정한 물건 또는 장소 등을 소개받거나 소개할 ❺

❶ 오늘의 문장

매일 하루 유용한 표현을 배울 수 있습니다. 딱딱한 문어체 문장이 아닌 실생활에서 바로 활용할 수 있는 실용적이고 가벼운 표현들을 날마다 익혀보세요.

❷ 대화

대화문을 통해 주요표현을 활용할 수 있습니다. 일본어와 한글이 나란히 배열되어 있어 일본어를 가리고 한글만 보며 학습해 보거나 일본어를 보고 바로 옆의 뜻을 보면서 익히는 등의 학습이 가능합니다.

❸ 단어

표현이나 대화문을 통해 새로운 단어를 익힙니다.

❹ 관련 표현

주요표현과 비슷한 관련된 표현을 제시하여 익힐 수 있도록 했습니다.

❺ TIP

회화 표현 학습에 도움이 되는 팁을 수록하였습니다.

히라가나

행＼단	あ	い	う	え	お
あ	あ a 아	い i 이	う u 우	え e 에	お o 오
か	か ka 카	き ki 키	く ku 쿠	け ke 케	こ ko 코
さ	さ sa 사	し shi 시	す su 스	せ se 세	そ so 소
た	た ta 타	ち chi 치	つ tsu 츠	て te 테	と to 토
な	な na 나	に ni 니	ぬ nu 누	ね ne 네	の no 노
は	は ha 하	ひ hi 히	ふ hu 후	へ he 헤	ほ ho 호
ま	ま ma 마	み mi 미	む mu 무	め me 메	も mo 모
や	や ya 야		ゆ yu 유		よ yo 요
ら	ら ra 라	り ri 리	る ru 루	れ re 레	ろ ro 로
わ	わ wa 와				を wo 오
	ん n 응				

행＼단	ア	イ	ウ	エ	オ
ア	ア a 아	イ i 이	ウ u 우	エ e 에	オ o 오
カ	カ ka 카	キ ki 키	ク ku 쿠	ケ ke 케	コ ko 코
サ	サ sa 사	シ shi 시	ス su 스	セ se 세	ソ so 소
タ	タ ta 타	チ chi 치	ツ tsu 츠	テ te 테	ト to 토
ナ	ナ na 나	ニ ni 니	ヌ nu 누	ネ ne 네	ノ no 노
ハ	ハ ha 하	ヒ hi 히	フ hu 후	ヘ he 헤	ホ ho 호
マ	マ ma 마	ミ mi 미	ム mu 무	メ me 메	モ mo 모
ヤ	ヤ ya 야		ユ yu 유		ヨ yo 요
ラ	ラ ra 라	リ ri 리	ル ru 루	レ re 레	ロ ro 로
ワ	ワ wa 와				ヲ wo 오
	ン n 응				

목차

Part | 01

인사/만남/소개

새해를 축하합니다
新年おめでとうございます。
신넨 오메데또- 고자이마스

▶ 한국 사람들이 새해 인사로 하는 '새해 복 많이 받으세요'라는 표현은 일본에서는 새해 축하로 표현합니다.

회화

A 新年おめでとうございます。
신넨 오메데또- 고자이마스
새해를 축하합니다.

B おめでとうございます。
오메데또- 고자이마스
축하합니다.

単語 新年 신년, 새해 明ける 동이 트다, 밝다 誕生日 생일, 생신

관련 표현

■ 새해를 축하합니다.
明けましておめでとうございます。
아케마시떼 오메데또- 고자이마스

■ 생일 축하합니다.
お誕生日おめでとうございます。
오탄죠-비 오메데또- 고자이마스

▶ 생일을 말하는 誕生日 앞에 お를 붙이는 것은 보다 공손한 표현 또는 어감을 부드럽게 하는 표현으로 자주 사용됩니다.

DAY 002

안녕하세요!

おはようございます。

오하요- 고자이마스

▶ 우리말의 '안녕하세요'에 해당하는 일본어의 아침 인사는 おはようございます라고 하지만 친분이 있거나 가까운 사이에서는 おはよう만을 사용합니다.

회화

A 先生、おはようございます。
센세- 오하요- 고자이마스
선생님, 안녕하세요! (아침 인사)

B 皆さん、おはよう。
미나상 오하요-
여러분 안녕! (아침 인사)

単語 先生 선생님 皆さん 여러분

관련 표현

■ 안녕하세요. (낮 인사)

こんにちは。
곤니찌와

■ 안녕하세요. (저녁 인사)

こんばんは。
곤방와

▶ 한국어와 달리 일본어는 서양 언어들과 같이 시간에 따라 다른 인사말을 사용합니다. 상황에 맞게 사용법을 익히고 사용하도록 합니다.

잘 지냈어요?
お元気ですか。
오겡끼데스까

▶ "잘 지냈어요?"는 일본어로 お元気ですか라는 표현을 쓰며, 평소 친분이 있는 관계에서 인사를 대신해서 사용합니다.

회화

A お元気ですか。
오겡끼데스까
잘 지냈어요?

B お陰様で元気です。
오까게사마데 겡끼데스
덕분에 잘 지냈어요.

単語 元気 건강, 기운 お陰様で 덕분에

관련 표현

■ 별일 없으세요?
お変わりありませんか。
오까와리 아리마센까

■ 괜찮아요.
大丈夫ですよ。
다이죠부데스요

▶ 첫 번째 문장은 친분이 있는 관계에서 편안한 인사로 사용되므로 자주 사용되는 표현들을 잘 익혀서 상황에 맞도록 사용해보세요.

DAY 004

어떻게 지내셨습니까?

いかがお過しでしたか。

이까가 오스고시데시다까

▶ 일본에서는 어느 정도 친밀감이 있는 사이에서 최근 근황을 묻는 표현으로 주로 업무나 생활 전반적인 상황에 대한 질문에 사용됩니다.

회화

A いかがお過しでしたか。
이까가 오스고시데시다까
어떻게 지내셨어요?

B 最近、仕事で大変忙しかったです。
사이킨 시고또데 다이헨 이소가시깟따데스
최근 일 때문에 매우 바빴습니다.

単語 最近 최근 仕事 일, 업무 大変 매우, 대단하게 忙しい 바쁘게

관련 표현

■ 어떻게 지내셨습니까?

どう過しましたか。
도- 스고시마시타까

■ 안녕히 가십시오.

さようなら。
사요-나라

▶ どう는 위의 본문에서 사용된 いかが보다는 보통적인 표현이므로 상대방을 좀 더 높여주는 회화에서는 どう보다 いかが가 좀 더 공손한 표현으로 사용됨을 알아두시기 바랍니다.

일은 잘되십니까?

お仕事は上手くいっていますか。

오시고또와 우마꾸잇떼이마스까

▶ 업무적인 관계 또는 회사 내부의 동료와의 일상 중에서 자주 사용되는 표현으로 인사말 이외의 자연스럽게 대화를 시작할 수 있는 표현으로 사용합니다.

회화

A 鈴木さん、お仕事は上手くいっていますか。

스즈끼상 오시고또와 우마꾸잇떼이마스까

스즈키 씨 일은 잘되십니까?

B 相変わらず忙しいですが、どうにかやっています。

아이까와라즈 이소가시-데스가 도우니까 얏떼이마스

여전히 바쁘지만 그럭저럭 하고 있습니다.

単語 上手く 잘, 솜씨 좋게 相変わらず 여전히, 변함없이

관련 표현

■ 일은 순조롭습니다.
仕事は順調です。
시고또와 쥰쵸-데스

■ 특별히 변함은 없습니다.
特に変わりはありません。
토꾸니 가와리와 아리마센

▶ 일이 잘되어가냐는 질문에 대답할 수 있는 표현을 익혀봅시다.

DAY 006

수고하셨습니다
お疲れ様でした。
오츠카레사마데시다

▶ 일본에서는 직장동료 등과 같이 매일 만나는 사이의 헤어짐의 인사가 다양합니다.
다음 문장 표현들을 통해 좀 더 자세히 알아보겠습니다.

회화

A 課長、お疲れ様でした。
카쵸우 오츠카레사마데시다
과장님, 수고하셨습니다.

B お疲れ様。また、明日。
오츠카레사마 마타 아시타
수고했어요. 내일 봐요.

単語 課長 과장 明日 내일

관련 표현

■ 수고하셨습니다.
ご苦労様でした。
고구로-사마데시다

■ 오랜 운전에 수고하셨습니다.
長い運転、お疲れ様でした。
나가이운뗀 오츠카레사마데시다

▶ お疲れ様와 ご苦労様라는 표현은 '피로와 고생'이라는 뜻으로 사용하기보다는 '수고했다'는 헤어짐의 인사말로 사용됩니다.

오래간만입니다
久しぶりです。
히사시부리데스

▶ 지인과 오랜만에 만나는 경우 일상적인 인사보다는 오랜만에 만나고 있음을 표현하는 방법이 더욱 친근감을 주기도 합니다.

회화

A 久しぶりです。どこかに行って来ましたか。

히사시부리데스 도꼬까니 잇떼끼마시다까

오래간만입니다. 어디 다녀오셨습니까?

B 久しぶりですね。東京に行って来ました。

히사시부리데스네 도-쿄-니 잇떼끼마시다

오래간만입니다. 도쿄에 다녀왔습니다.

単語 久しぶり 오래간만 行く 가다 来る 오다

관련 표현

■ 오랜만에 전화를 했습니다.
久しぶりに電話しました。

히사시부리니 뎅와시마시다

■ 이 가게에는 오랜만입니다.
この店には久しぶりです。

고노 미세니와 히사시부리데스

▶ 일본어도 한국어와 마찬가지로 오랜만이라는 말은 대화 상대와의 관계 이외에 상황이나 경험 등에도 사용할 수 있습니다.

DAY 008

오랫동안 뵙지 못했네요

長_{なが}い間_{あいだ}、お会_あいできませんでしたね。

나가이아이다 오아이데끼마센데시다네

▶ 長_{なが}い間_{あいだ}는 근래에 자주 만나지 못할 정도의 긴 시간을 말하는 것으로, 久_{ひさ}しぶり보다 는 시간적인 의미를 부여하는 뜻으로 사용됩니다.

회화

A 長_{なが}い間_{あいだ}、お会_あいできませんでしたね。

나가이아이다 오아이데끼마센데시다네

오랫동안 뵙지 못했네요.

B 2ヶ月_{にかげつ}ぐらいアメリカに出張_{しゅっちょう}で行_いって来_きました。

니까게쯔구라이 아메리까니 슛쵸-데 잇떼끼마시다

2개월 동안 미국에 출장을 다녀왔습니다.

単語 長_{なが}い間_{あいだ} 오랫동안 会_あう 만나다 ~ヶ月_{げつ} ~개월 ぐらい 정도

관련 표현

■ 오래간만입니다.

しばらくですね。

시바라꾸데스네

■ 오랫동안 연락 못 드렸네요.

ご無沙汰_{ぶさた}しています。

고부사타시떼이마스

▶ 오랫동안 만나지 못했을 경우 인사와 친근감을 표시하는 상황에 따라 다양한 표현이 있으므 로 자주 사용되는 표현들을 잘 익혀서 상황에 맞게 사용하시기 바랍니다.

여전히 변함없으시네요

全然お変わりないですtね。

젠젠 오까와리나이데스네

▶ お変わりは 상황 등의 변화를 나타내는 말로서 상대방의 외모나 외형상의 변화를 말하는 것으로 하나의 인사 표현으로 사용됩니다.

회화

A 全然お変わりないですね。
젠젠 오까와리나이데스네
여전히 변함없으시네요.

B そうですか。少し太りましたけど…。
소우데스까 스꼬시 후토리마시다께도
그렇습니까? 조금 살쪘습니다만….

単語 変わり 변화 少し 조금 太る 살찌다

관련 표현

■ 잘 지내셨습니까?
お変わりありませんか。
오까와리 아리마센까

■ 전화번호가 바뀌셨군요.
電話番号が変わりましたね。
뎅와방고-가 가와리마시다네

▶ 두 번째 문장은 상대방이나 또는 어떤 상황의 변함에 대한 대화입니다.

DAY 010

처음 뵙겠습니다

はじめまして。

하지메마시떼

▶ 처음으로 상대방을 만났을 때 쓰는 표현으로 사용됩니다. 애매한 경우에는 こんにち は와 같은 일반적인 인사를 하는 것이 좋을 수 있습니다.

회화

A はじめまして。私は、山村です。
하지메마시떼 와따시와 야마무라데스
처음 뵙겠습니다. 저는 야마무라입니다.

B はじめまして。僕は、金です。
하지메마시떼 보꾸와 기무데스
처음 뵙겠습니다. 저는 김입니다.

単語 初め 처음 僕 나 (남자가 자신을 지칭하는 말)

관련 표현

■ 처음 뵙겠습니다.
初めてお目にかかります。
하지메떼 오메니가까리마스

■ 저는 야마무라라고 합니다.
私は、山村と申します。
와따시와 야마무라또 모-시마스

▶ 일본어로 나를 가리키는 말은 보통 私로 사용합니다만, 남성의 경우에는 僕나 俺와 같은 말로 '나, 저'를 표현하기도 합니다.

만나서 반갑습니다
お会いできて嬉しいです。
오아이데끼떼 우레시이데스

▶ 처음 만나는 사람이거나 자주 이야기를 들었던 사람을 직접 만날 경우에 사용하는 표현으로 사용됩니다.

회화

A 私は、彼の友人である松元です。
와따시와 가레노 유-진데아루 마쯔모또데스
저는 저 남자의 친구인 마츠모토입니다.

B お会いできて嬉しいです。
오아이데끼떼 우레시이데스
만나서 반갑습니다.

単語 彼 그 남자 友人 친구 嬉しい 기쁘다

관련 표현

■ 만나서 다행이다.
会えてよかった。
아에떼 요깟다

■ 처음 뵙겠습니다.
初めてお目にかかります。
하지메떼 오메니 가까리마스

▶ 첫 만남의 상황에 따라 다양한 표현이 있으므로 자주 사용되는 표현들을 잘 익혀서 상황에 맞도록 사용하세요.

DAY 012

제 소개를 할게요

自己紹介をさせていただきます。
지꼬쇼-까이오 사세떼이따다끼마스

▶ 일본어는 한국어와 달리 상대방을 위주로 하는 어법을 자주 사용합니다. 수동형 표현인 ~をさせていただきます가 예의 바른 표현이라고 생각됩니다.

회화

A 自己紹介をさせていただきます。
지꼬쇼-까이오 사세떼이따다끼마스

私はソウルから来た李です。
와따시와 소우루까라 끼따 리데스

제 소개를 할게요. 저는 서울에서 온 이입니다.

B 初めまして。
하지메마시떼

처음 뵙겠습니다.

単語　自己紹介 자기소개　ソウル 서울

관련 표현

■ 조금 전 소개를 받은 이라고 합니다.
先ほど紹介を受けました李と申します。
사끼호도 쇼-까이오 우께마시다 리또모-시마스

■ 라면가게를 저에게 소개해주시겠어요?
ラーメンのお店を私に紹介してくれませんか。
라멘노 오미세오 와따시니 쇼-까이시떼 꾸레마센까

▶ 사람분만 아니라 특정한 물건 또는 장소 등을 소개받거나 소개할 수 있습니다.

성함은 많이 들었습니다

お名前はたくさん伺いました。
오나마에와 다꾸상 우까가이마시다

▶ 처음 상대방을 만났을 경우에도 이미 지인 또는 다른 방법을 통하여 이미 상대방을 알고 있었다는 내용을 전달할 때에 사용하는 표현입니다.

회화

A こちらは、釣り仲間の鈴木さんです。
　고찌라와 쯔리나까마노 스즈끼상데스
　이쪽은 낚시 동료인 스즈키 씨입니다.

B お名前はたくさん伺いました。
　오나마에와 다꾸상 우까가이마시다
　성함은 많이 들었습니다.

単語
釣り 낚시　仲間 동료　伺う 묻다　聞く 듣다

관련 표현

■ 성함은 김 씨로부터 많이 들었습니다.
　お名前は、金さんからよく聞きましたよ。
　오나마에와 키무상까라 요꾸 끼끼마시다요

■ 어린이에게 인기가 있는 캐릭터 이름이 무엇입니까?
　子供に人気があるキャラクターの名前は何ですか。
　고도모니 닌끼가 아루 캬라꾸타-노 나마에와 난데스까

▶ 이름과 관련된 다양한 표현을 익혀봅시다.

DAY
014

잘 부탁드립니다
よろしくお願いします。
요로시꾸 오네가이시마스

▶ よろしくお願いします는 상대방에게 어떤 행동을 하는 부탁의 말과 감사를 함께 전달하는 표현입니다.

회화

A よろしくお願いします。
요로시꾸 오네가이시마스
잘 부탁드립니다.

B こちらこそ、よろしくお願いします。
고찌라고소 요로시꾸 오네가이시마스
이쪽이야말로 잘 부탁드립니다.

単語 頼む 부탁하다, 의뢰하다

관련 표현

■ 잘 부탁해.

よろしくね。
요로시꾸네

■ 잘 부탁드리겠습니다.

よろしく頼みます。
요로시꾸 다노미마스

▶ 상대방에 따라서 부탁의 표현을 하는 다양한 표현이 있으므로 자주 사용되는 표현들을 잘 익혀서 상황에 맞게 사용해보세요.

잘 다녀오세요
行ってらっしゃい。
잇떼랏샤이

▶ 목적지로 출발을 하거나 외출하는 상대방에게 쓰는 말로 사용되는 말입니다. 발음이
비교적 어려우므로 잘 기억해두시기 바랍니다.

회화

A 明日から大阪出張です。
아시따까라 오-사까슛쵸-데스
내일부터 오사카 출장입니다.

B 気を付けて、行ってらっしゃい。
키오 쯔께떼 잇떼랏샤이
조심해서 잘 다녀오세요.

単語 大阪 오사카 (일본 지명) 出張 출장

관련 표현

■ 다녀오겠습니다.

行ってきます。
잇떼끼마스

■ 다녀왔습니다.

ただいま。
타다이마

▶ 출발할 때나 도착할 때 사용하는 표현을 익혀봅시다.

DAY 016

저는 이쯤에서 실례할게요

私は、ここで失礼します。

와따시와 고고데 시쯔레이시마스

▶ 일본어에서는 상대방과 헤어질 때, 돌아가겠다는 직설적인 표현보다 실례한다는 표현을 사용합니다. 상대방에 대한 정중한 의사 표현으로 사용합니다.

회화

A 食事でもしますか。
쇼꾸지데모시마스까
식사라도 하실까요?

B 私は、ここで失礼します。
와따시와 고고데 시쯔레이시마스
저는 이쯤에서 실례할게요.

単語 食事 식사 失礼 실례 帰る 돌아가다 そろそろ 슬슬

관련 표현

■ 이젠 가지 않으면…
もう帰らないと…。
모- 카에라나이또…

■ 슬슬 가야 합니다.
そろそろ行かなくては。
소로소로 이까나꾸떼와

▶ 상대방에 따라 헤어지는 말을 꺼내는 방법은 다양합니다. 친근한 사이에서는 위와 같은 표현을 사용하므로 상황에 맞게 사용해보시기 바랍니다.

DAY 017

다음에 다시 연락해요
あとで、また連絡しましょう。
아또데 마따 렌라꾸시마쇼-

▶ 현재의 대화를 종료하고 추후에 연락을 하겠다는 표현입니다.

회화

A これから会議に参加しないといけません。
고레까라 가이기니 산까시나이또 이께마센
이제부터 회의에 참석하지 않으면 안 되겠습니다.

B あとで、また連絡します。
아또데 마따 렌라꾸시마스
다음에 다시 연락해요.

単語 会議 회의 参加 참가

관련 표현

■ 후일에 연락하겠습니다.
後日、連絡します。
고지쯔 렌라꾸시마스

■ 연락처를 남기겠습니다.
連絡先を残します。
렌라꾸사끼오 노꼬시마스

▶ 업무적인 관계나 자신을 모르는 제3자에게 연락처를 전할 경우에는 連絡先を残しますの
で라는 표현을 자주 사용합니다.

DAY 018

안녕히 주무세요

おやすみなさい。

오야스미나사이

▶ 밤에 헤어질 때에 사용되는 인사로 공손한 표현은 **おやすみなさい**라고 하며, 친근한 사이일 경우나 아랫 사람에게는 **おやすみ**라고도 표현합니다.

회화

A 今日は、本当に疲れました。眠くなります。
きょう　　ほんとう　つか　　　　　　ねむ
꾜-와 혼또-니 쯔까레마시다 네무꾸나리마스
오늘은 정말 힘들었습니다. 졸리군요.

B おやすみなさい。
오야스미나사이
안녕히 주무세요.

単語 疲れる 피곤하다　眠い 졸리다
つか　　　　　　ねむ

관련 표현

■ 푹 쉬세요.

ゆっくり休んで下さい。
やす
윳꾸리 야슨데 구다사이

■ 감기로 학교를 쉬고 있습니다.

風邪で学校を休んでいます。
か　ぜ　がっこう　やす
카제데 각꼬-오 야슨데이마스

▶ 상대방에게 '잘 쉬라'는 표현은 상황에 따라 다양한 표현이 있으므로 자주 사용되는 표현들을 잘 익혀서 상황에 맞게 사용해보시기 바랍니다.

좋은 꿈 꾸세요
いい夢みて下さい。
이- 유메미떼 구다사이

▶ 상대방에게 헤어짐의 인사 또는 어떤 상황에 맞는 기원을 담는 의미로 좋은 꿈을 꾸라는 뜻으로 사용됩니다.

회화

A 明日、試験の結果発表があります。
아시따 시껭노 겟까합뾰-가 아리마스
내일 시험 결과 발표가 있습니다.

B いい夢みて下さい。
이- 유메미떼 구다사이
좋은 꿈 꾸세요.

単語 試験 시험 結果 결과 発表 발표 夢 꿈

관련 표현

■ 꿈이 이루어지면 좋겠네요.
夢が叶うといいですね。
유메가 가나우또 이이데스네

■ 큰 꿈이 있습니다.
大きな夢があります。
오-끼나 유메가 아리마스

▶ 일본어에서도 한국어와 마찬가지로 夢는 잠으로 꾸는 꿈과 바람 또는 희망사항을 말하는 꿈을 말합니다.

DAY 020

당신의 이름은 무엇입니까?

あなたのお名前は何ですか。

아나따노 오나마에와 난데스까

▶ 상대방의 이름을 묻는 방법에는 상대에 따라 다양한 표현이 있으므로 자주 사용되는 표현들을 잘 익혀서 상황에 맞게 사용해보시기 바랍니다.

회화

A あなたのお名前は何ですか。

아나따노 오나마에와 난데스까

당신의 이름은 무엇입니까?

B 僕の名前は松元一郎と申します。

보꾸노 나마에와 마쯔모또이찌로-또 모우시마스

저의 이름은 마츠모토 이치로입니다.

단어 名前 이름 作家 작가

관련 표현

■ 성함을 여쭈어도 좋습니까?

お名前をお聞きしてもよろしいですか。

오나마에오 오끼끼시떼모 요로시이데스까

■ 작가의 이름은 무엇입니까?

作家の名前は何ですか。

삭까노 나마에와 난데스까

▶ ~してもよろしいですか(~해도 좋습니까?)라는 표현은 상대방의 의사를 정중하게 묻는 표현방법입니다.

제가 어떻게 호칭을 하면 될까요?

なんとお呼びしたらいいですか。

난또 오요비시따라 이이데스까

▶ 일본에서는 서로 인정하는 친근한 관계가 되기 전에는 상대방의 이름이 아닌 성을 부르는 것이 일반적인 예의입니다.

회화

A なんとお呼びしたらいいですか。
난또 오요비시따라 이이데스까
제가 어떻게 호칭을 하면 될까요?

B 僕のことを松元と呼んでください。
보꾸노 고또오 마쯔모또또 욘데구다사이
저를 마츠모토라고 불러주세요.

単語 なんと 어떻게 呼ばれる 불리다

관련 표현

■ 나는 모두에게 스즈키라고 불립니다.
私はみんなから鈴木と呼ばれます。
와따시와 민나까라 스즈끼또 요바레마스

■ 성함은 어떻게 되십니까?
お名前は何とおっしゃいますか。
오나마에와 난또 옷샤이마스까

▶ 상대방에게 호칭을 묻는 다양한 표현을 익혀봅시다.

DAY 022

어느 나라 분이신가요?

どちらのお国の方ですか。

도찌라노 오꾸니노 가따데스까

▶ 외관으로 어느 나라의 사람인지 모를 때 상대방의 출신 국가를 묻는 표현입니다. 상황에 맞도록 공손한 표현을 익혀 사용해보시기 바랍니다.

회화

A 彼はどちらのお国の方ですか。
가레와 도찌라노 오꾸니노 가따데스까
그 남자는 어느 나라 분이신가요?

B 彼はイギリスの人です。
가레와 이기리스노 히또데스
그 남자는 영국 사람입니다.

単語　国 국가, 나라　方 분('人 사람'의 높임말)　イギリス 영국

관련 표현

■ 어디 출신이십니까?

どちらのご出身ですか。

도찌라노 고슛신데스까

■ 나는 홋카이도 출신입니다.

私は北海道の生まれです。

와따시와 홋까이도-노 우마레데스

▶ 出身과 生まれ는 모두 출생지 또는 출신을 의미합니다.

가족은 몇 명인가요?
家族は何人ですか。
가조꾸와 난닌데스까

▶ 사람의 수를 질문할 때 가장 기본적인 표현은 何人입니다.

회화

A 中村さんの家族は何人ですか。
나까무라상노 가조꾸와 난닌데스까
나카무라 씨의 가족은 몇 명인가요?

B 彼女の家族は全部で5人です。
가노죠노 가조꾸와 젠부데 고닌데스
그녀의 가족은 모두 5명입니다.

単語 家族 가족 何人 몇 명 全員 전원

관련 표현

■ 몇 명 가족입니까?
何人家族ですか。
난닌 가조꾸데스까

■ 나카무라 씨는 가족이 많으시군요.
中村さんは家族が多いですね。
나까무라상와 가조꾸가 오-이데스네

▶ ~といわれている(~라고 하는)는 대화를 하는 본인의 의견이 아닌 이미 알려진 사실을 근거
로 하여 내용을 전달하는 뜻으로 사용됩니다.

DAY 024

가족 구성원이 어떻게 되세요?

家族構成はどうなりますか。
か ぞく こう せい

가조꾸고-세-와 도-나리마스까

▶ 상대방과의 친근함을 유도하는 대화 방법 중 하나로 상대방의 가족 구성원을 질문할 때 사용되는 표현입니다.

회화

A あなたの家族構成はどうなりますか。
か ぞく こう せい

아나따노 가조꾸고-세-와 도-나리마스까

당신의 가족 구성원이 어떻게 되세요?

B 私の家族は父と母それから私と弟です。
わたし か ぞく ちち はは わたし おとうと

와따시노 가조꾸와 찌찌또 하하 소레까라 와따시또 오또-또데스

저의 가족은 아버지와 어머니 그리고 저와 동생입니다.

単語 構成 구성 父 (나의) 아버지 母 (나의) 어머니 弟 남동생
こうせい　　　ちち　　　　　　はは　　　　　　おとうと

관련 표현

■ 나까무라 씨의 가족 구성을 알고 계십니까?

中村さんの家族構成をご存知ですか。
なかむら　　　か ぞくこうせい　　　ぞん じ

나까무라상노 가조꾸고-세-오 고존지데스까

■ 부모님과 3자매의 가족입니다.

両親と3人姉妹の家族です。
りょうしん　　さんにん し まい　　か ぞく

료-신또 산닌시마이노 가조꾸데스

▶ ~をご存知ですか(~를 알고 계십니까?)는 보통의 ~を知りますか(~를 알고 있어요?)보다 더욱 공손한 표현입니다.

형제자매는 있나요?

きょうだい
兄弟はいますか。

교-다이와 이마스까

▶ 형제자매라는 표현은 兄弟를 사용하여 전체적인 형제관계를 나타내는 뜻입니다.

회화

きょうだい
A **兄弟はいますか。**
교-다이와 이마스까
형제자매는 있나요?

わたし さん し まい おとこきょうだい
B **私は3姉妹です。男兄弟はいません。**
와따시와 산시마이데스 오또꼬교-다이와 이마센
저는 3자매입니다. 남자형제는 없습니다.

単語 おとこきょうだい
男兄弟 남자 형제 いらっしゃる 계시다 ねえ お姉さん 언니, 누님

관련 표현

■ 형제자매분은 계십니까?
きょうだい
ご兄弟はいらっしゃいますか。
고꾜-다이와 이랏샤이마스까

■ 언니/누님은 계십니까?
ねえ
お姉さんはいますか。
오네-상와 이마스까

▶ 일본어에서는 본인의 가족과 남의 가족을 부르는 말이 구분되어 있는 경우가 있습니다. お
ねえ あね
姉さん의 경우는 남의 가족의 언니 또는 누님을 말하며, 본인의 언니 또는 누님은 姉라고
합니다.

DAY 026

형제 중에서 몇 째입니까?

兄弟のなかで何番目ですか。

교-다이노 나까데 난방메데스까

▶ 순서를 질문하는 표현으로 何番目를 사용합니다. 이런 질문에 대해서는 전체 중의
순서를 의미하는 것으로 이해하시면 된다는 것을 알아두시기 바랍니다.

회화

A 兄弟のなかで何番目ですか。
교-다이노 나까데 난방메데스까
형제 중에서 몇 째입니까?

B 3人兄弟の真ん中です。
산닌 교-다이노 만나까데스
3형제의 가운데입니다.

単語 番目 (순서) ~번째 兄弟 형제 真ん中 한가운데

관련 표현

■ 몇 형제의 몇 번째입니까?
何人兄弟の何番目ですか。
난닌 교-다이노 난방메데스까

■ 2자매 중의 장녀입니다.
2人姉妹の長女です。
후따리 교-다이노 쵸-죠데스

▶ 구성원을 묻는 질문에는 전체적인 구성원을 나타내는 사람수와 구성원을 함께 사용합니다.
5人家族, 3人兄弟, 2人姉妹 등과 같이 사용됩니다.

저는 외동딸입니다
私は一人娘です。
わたし　ひと　り　むすめ

와따시와 히또리무스메데스

▶ 핵가족 사회에서 형제가 없는 외동아를 나타내는 다양한 표현이 있으므로 자주 사용되는 표현들을 잘 익혀서 상황에 맞게 사용해보시기 바랍니다.

회화

A ご兄弟は何人ですか。
きょうだい　なん にん

고교-다이와 난닌데스까

형제는 몇 명이십니까?

B 私は一人娘です。
わたし　ひと り むすめ

와따시와 히또리무스메

저는 외동딸입니다.

単語 一人娘 외동딸　一人っ子 외동　一人ぼっち 외톨이
ひとりむすめ　　　　　ひと り こ　　　　　ひと り

관련 표현

■ 저는 외동입니다.
私は一人っ子です。
わたし　ひと り　こ

와따시와 히또릿꼬데스

■ 외톨이가 되었다.
一人ぼっちになった。
ひと り

히또리봇찌니 낫따

▶ ぼっち라는 지시대명사가 수량을 나타내는 체언에 붙어서 '(겨우)~뿐, ~밖에'라는 뜻으로 사용되며, ぽち, ぼっち, ぽちろ도 사용됩니다.

DAY 028

아이는 있나요?

子供さんはいますか。

고도모상와 이마스까

▶ 일본어에서는 '나의 아이'와 '상대의 아이'를 말하는 단어에 차이가 있습니다.

회화

A 子供さんはいますか。
고도모상와 이마스까
아이는 있나요?

B 子供は2人います。中校生と小学生です。
고도모와 후따리 이마스 츄-가꾸세-또 쇼-가꾸세-데스
아이는 2명 있습니다. 중학생과 초등학생입니다.

単語 子供 아이, 어린이 中校生 중학생 小学生 초등학생

관련 표현

■ 자녀는 있습니까?

お子さんはいますか。
오꼬상와 이마스까

■ 아이는 몇 명입니까?

子供さんは何人ですか。
고도모상와 난닌데스까

▶ 본인의 아이를 말할 경우 子供라고 말하지만 남의 아이를 말할 경우에는 子供さん이라고
말합니다. 보통의 경우 남의 가족을 말할 때는 ~さん을 붙이는 것을 알아두시기 바랍니다.

당신은 무슨 띠인가요?
あなたの干支はなんですか。
아나따노 에또와 난데스까

▶ 한국과 마찬가지로 일본에서도 '띠'를 사용하며 순서도 동일합니다. 나이를 묻는 경우에 사용하므로 표현 방법을 알아두시기 바랍니다.

회화

A あなたの干支はなんですか。
아나따노 에또와 난데스까
당신은 무슨 띠인가요?

B 私は蛇年です。
와따시와 헤비토시데스
저는 뱀띠입니다.

単語 干支 띠, 간지 蛇 뱀 年 해, 나이 生まれ 출생, 띠

관련 표현

■ 무슨 해에 태어나셨습니까?
なに年生まれですか。
나니토시 우마레데스까

■ 마츠모토 씨는 무슨 띠세요?
松元さんはなに年ですか。
마쯔모또상와 나니토시데스까

▶ 일본에서 띠는 다음과 같이 부르고 있습니다. 鼠(쥐), 牛(소), 虎(호랑이), 兎 (토끼), 竜 (용), 蛇(뱀), 馬(말), 羊 (양), 猿(원숭이), 鶏(닭), 犬 (개), 猪 (멧돼지) 특히, 한국에서 말하는 '돼지띠'는 일본에서는 '멧돼지띠'로 말합니다.

DAY 030

저의 전공은 무역입니다
私の専攻は貿易です。
와따시노 센꼬-와 보-에끼데스

▶ 대학에서의 전공 혹은 각 분야에서의 전문분야를 질문할 때 쓰는 표현으로 자주 사용되는 표현들을 잘 익혀서 상황에 맞게 사용해보시기 바랍니다.

회화

A 大学で何を専攻しましたか。
다이가꾸데 나니오 센꼬-시마시다까
대학에서 무엇을 전공하셨습니까?

B 私の専攻は貿易です。
와따시노 센꼬-와 보-에끼데스
저의 전공은 무역입니다.

単語 大学 대학　専攻 전공　貿易 무역

관련 표현

■ 당신의 전공은 무엇입니까?
あなたの専攻は何ですか。
아나따노 센꼬-와 난데스까

■ 어떤 것을 전공하고 있습니까?
どんなことを専攻していますか。
돈나 고또오 센꼬-시떼이마스까

▶ 각 부문별 전공은 다음을 참고해주시기 바랍니다. 経済 (경제), 法律 (법률) 国語 (국어), 政治 (정치), 電気工学 (전기공학), 物理学 (물리학), 機械工学 (기계공학), 医学 (의학), 生命工学 (생명공학)

Day 001 새해를 축하합니다
新年おめでとうございます。

Day 002 안녕하세요!
おはようございます。

Day 003 잘 지냈어요?
お元気ですか。

Day 004 어떻게 지내셨습니까?
いかがお過しでしたか。

Day 005 일은 잘되십니까?
お仕事は上手くいっていますか。

Day 006 수고하셨습니다
お疲れ様でした。

Day 007 오래간만입니다
久しぶりです。

Day 008 오랫동안 뵙지 못했네요
長い間、お会いできませんでしたね。

Day 009 여전히 변함없으시네요
全然お変わりないですね。

Day 010 처음 뵙겠습니다
はじめまして。

Day 011 만나서 반갑습니다
お会いできて嬉しいです。

Day 012 제 소개를 할게요
自己紹介をさせていただきます。

Day 013 성함은 많이 들었습니다
お名前はたくさん伺いました。

Day 014 잘 부탁드립니다
よろしくお願いします。

Day 015 잘 다녀오세요
行ってらっしゃい。

Day 016 저는 이쯤에서 실례할게요
私は、ここで失礼します。

Day 017 다음에 다시 연락해요

あとで、また連絡しましょう。

Day 018 안녕히 주무세요

おやすみなさい。

Day 019 좋은 꿈 꾸세요

いい夢みて下さい。

Day 020 당신의 이름은 무엇입니까?

あなたのお名前は何ですか。

Day 021 제가 어떻게 호칭을 하면 될까요?

なんとお呼びしたらいいですか。

Day 022 어느 나라 분이신가요?

どちらのお国の方ですか。

Day 023 가족은 몇 명인가요?

家族は何人ですか。

Day 024 가족 구성원이 어떻게 되세요?

家族構成はどうなりますか。

Day 025 형제자매는 있나요?

兄弟はいますか。

Day 026 형제 중에서 몇 째입니까?

兄弟のなかで何番目ですか。

Day 027 저는 외동딸입니다

私は一人娘です。

Day 028 아이는 있나요?

子供さんはいますか。

Day 029 당신은 무슨 띠인가요?

あなたの干支はなんですか。

Day 030 저의 전공은 무역입니다

私の専攻は貿易です。

Part | 02

감사/사과
축하/대답

DAY 031

감사합니다

ありがとうございます。

아리가또- 고자이마스

▶ 일본인은 사소하다고 생각이 들 정도의 내용에도 상대방에 대한 감사와 사과의 표현을 자주 합니다.

회화

A ありがとうございます。
아리가또- 고자이마스
감사합니다.

B どういたしまして。
도-이따시마시떼
별말씀을요.

単語 感謝 감사 お礼 감사, 사례

관련 표현

■ 감사합니다.
感謝します。
간샤시마스

■ 감사드립니다.
お礼を申し上げます。
오레-오 모-시아게마스

▶ 감사의 표현은 보통 ありがとうございます를 사용하지만 비즈니스와 같이 격식이 필요한 경우에는 感謝します 또는 お礼を申し上げます라는 표현을 사용합니다.

도움 주셔서 감사드립니다

助^{たす}けてくれて、ありがとうございます。

다스께떼 꾸레떼 아리가또- 고자이마스

▶ 상대방의 도움으로 어떤 문제나 어려움이 해결된 상황에 대해 고마움을 전하는 뜻으로 사용되므로 관련 표현을 통해 표현 방법을 알아두시기 바랍니다.

회화

A 助^{たす}けてくれて、ありがとうございます。
  다스께떼 꾸레떼 아리가또- 고자이마스
  도움 주셔서 감사드립니다.

B いいえ、どういたしまして。
  이-에 도-이따시마시떼
  아닙니다. 별말씀을요.

単語 助^{たす}かる 도움되다 手伝^{てつだ}う 거들다, 돕다

관련 표현

■ 덕분에 도움이 되었습니다.
  お陰^{かげ}で助^{たす}かりました。
  오까게데 다스까리마시다

■ 도와줘서 고마워.
  手伝^{てつだ}ってくれて、ありがとう。
  데쯔닷떼꾸레떼 아리가또-

▶ 감사의 말에 대한 일반적인 답변으로 いいえ、どういたしまして라는 표현을 씁니다만, 간단하게 いいえ만을 사용하는 경우도 많이 있습니다.

마중 나와주셔서 감사합니다

迎えに来てくれて、ありがとうございます。

무까에니 끼떼꾸레떼 아리가또- 고자이마스

▶ 방문지에 도착하였을 때 상대방이 마중을 나와준 상황에 대해 고마움을 전하는 말입
니다.

회화

A 迎えに来てくれて、ありがとうございます。

무까에니 끼떼꾸레떼 아리가또- 고자이마스

마중 나와주셔서 감사합니다.

B ようこそ、お越しくださいました。

요-꼬소 오꼬시구다사이마시다

어서 오십시오. 환영합니다.

単語 迎え 마중, 맞이 ようこそ 어서 오십시오 お越し 오심, 왕림

관련 표현

■ 마중 나와주겠니?

迎えに来てくれるの。

무까에니 끼떼꾸레구노

■ 마중하러 갈까요?

お迎えにいきましょうか。

오무까에니 이끼마쇼-까

▶ '마중'이라는 의미의 迎え는 '맞이하다'라는 뜻의 迎える의 명사형으로, 공손한 표현 또는
부드러운 표현으로는 お를 붙여서 사용할 수 있습니다.

배웅해주셔서 감사합니다

お見送りしてくださって、
ありがとうございます。

오미오꾸리시떼구다삿떼 아리가또- 고자이마스

▶ 공항이나 터미널과 같이 방문지에서 출발할 때에 상대방이 배웅을 나와준 상황에 대해 고마움을 전하는 말입니다.

회화

A **お見送りしてくださって、ありがとうございます。**
오미오꾸리시떼구다삿떼 아리가또- 고자이마스
배웅해주셔서 감사합니다.

B **気を付けて、お帰り下さい。**
키오 쯔께떼 오까에리 구다사이
조심해서 돌아가십시오.

単語 見送り 배웅 気を付ける 조심하다 帰る 돌아가다, 귀가하다

관련 표현

■ 공항까지 배웅해드리겠습니다.
空港までお見送りします。
꾸-꼬-마데 오미오꾸리시마스

■ 현관까지 배웅할게.
玄関まで見送る。
겐깐마데 미오꾸루

▶ ~まで는 '~까지'라는 뜻으로 때의 흐름이나 공간적인 이동, 상태, 동작이 미치는 한계점을 나타낼 때에 쓰입니다.

DAY 035

정말 도움이 되었습니다
本当に助かりました。
ほんとう　たす

혼또-니 다스까리마시다

▶ 상대방의 도움으로 어려움이 해결된 상황에 대해 고마움을 전하는 말로, 本当に(정
말로)는 감사하는 느낌을 강조할 때에 함께 사용합니다.

회화

A 鈴木さん、本当に助かりました。
すず き　　　ほんとう　たす

스즈끼상 혼또-니 다스까리마시다

스즈키 씨 정말 도움이 되었습니다.

B 良かったですね。それは何よりです。
よ　　　　　　　　　　　　なに

요깟다데스네 소레와 나니요리데스

잘되었네요. 다행입니다.

単語 とても 대단히　大変 매우　役に立つ 도움이 되다, 쓸모가 있다
だいへん　　　やく　た

관련 표현

■ 대단히 도움이 되었습니다.
とても助かりました。
たす

도떼모 다스까리마시다

■ 매우 도움이 되었습니다.
大変役に立ちました。
だいへんやく　た

다이헨 야꾸니 다찌마시다

▶ それは何よりです는 '그것은 무엇보다…'라는 뜻이 아니라 '다행스럽다'라는 뜻의 관용적인
표현임을 알아두시기 바랍니다.

어떻게 감사를 드려야 할지 모르겠습니다
何とお礼を申したらいいのか分かりません。

난또 오레-오 모-시따라 이-노까 와까리마센

▶ 상대방에게 감사의 뜻을 전달하는 매우 공손한 표현으로, 특히, 비즈니스 또는 업무 적인 관계나 윗사람에게 대한 감사의 뜻을 전달할 때 사용됩니다.

회화

A 何とお礼を申したらいいのか分かりません。
난또 오레-오 모-시따라 이-노까 와까리마센
어떻게 감사를 드려야 할지 모르겠습니다.

B そうなことありませんよ。
손나 고또 아리마센요
그러실 것 없어요.

単語 分かる 알다, 이해하다 心 마음, 의향

관련 표현

■ 어찌 감사를 드려야 할지 모르겠습니다.
感謝の申し上げようもありません。
간샤노 모-시아게요모 아리마센

■ 진심으로 감사드립니다.
心から感謝します。
고꼬로까라 간샤시마스

▶ 心からは '마음으로부터' 또는 '진심으로'라는 뜻으로 사용됩니다. 마음을 담아서 감사하거 나 용서를 구할 때에 사용됩니다.

DAY 037

사소한 일인데 감사할 필요 없어요

小さいことなので、お礼なんていりません。

ちい　　　　　　　　　れい

짜-사이 고또나노데 오래-난떼 이리마센

▶ 일본인들은 상대방에 대한 감사는 잘 표현하는 반면 타인의 감사를 받는 상황에서는
적당히 사양하듯이 겸손한 표현을 많이 사용합니다.

회화

A 先日はありがとうございました。
せんじつ

센지쯔와 아리가또- 고자이마시다

일전에는 감사했습니다.

B 小さいことなので、お礼なんていりません。
ちい　　　　　　　　　　　れい

찌-사이 고또나노데 오레-난떼 이리마센

사소한 일인데 감사할 필요 없어요.

単語　先日 일전　小さい 작다
　　　　せんじつ　　　ちい

관련 표현

■ 대단한 것도 아니다.

大したことではない。
たい

다이시따 고또데와나이

■ 감사의 말을 들을 정도의 것은 아닙니다.

お礼を言われるほどのことではありません。
れい　　い

오레-오 이와레루호도노 고또데와 아리마센

▶ ~ほど는 '~ 정도'로 행동의 한계 또는 범위를 말합니다. 어떤 동작을 하는 정도만큼을 한정
할 때에 쓰는 표현입니다.

감사합니다. 그럼 사양하지 않겠습니다
ありがとうございます。では遠慮なく。
아리가또- 고자이마스 데와 엔료-나꾸

▶ 상대방의 호의를 받아들일 때 사용하는 표현 방법으로 사양하지 않는다는 **遠慮なく**를 붙여서 사용합니다.

회화

A 家に遊びに来てください。
우찌니 아소비니 끼떼구다사이
집에 놀러 오세요.

B どうもありがとうございます。では遠慮なく。
도-모 아리가또- 고자이마스 데와 엔료-나꾸
대단히 감사합니다. 그럼 사양하지 않겠습니다.

単語 家 집 遊び 놀이 どうも 대단히, 정말로 遠慮 사양

관련 표현

■ 사양하지 않고 쓰겠습니다.
遠慮なく使わせてもらいます。
엔료-나꾸 쯔까와세떼 모라이마스

■ 너무 사양하지 마세요.
遠慮しすぎるなよ。
엔료-시스기루나요

▶ ~すぎ의 뜻은 '~지나치다'로 때를 나타내는 말과 함께 쓸 경우에는 때의 지나침을 뜻하며, 동사에 붙여 쓸 경우에는 동사의 행위가 지나치다는 뜻입니다.

죄송합니다

申し訳ありません。

모-시와께 아리마센

▶ 상대방에게 사과의 뜻을 전달하는 매우 공손한 표현으로, 특히, 비즈니스 또는 업무적인 관계나 윗사람에 대한 사과의 뜻을 전달할 때 사용합니다.

회화

A 約束時間に遅れそうです。申し訳ありません。

야꾸소꾸지깐니 오꾸레소우데스 모-시와께 아리마센

약속시간에 늦을 것 같습니다. 죄송합니다.

B 時間を気にしないでください。

지깐오 기니시나이데 구다사이

시간을 신경 쓰지 마세요.

単語 約束 약속 訳 이유, 뜻, 사정

관련 표현

■ 기다리게 해서 죄송합니다.

お待たして、すみませんでした。

오마따세시떼 스미마센데시다

■ 정말 죄송합니다.

本当にごめんなさい。

혼또-니 고멘나사이

▶ 일본어로 사과의 표현은 ごめん(미안), ごめんなさい(미안합니다), すみません(미안합니다), 申し訳ありません(죄송합니다) 등이 있습니다. 각각의 어감의 차이가 있으므로 대화의 상대에 따라 구별해서 사용하시는 것이 좋습니다.

용서해주세요
許してください。
유루시떼 구다사이

▶ 상대방에게 용서를 구하는 표현으로 직접적인 잘못의 원인에 대한 사과의 뜻을 전달할 때 사용되므로 관련 표현을 통해 표현 방법을 알아두시기 바랍니다.

회화

A ご迷惑をお掛けしましてごめんなさい。許してください。
고메-와꾸오 오까께이마시떼 고멘나사이 유루시떼 구다사이
폐를 끼쳐 죄송합니다. 용서해주세요.

B 全然大丈夫です。
젠젠 다이죠-부데스
전혀 괜찮습니다.

単語 許す 용서하다　大丈夫 괜찮음

관련 표현

■ 용서해주시겠습니까?
許していただけますか。
유루시떼 이따다께마스까

■ 이번만은 용서해준다.
今度だけは許してやる。
곤도다께와 유루시떼야루

▶ ~許してやる의 やる는 '~를 주다'로 보통 동격이나 윗사람이 아랫사람에게 쓸 수 있는 표현입니다. 표현을 부드럽게 할 경우에는 許してあげるよ를 씁니다.

DAY 041

모두 제 잘못입니다

すべて私の間違いです。

스베떼 와따시노 마찌가이데스

▶ 상대방에게 본인의 과실이나 착오를 인정하는 표현으로 다음 문장 표현들을 통해 상대방의 과실이나 착오에 대처하는 방법도 알아보겠습니다.

회화

A 今回のミスは、すべて私の間違いです。
곤까이노 미스와 스베떼 와따시노 마찌가이데스
이번 실수는 모두 제 잘못입니다.

B そんなことないですよ。
손나 고또나이데스요.
그런 것은 아닙니다.

単語 ミス 실수 間違い 틀림 誰 누구

관련 표현

■ 누가 잘못을 저질렀냐?
誰が間違えを仕出かしたの。
다레가 마찌가에오 시데까시따노

■ 조금 전은 잘못 걸려온 전화였습니다.
さっきは、間違い電話でした。
사끼와 마찌가이 덴와데시다

▶ 間違え와 間違い는 모두 '잘못, 실수' 등을 말하는 것으로 間違え는 잘못이나 실수의 동작을 의미하며, 間違い는 잘못이나 실수를 한 상황을 의미합니다.

59 •

다음부터 주의하겠습니다
今後、気をつけます。
곤고 키오 쯔께마스

▶ 상대방에게 본인의 실수 또는 과실 이후에 앞으로 실수를 하지 않겠다는 뜻을 전달할 때 사용됩니다.

회화

A 時間をきちんと守ってください。
지깐오 끼찐또 마못떼 구다사이
시간은 꼭 지켜주세요.

B 今後、気をつけます。
곤고 키오 쯔께마스
다음부터 주의하겠습니다.

単語 守る 지키다 今後 앞으로

관련 표현

■ 다음부터 주의하겠습니다.
次回から注意します。
지까이까라 츄-이시마스

■ 머리 조심하십시오.
頭上にご注意ください。
즈죠-니 고츄-이 구다사이

▶ ~にご注意ください는 '~에 조심하십시오'라는 뜻으로 공항, 역, 관광지 등과 같이 사람이 많이 모이는 곳에서 안내문 또는 안내 방송에서 많이 접할 수 있습니다.

DAY 043

제가 번거롭게 했네요

お手数をかけました。

오테수-오 가께마시다

▶ 상대방에게 수고나 폐를 끼친 경우에 사용하는 표현으로 아래의 예시를 통해 관련 표현을 통해 표현 방법을 알아두시기 바랍니다.

회화

A 先日は娘の件で、お手数をかけました。
센지쯔와 무스메노 겐데 오테수-오가께마시다
지난번에는 딸의 일로 제가 번거롭게 했네요.

B そのくらいのことでしたら…
소노구라이노 고또데시다라
그 정도라면 언제든지…

単語 娘 딸　件 일　手 손

관련 표현

■ 남을 수고스럽게 만들다.
人の手を煩わせる。
히또노 테오 와즈라와세루

■ 남에게 신세를 지다.
人の世話になる。
히또노 세와니 나루

▶ '신세를 지다'라는 표현인 世話になる는 내가 남에게 신세를 지는 것을 말하며 반대로 '남을 돌보다'는 世話をする라는 표현을 사용합니다.

이것은 고의가 아닙니다

これは、わざとではありません。

고레와 와자또데와 아리마센

▶ 상대방에게 고의가 아닌 실수였음을 말할 때 사용하는 표현으로 아래의 예시를 통해 관련 표현 방법을 알아두시기 바랍니다.

회화

A ここが汚れていますね。
고꼬가 요고레떼 이마스네
여기가 더러워져 있군요.

B これは、わざとではありません。
고레와 와자또데와 아리마센
이것은 고의가 아닙니다.

単語 汚れ 더러움 わざと 일부러

관련 표현

■ 고의로 부딪치다.

わざとぶつかる。
와자또 부쯔까루

■ 고의로 사고를 내다.
故意に事故を起こす。
고이니 지꼬오 오꼬스

▶ '일부러' 또는 '고의로'라는 표현은 わざと와 故意に가 있으며, 구어적인 표현으로는 わざと 를 더 많이 사용하고, 문어적이나 격식이 필요한 경우에는 故意に를 사용합니다.

DAY
045

착오가 있다면 잘못은 우리에게 있어요

手違いがあるとしたら、こちらの責任です。

데찌가이가 아루또시따라 고치라노 세끼닌데스

▶ 상대방에게 착오와 그에 따른 책임에 대한 것을 말할 때 사용하는 표현으로, 격식이 필요한 경우나 업무적 또는 사무적인 관계에서 자주 사용합니다.

회화

A 資料がまだ届いていません。

시료-가 마다 도도이떼이마센

자료가 아직 도착하지 않았습니다.

B 手違いがあるとしたら、こちらの責任です。

데찌가이가 아루또시따라 고치라노 세끼닌데스

착오가 있다면 잘못은 우리에게 있어요.

単語　資料 자료　届く 도착하다　手違い 착오　責任 책임

관련 표현

■ 잘못이 생기다.

手違いが生じる。

데찌가이가 쇼지루

■ 터무니없는 착오였어요.

どんでもない手違いだったよ。

돈데모나이 데찌가이닷따요

▶ '터무니없다'라는 뜻의 일본어 どんでもない는 상상할 수 없는 일이나 어처구니 없는 일 등이 일어난 경우를 말합니다.

오래 기다리게 해서 죄송해요

長い間お待たせして申し訳ありません。

나가이아이다 오마따세시떼 모-시와께아리마센

▶ 업무적인 장소 또는 전화 통화 등에서 상대방에게 오랫동안 기다리게 했을 때 사용하는 표현입니다.

회화

A 長い間お待たせして申し訳ありません。

나가이아이다 오마따세시떼 모-시와께아리마센

오래 기다리게 해서 죄송해요.

B お忙しそうですね。

오이소가시소-데스네

바쁘신가 보군요.

単語 長い間 오랫동안 機会 기회 駅 역 ~行き ~행 バス 버스

관련 표현

■ 다음 기회를 기다려봐요.

次の機会を待ちましょうね。

츠기노 기까이오 마찌마쇼-네

■ 서울역으로 가는 버스가 오는 것을 기다리고 있습니다.

ソウル駅行きのバスが来るのを待っています。

소우루에끼유끼노 바스가 꾸루노오 맛떼이마스

▶ 이동수단 또는 대중교통 등의 목적지나 방향을 나타내는 말은 ~行きの며 한국어로 '~행'이라고 해석됩니다.

DAY 047

시간을 빼앗아 죄송합니다

時間を取らせて申し訳ありません。

지깐오 도라세떼 모-시와께 아리마셍

▶ 업무적인 관계에서 예상하지 못할 정도의 시간이 걸린 경우에 상대방에게 사과의 뜻을 전하는 표현으로 사용됩니다.

회화

A 時間を取らせて申し訳ありません。

지깐오 도라세떼 모-시와께 아리마셍

시간을 빼앗아 죄송합니다.

B いいえ。私も会って、お話ししたかったです。

이-에 와따시모 앗떼 오하나시시따깟다데스

아닙니다. 저도 만나 뵙고 말씀을 나누고 싶었습니다.

単語 取る 잡다 話し 이야기

관련 표현

■ 주어진 시간이 다할 때까지 열심히 하자.

時間ぎりぎりまで頑張ろうね。

지깐기리기리마데 간바로-네

■ 혹시 괜찮으시면 저를 위해 시간을 할애해주세요.

もし良かったら私のために時間を割いてください。

모시 요깟따라 와따시노다메니 지깐오 사이떼 구다사이

▶ 일본인들은 상대방의 의향을 묻거나 권유할 때 もし良かったら라는 표현을 자주 씁니다.

축하합니다

おめでとうございます。

오메데또- 고자이마스

▶ 상대방에게 축하의 말을 건넬 때 사용하는 표현으로, 공손한 표현은 おめでとうございます로 사용하며 격이 없는 관계라면 おめでとう만으로도 충분합니다.

회화

A 部長、昇進おめでとうございます。

부쪼- 쇼-신 오메데또- 고자이마스

부장님, 승진을 축하합니다.

B ありがとう。今日は俺が奢るよ。

아리가또- 교-와 오레가 오고루요

고마워. 오늘은 내가 한턱 쏠게.

単語 部長 부장　昇進 승진　奢る 한턱내다

관련 표현

■ 결혼 축하해.

結婚おめでとう。

겟꼰 오메데또-

■ 시찌고산 축하합니다.

七五三おめでとうございます。

시찌고산 오메데또- 고자이마스

▶ 일본에서는 어린이 성장을 축하하는 전통 행사로 七五三이 있습니다. 남자는 3세와 5세, 여자는 3세와 7세가 되는 해의 11월 15일에 일본 전통의상을 입고 사진을 찍으며 축하합니다.

DAY 049

생일 축하해요

お誕生日おめでとうございます。

오탄죠-비 오메데또- 고자이마스

▶ 상대방에게 생일 축하의 말을 건넬 때 사용하는 표현입니다. 격이 없는 관계라면 誕生日おめでとう만으로도 충분합니다.

회화

A 実は今日、私の誕生日です。
지쯔와 교- 와따시노 탄죠-비데스
실은 오늘 내 생일입니다.

B お誕生日おめでとうございます。
오탄죠-비 오메데또- 고자이마스
생일 축하해요.

単語 実 사실 誕生日 생일

관련 표현

■ 모레 생일을 맞이합니다.
明後日、誕生日を迎えます。
아삿떼 탄죠-비오 무까에마스

■ 당신의 생일은 언제입니까?
あなたの誕生日はいつですか。
아나따노 탄죠-비와 이쯔데스까

▶ 何時를 いつ로 발음하면 '언제'라는 뜻이 되고 なんじ로 발음하면 '몇 시'라는 뜻이 되는 것에 유의하시기 바랍니다.

취업하신 것을 축하합니다
就職おめでとうございます。
슈-쇼꾸 오메데또- 고자이마스

▶ 상대방 또는 상대방의 관계인에게 취업 축하의 말을 건넬 때 사용하는 표현입니다.
격이 없는 관계라면 **就職おめでとう**만으로도 충분합니다.

회화

A 息子さんの就職おめでとうございます。
무스꼬상노 슈-쇼꾸 오메데또- 고자이마스
아드님이 취업하신 것을 축하합니다.

B ありがとう。やっと決まりました。
아리가또- 얏또 키마리마시다
고마워요. 겨우 결정되었습니다.

単語 息子 아들 就職 취업 やっと 겨우 決まる 결정되다

관련 표현

■ 재취업 축하합니다.
再就職おめでとうございます。
사이슈-쇼꾸 오메데또- 고자이마스

■ 지금 회사에 취직해서 1년이 지났습니다.
今の会社に就職して一年が過ぎました。
이마노 가이샤니 슈-쇼꾸시떼 이찌넨가 스기마시다

▶ やっと는 '겨우, 간신히'라는 뜻으로, 바라던 일이나 노력이 드디어 이루어졌을 때에 사용하는 표현입니다.

DAY 051

괜찮습니다

大丈夫です。
다이죠-부데스

▶ 상대방에게 염려하지 않도록 괜찮다는 의사를 표시하거나 상대방에게 상태를 물을 때에 사용하는 표현입니다.

회화

A 風邪は良くなりましたか。
가제와 요꾸나리마시다까
감기는 나아졌습니까?

B はい。薬を飲みましたので、もう大丈夫です。
하이 구스리오 노미마시다노데 모우 다이죠-부데스
네. 약을 먹었으니 이제 괜찮습니다.

単語 風邪 감기 大丈夫 괜찮음

관련 표현

■ 식사는 끝냈으니 괜찮습니다.
  食事は済ませたので大丈夫です。
  쇼꾸지와 스마세따노데 다이죠-부데스

■ 이 물은 마셔도 괜찮아요?
  この水は飲んでも大丈夫ですか。
  고노 미즈와 논데모 다이죠-부데스까

▶ 飲む는 일반적으로 '마시다'라는 뜻이 있지만, 한국어 표현과는 다르게 '(약을) 복용하다'는 뜻으로도 사용됩니다.

문제없어요
問題ありません。
몬다이 아리마센

▶ 상대방에게 현재 상황에 대한 가능 여부를 알려줄 때 사용하는 표현임을 알아두시기
바랍니다. 다음 문장 표현들을 통해 좀 더 자세히 알아보겠습니다.

회화

A このカードはまだ使えますか。
고노 카-도와 마다 쯔까에마스까
이 카드는 아직 사용할 수 있습니까?

B はい。問題ありません。
하이 몬다이 아리마센
네. 문제없어요.

単語　カード 카드　問題 문제

관련 표현

■ 다소 틀려도 문제없어.
多少、間違っても問題ない。
다쇼- 마찌갓떼모 몬다이나이

■ 이것은 어려운 문제이군요.
これは難しい問題ですね。
고레와 무즈까시이 몬다이데스네

▶ 問題는 '문제'라는 뜻이지만 해결과제를 의미하는 뜻 외에도 일반적으로 행위의 가능 여부
를 말할 때에도 구어적으로 사용함을 알아두시기 바랍니다.

아무런 상관도 없습니다
何の関係もありません。
난노 간께-모 아리마센

▶ 상대방에게 본인의 무관계를 나타내거나 본인의 의사 또는 의향이 없음을 표현하는 말입니다.

회화

A 私のせいで、上手くいきませんでしたか。
와따시노세이데 우마꾸 이끼마센데시다까
저 때문에 잘되지 않았습니까?

B いいえ。それとは何の関係もありません。
이-에 소레또와 난노 간께-모 아리마센
아니요. 그것은 아무런 상관도 없습니다.

単語 上手く 잘 関係 관계 事故 사고 寝る 잠자다 構う 상관하다

관련 표현

■ 조금 전 사고와 저는 관계없습니다.
さっきの事故と私は関係ありません。
삿끼노 지꼬또 와따시와 간께- 아리마센

■ 잠자는 것은 어떻든 상관없어.
寝ることなんて、どうでもいい。
네루고또난떼 도-데모 이-

▶ 본인의 의향이 없음을 표현하는 말로 '상관없습니다'라는 뜻으로 사용할 경우 '構いません (상관없습니다)'과 '気にしません(신경 쓰지 않습니다)'의 표현도 사용합니다.

별말씀을요

とんでもありません。

돈데모 아리마센

▶ 상대방으로부터 감사의 인사 등을 받을 때 상대방에게 부드럽게 대답하는 방법으로 잘 익혀서 상황에 맞게 사용해보시기 바랍니다.

회화

A いつも子供がお世話になっております。

이쯔모 고도모가 오세와니 낫떼오리마스

항상 아이가 신세를 지고 있습니다.

B とんでもありません。

돈데모 아리마센

별말씀을요.

単語　子供 아이　世話 신세　とんでも 당연하지도 않은

관련 표현

■ 무슨 말씀을 하십니까?

何をおっしゃいますか。

나니오 옷샤이마스까

■ 신경 쓰지 마세요.

気にしないでください。

기니시나이데 구다사이

▶ おっしゃる는 '말하다'라는 言う의 존칭형으로 사용되어 '말씀하시다'라고 해석되며 상대방 을 높여주는 표현입니다.

DAY 055

정말 대단합니다

本当にすごいです。
ほん とう

혼또-니 스고이데스

▶ 상대방의 상황이나 내용에 대해 자신의 감정을 넣어 칭찬 또는 감탄하는 표현으로
주로 사용되므로 잘 익혀서 상황에 맞도록 사용해보세요.

회화

A 森川さん、週末はボランティアをするそうです。
もり かわ　　　　しゅうまつ

모리가와상 슈-마쯔와 보란티아오 스루소우데스

모리가와 씨는 주말에 자원봉사를 하는 것 같아요.

B 森川さんって本当にすごいです。
もり かわ　　　　　ほん とう

모리가와상떼 혼또-니 스고이데스

모리가와 씨는 정말 대단합니다.

単語 週末 주말 ボランティア 봉사활동 すごい 대단하다
しゅうまつ

관련 표현

■ 그렇다고 해도 대단한 솜씨네.

それにしても、すごい腕だね。
うで

소레니시떼모 스고이 우데다네

■ 그녀는 혼자서 독립생활을 하고 있는 것 같아서 정말 대단합니다.

彼女は一人で独立生活しているようで本当にすごいで
かのじょ　ひとり　　どくりつせいかつ　　　　　　　　　　　ほんとう
す。

가노죠와 히또리데 도꾸리쯔세이가쯔시떼이루요우데 혼또-니 스고이데스

▶ ~ようでは '~ 같아서'라는 뜻으로 본인의 추측이나 전해 들은 내용을 전달합니다.

과찬이십니다
褒めすぎです。
호메스기데스

▶ 상대방의 칭찬에 대해 겸손하게 표현하는 말입니다.

회화

A いつも容姿端麗で憧れます。
이쯔모 요-시탄레-데 아코가레마스
언제나 용모단정해서 배우고 싶습니다.

B それはちょっと褒すぎです。
소레와 춋또 호메스기데스
그것은 좀 과찬이십니다.

単語 容姿端麗 용모단정 憧れる 동경하다 褒める 칭찬하다 余る 남다

관련 표현

■ 과찬의 말씀이십니다.
身に余るお言葉です。
미니 아마루 오고또바데스

■ 아이 그림을 칭찬해주세요.
子供の絵を褒めてくださいね。
고도모노 에오 호메떼 구다사이네

▶ 身に余る는 '분수에 넘치다' 또는 '과분하다'라는 뜻의 관용적인 표현입니다. 자신을 겸손하게 낮추는 표현입니다.

DAY 057

힘내세요

頑張ってください。

간밧떼 구다사이

▶ 상대방을 격려하거나 독려할 때 사용하는 표현으로 대화에서 자주, 그리고 매우 다양하게 사용됩니다.

회화

A 試験が迫っているので眠れません。

시껭가 세맛떼이루노데 네무레마센

시험이 다가오고 있어서 잠을 잘 수 없어요.

B 大変だと思いますが、頑張ってください。

다이헨다또 오모이마스가 간밧떼 구다사이

힘들겠다고 생각하지만 힘내세요.

単語 迫る 다가오다 眠る 자다 頑張る 열심히 하다, 분발하다, 버티다

관련 표현

■ 힘을 내세요.

元気を出してください。

겡끼오 다시떼 구다사이

■ 그는 쉬지도 않고 열심히 하네

彼は休みなしで頑張ってるね。

가레와 야스미나시데 간밧떼루네

▶ 元気を出す는 '힘을 내다'라는 뜻의 관용적인 표현으로 육체적인 건강을 위해 힘을 내거나 마음을 추스리다는 의미로 사용됩니다.

수고하세요
お疲れ様です。
<ruby>疲<rt>つか</rt></ruby> <ruby>様<rt>さま</rt></ruby>
오쯔까레사마데스

▶ 상대방의 수고와 노력에 대한 표현으로 주로 사용되나, 동료 사이에서 인사를 대신
하여 사용하기도 합니다. 친근한 사이에는 お疲れ様 또는 お疲れ로 씁니다.

회화

A 残業、お疲れ様です。
ざんぎょう つか さま
잔교- 오쯔까레사마데스
잔업 수고하세요.

B ええ。もう少しで帰れそうです。
すこ かえ
에- 모- 스꼬시데 가에레소우데스
네. 조금 있으면 갈 수 있을 것 같아요.

単語 残業 잔업 ええ 네, 예
ざんぎょう

관련 표현

■ 수고하세요.
ご苦労様です。
く ろうさま
고꾸로-사마데스

■ 커피를 마시면 피곤이 풀릴 것 같네.
コーヒーを飲めば疲れが取れそうだな。
の つか と
고-히-오 노메바 쯔까레가 도레소우다나

▶ ご苦労様와 お疲れ様는 '수고하셨습니다'이지만 ご苦労様는 보다 정신 노동의 강도가
높을 때, お疲れ様는 인사를 대신할 때 사용하는 경우가 많습니다.

DAY 059

기분 푸세요

機嫌を直してください。
기겡오 나오시떼 구다사이

▶ 상대방의 기분이 좋지 않거나 화가 난 상태에 대해 기분을 풀라는 뜻으로 사용합니다.

회화

A どうか機嫌を直してください。
도-까 기겡오 나오시떼 구다사이
어쨌든 기분 푸세요.

B はい。もう気にしていませんよ。
하이 모- 기니시떼 이마센요
네. 벌써 신경 쓰지 않아요.

単語 機嫌 기분　直す 고치다　晴れる 맑아지다　人々 사람들

관련 표현

■ 기분이 좋아졌습니까?
気は晴れましたか。
기와 하레마시다까

■ 맑은 날씨로 사람들은 매우 기분이 좋았다.
晴れの天気で人々はかなり良い機嫌だった。
하레노 덴끼데 히또비또와 가나리 요이 기껜닷따

▶ 人々와 같이 동일한 한자를 반복해 복수를 나타내는 단어는 뒷글자를 々로 바꾸어 표시하며 발음은 앞글자와 같습니다.

당신의 상황을 이해합니다
あなたの状況を分かっています。
아나따노 죠-꾜-오 와깟떼이마스

▶ 상대방이 처해 있는 상황을 이해한다는 표현 방법으로 상황적인 상태 또는 감정적인
상황에 대해 사용됩니다.

회화

A 昨日は忙しくて何も手につきませんでした。
기노-와 이소가시꾸떼 나니모 데니 쯔끼마센데시다
어제는 바빠서 아무것도 손에 잡히지 않았습니다.

B あなたの状況を分かっています。
아나따노 죠-꾜-오 와깟떼이마스
당신의 상황을 이해합니다.

単語 状況 상황 分かる 알다

관련 표현

■ 그쪽의 상황은 잘 이해했습니다.
そちらの状況はよく分かりました。
소찌라노 죠-꾜-와 요꾸 와까리마시다

■ 회사의 상황이 많이 변화한 듯합니다.
会社の状況がかなり変化したそうです。
가이샤노 죠-꾜-가 가나리 헨까시따소우데스

▶ ~そうは 확정적인 사실을 전달하는 것이 아니라 '~듯하다'라는 뜻으로, 본인의 추측이나 전
해 들은 내용을 전달합니다.

Day 031 감사합니다

ありがとうございます。

Day 032 도움 주셔서 감사드립니다

助(たす)けてくれて、ありがとうございます。

Day 033 마중 나와주셔서 감사합니다

迎(むか)えに来(き)てくれて、ありがとうございます。

Day 034 배웅해주셔서 감사합니다

お見送(みおく)りしてくださって、ありがとうございます。

Day 035 정말 도움이 되었습니다

本当(ほんとう)に助(たす)かりました。

Day 036 어떻게 감사를 드려야 할지 모르겠습니다

何(なん)とお礼(れい)を申(もう)したらいいのか分(わ)かりません。

Day 037 사소한 일인데 감사할 필요 없어요

小(ちい)さいことなので、お礼(れい)なんていりません。

Day 038 감사합니다. 그럼 사양하지 않겠습니다

ありがとうございます。では遠慮(えんりょ)なく。

Day 039 죄송합니다

申(もう)し訳(わけ)ありません。

Day 040 용서해주세요

許(ゆる)してください。

Day 041 모두 제 잘못입니다

すべて私(わたし)の間違(まちが)いです。

Day 042 다음부터 주의하겠습니다

今後(こんご)、気(き)をつけます。

Day 043 제가 번거롭게 했네요

お手数(てすう)をかけました。

Day 044 이것은 고의가 아닙니다

これは、わざとではありません。

Day 045 착오가 있다면 잘못은 우리에게 있어요

手違(てちが)いがあるとしたら、こちらの責任(せきにん)です。

Part 02

감사/사과/축하/대답

Day 046 오래 기다리게 해서 죄송해요
長い間お待たせして申し訳ありません。

Day 047 시간을 빼앗아 죄송합니다
時間を取らせて申し訳ありません。

Day 048 축하합니다
おめでとうございます。

Day 049 생일 축하해요
お誕生日おめでとうございます。

Day 050 취업하신 것을 축하합니다
就職おめでとうございます。

Day 051 괜찮습니다
大丈夫です。

Day 052 문제없어요
問題ありません。

Day 053 아무런 상관도 없습니다
何の関係もありません。

Day 054 별말씀을요
とんでもありません。

Day 055 정말 대단합니다
本当にすごいです。

Day 056 과찬이십니다
褒めすぎです。

Day 057 힘내세요
頑張ってください。

Day 058 수고하세요
お疲れ様です。

Day 059 기분 푸세요
機嫌を直してください。

Day 060 당신의 상황을 이해합니다
あなたの状況を分かっています。

Part 03

취미/여가

취미는 무엇인가요?
趣味は何ですか。
슈미와 난데스까

▶ 상대방의 취미를 묻는 질문 방법으로 다양한 표현 방법이 있으므로 자주 사용되는 표현들을 잘 익혀서 상황에 맞게 사용해보시기 바랍니다.

회화

A あなたの趣味は何ですか。
아나따노 슈미와 난데스까
당신의 취미는 무엇인가요?

B 僕の趣味はゴルフです。
보꾸노 슈미와 고루후데스
나의 취미는 골프입니다.

単語 趣味 취미 ゴルフ 골프 釣り 낚시

관련 표현

■ 어떤 취미를 가지고 계십니까?
どういう趣味をお持ちですか。
도- 유- 슈미오 오모찌데스까

■ 나의 취미는 낚시죠.
俺の趣味は釣りですね。
오레노 슈미와 쯔리데스네

▶ 취미에 대한 다양한 표현은 다음을 참고하시기 바랍니다. 등산-登山, 요가-ヨガ, 수집-収集 또는 集め, 여행-旅行, 맛집 탐방-食べ歩き, 드라이브-ドライブ, 독서-読書

저는 음악 듣는 것을 좋아합니다

私は音楽を聴くのが好きです。

와따시와 옹가꾸오 끼꾸노가 스끼데스

▶ 동사원형 + のが好きです는 동사의 행동을 하는 것을 좋아한다는 뜻입니다. 한국어 와는 다르게 조사는 を가 아니라 が를 사용합니다.

회화

A 鈴木さんは映画が好きですか。

스즈끼상와 에-가가 스끼데스까

스즈키 씨는 영화를 좋아합니까?

B 私は音楽を聴くのが好きです。

와따시와 옹가꾸오 끼꾸노가 스끼데스

저는 음악 듣는 것을 좋아합니다.

単語 音楽 음악 聴く 듣다, 청취하다

관련 표현

■ 나는 클래식 음악이 좋아요.

僕はクラシック音楽が好きだな。

보꾸와 쿠라싯쿠 옹가꾸가 스끼다나

■ 어떤 장르의 음악을 듣습니까?

どういうジャンルの音楽を聴きますか。

도- 유- 쟝루노 옹가꾸오 끼끼마스까

▶ '듣다'는 聞く와 聴く가 있습니다. 聞く는 소리 또는 내용을 알아듣는 것을 말하고 聴く는 귀 기울여 듣거나 감상하는 경우에 사용합니다.

음악을 들으면 스트레스가 풀립니다
音楽を聴くとストレス解消できます。
おんがく　き　　　　　　　　　かいしょう

옹가꾸오 끼꾸또 스토레스카이쇼-데끼마스

▶ '~하면 ...한다'는 표현을 익혀봅시다.

회화

A 最近、ストレスが溜まっていて...。
さいきん　　　　　　　　た

사이낀 스토레스가 다맛떼이떼

요즘 스트레스가 쌓여서….

B 私は音楽を聴くとストレス解消できます。
わたし　おんがく　き　　　　　　　　かいしょう

와따시와 옹가꾸오 끼꾸또 스토레스가이쇼-데끼마스

나는 음악을 들으면 스트레스가 풀립니다.

単語 溜まる 쌓이다　解消 해소
　　　　た　　　　　　かいしょう

관련 표현

■ 음악을 들으면서 스트레스를 해소합니다.
音楽を聴いてストレスを解消します。
おんがく　き　　　　　　　　かいしょう

옹가꾸오 끼이떼 스토레스오 까이쇼-시마스

■ 그녀는 스트레스가 쌓이면 화를 잘 내요.
彼女はストレスが溜まると怒りっぽくなるんだよ。
かのじょ　　　　　　　た　　　　おこ

가노죠와 스토레스가 다마루또 오꼬릿뽀꾸나룬다요

▶ 彼女는 3인칭으로 사용될 경우 '그녀'라는 뜻이며 나 또는 타인의 여자 친구를 말할 때에도
かのじょ
사용됩니다.

가장 좋아하는 운동은 무엇인가요?

いち ばん す   なん
一番好きなスポーツは何ですか。

이찌방 스키나 스뽀-쯔와 난데스까

▶ 상대방에게 가장 좋아하는 것을 물을 때에 **一番好きな~は何ですか**(가장 좋아하는 ~는 무엇입니까?)라는 표현을 씁니다.

회화

いち ばん す   なん
A 一番好きなスポーツは何ですか。

이찌방 스키나 스뽀-쯔와 난데스까

가장 좋아하는 운동은 무엇인가요?

わたし み   や きゅう いち ばん す
B 私は観るのもするのも野球が一番好きです。

와따시와 미루노모 스루노모 야뀨-가 이찌방 스끼데스

나는 보는 것도 하는 것도 야구를 제일 좋아합니다.

単語   いちばん   み   や きゅう
       一番 제일, 첫 번째 観る 보다 野球 야구

관련 표현

■ 축구 시합을 관전하다.

し あい   かんせん
サッカーの試合を観戦する。

삿카-노 시아이오 간센스루

■ 당신은 어떤 스포츠에 흥미가 있습니까?

きょう み
あなたはどんなスポーツに興味がありますか。

아나따와 돈나 스뽀-쯔니 교-미가 아리마스까

▶ 스포츠와 관련된 여러 표현을 익혀봅니다.

잘 보시는 텔레비전 프로그램은 무엇인가요?
よく見るテレビ番組は何ですか。
요꾸 미루 테레비방구미와 난데스까

▶ 일본에서는 텔레비전 프로그램을 말할 때 テレビ番組라고 말합니다. 프로그램을 말하는 プログラム보다 番組라는 표현에 익숙함을 알아두시기 바랍니다.

회화

A よく見るテレビ番組は何ですか。
요꾸 미루 테레비방구미와 난데스까
잘 보시는 텔레비전 프로그램은 무엇인가요?

B NHKの大河ドラマにハマっています。
에누에치케-노 다이가도라마니 하맛떼이마스
NHK의 대하드라마에 푹 빠져 있습니다.

単語 大河ドラマ 대하드라마 ハマって 푹 빠져

관련 표현

■ 퀴즈프로그램만 봅니다.
クイズ番組ばかりみています。
쿠이즈방구미바까리 미떼이마스

■ 버라이어티 프로그램은 저것도 이것도 모두 비슷하구나.
バラエティー番組はあれもこれもみんな似てるな。
바라에티-방구미와 아레모고레모 민나 니테루나

▶ ~ばかり는 사물의 정도나 범위를 한정해서 말하는 데 사용하며 '~(에)만, ~(뿐)만'이라는 뜻입니다.

주로 어디에서 만나나요?

だいたいどこで待ち合わせしますか。

다이따이 도꼬데 마찌아와세시마스까

▶ 일본어에서 보통의 약속은 約束이지만 때와 장소를 미리 정하고 약속하여 만나는 것을 待ち合わせ라고 하는 것을 알아두시기 바랍니다.

회화

A 友達とだいたいどこで待ち合わせしますか。

도모다찌또 다이따이 도꼬데 마찌아와세시마스까

친구들과 주로 어디에서 만나나요?

B 最寄りの駅で待ち合わせすることが多いです。

모요리노 에끼데 마찌아와세스루 고또가 오-이데스

가장 가까운 역에서 만나는 것이 대부분입니다.

単語 友達 친구 待ち合わせ 약속하여 만나기로 함 最寄り 근처

관련 표현

■ 신주쿠역의 오른쪽에 있는 스타벅스에서 만날까?

新宿駅の右側にあるスタバで会おうか。

신쥬-쿠에끼노 미기가와니 아루 스타바데 아오-까

■ 일전에 스즈키 씨를 만난 공원은 어디였어?

この間、鈴木さんと会った公園はどこだったの。

고노아이다 스즈끼상또 앗따 고-엔와 도꼬닷따노

▶ スタバ는 '스타벅스 커피전문점' 스타벅스를 줄여서 부른 것입니다.

퇴근 후에 주로 무엇을 하시나요?

退勤後はだいたい何をされますか。

타이긴고와 다이따이 나니오사레마스까

▶ 보통 '무엇을 합니까?'라는 말은 何をしますか라고 하지만 상대방을 높이거나 공손
하게 표현할 때는 何をされますか를 사용합니다.

회화

A 退勤後はだいたい何をされますか。
타이긴고와 다이따이 나니오사레마스까
퇴근 후에 주로 무엇을 하시나요?

B 週3回ジムで運動をしています。
슈- 산까이 지무데 운도-오 시떼이마스
주 3회 체육관에서 운동을 하고 있습니다.

単語　退勤後 퇴근 후　だいたい 대체로　ジム 체육관

관련 표현

■ 곧바로 집으로 돌아갑니다.
まっすぐ家に帰ります。
맛스구 우찌니 가에리마스

■ 일이 끝나면 대부분 어떻게 지내십니까?
仕事が終わって、おもにどう過ごされますか。
시고또가 오왓떼 오모니 도우 스고사레마스까

▶ まっすぐ는 '곧바로'라는 뜻으로, 출발점에서 목적지까지 쉼없이 가는 것이나 정직하고 우직
한 성격을 말하며 真っ直ぐ로 쓰기도 합니다.

저는 자주 친구와 공원에서 산책해요

私はよく友達と公園で散歩します。

와따시와 요꾸 도모다찌또 고-엔데 산뽀시마스

▶ 친구는 友達라고 합니다. 達 는 사람을 가리키는 말에 붙여서 복수의 의미를 나타내
지만 친구의 경우에는 관용적인 의미로 씁니다.

회화

A 私はよく友達と公園で散歩します。
와따시와 요꾸 도모다찌또 고-엔데 산뽀시마스
저는 자주 친구와 공원에서 산책해요.

B おしゃべりもできて楽しそうですね。
오샤베리모데끼떼 다노시소우데스네
얘기도 할 수 있어 즐겁겠네요.

単語 おしゃべり 이야기, 잡담 犬 개

관련 표현

■ 자주 강아지 산책으로 공원에 갑니다.
よく犬の散歩に公園に行きます。
요꾸 이누노 산뽀니 고-엔니 이끼마스

■ 엄마는 산책하러 나갔습니다.
母は散歩に出掛けました。
하하와 산뽀니 데까께마시다

▶ 흔히 ~ちゃん은 친근감 있게 부르는 말로 사용됩니다. 이름이나 관계를 나타내는 호칭에 붙
여서 사용되는 것을 알아두시기 바랍니다.

산책하면 건강해질 수 있다고 생각해요
散歩をすると健康になれると思います。
산뽀오스루또 겐꼬-니나레루또 오모이마스

▶ 어떤 동작이나 행위에 대한 가정을 하는 표현은 ~すると라고 표현을 하며 '~하면'이
라고 해석할 수 있습니다. 동일한 표현으로는 ~すれば가 있습니다.

회화

A 散歩をすると健康になれると思います。
산뽀오스루또 겐꼬-니나레루또 오모이마스
산책하면 건강해질 수 있다고 생각해요.

B 足腰を鍛えることができます。
아시고시오 기따에루코또가 데끼마스
다리와 허리를 단련할 수 있죠.

単語 思う 생각하다 足腰 다리와 허리 鍛える 단련하다

관련 표현

■ 산책하는 것으로 건강해집니다.
散歩をすることで健康になります。
산뽀오스루 고또데 겐꼬-니나리마스

■ 일상 생활에서 건강을 유지하는 방법은 무엇이 있을까…
日常生活で健康を保つ方法は何があるかな。
니찌죠-세이까쯔데 겐꼬-오 다모쯔 호-호-와 나니가 아루까나

▶ 한국어의 '~이 되다'의 일본어 표현은 ~になる입니다.

DAY 070

좀 쉬엄쉬엄 하세요
ちょっと休み休みしてください。
やす　やす

촛또 야스미야스미시떼 구다사이

▶ 일본어에서 같은 명사를 중복해서 부사적 의미로 사용할 수 있습니다. '쉬다'의 休み
를 休み休み로 하면 '쉬엄쉬엄'이라는 뜻입니다.

회화

A ずっと仕事で睡眠不足です。
　　しごと　すいみんぶそく
줏또 시고또데 스이민부조꾸데스
계속되는 일로 수면부족입니다.

B ちょっと休み休みしてください。
　　　　　　やす　やす
촛또 야스미야스미시떼 구다사이
좀 쉬엄쉬엄 하세요.

単語 ずっと 줄곧　休み休み 쉬엄쉬엄
　　　　　　　　　　　　やす　やす

관련 표현

■ 쉬시면서 하세요.
休みながらしてください。
　やす
야스미나가라시떼 구다사이

■ 올해 여름휴가는 언제부터니?
今年の夏休みはいつからなの。
　ことし　なつやす
고토시노 나쯔야스미와 이쯔까라나노

▶ 일본어로 해를 나타내는 말을 참고하세요. 재작년-一昨年, 작년-昨年, 지난해-去年, 금
　　　　　　　　　　　　　　　　　　おととし　　さくねん　　きょねん
　년-今年, 내년-来年, 명년-明年, 내후년-再来年
　　ことし　　らいねん　　みょうねん　　さらいねん

스트레스를 어떻게 푸세요?

ストレスをどうやって解消しますか。

스토레스오 도-얏떼 가이쇼-시마스까

▶ 상대방에게 어떤 수단이나 방법에 대한 질문을 할 때에 どうやって라는 표현을 사용합니다. 자주 사용되는 표현이므로 상황에 맞게 사용해보시기 바랍니다.

회화

A 前田さんはストレスをどうやって解消しますか。

마에다상와 스토레스오 도-얏떼 가이쇼-시마스까

마에다 씨는 스트레스를 어떻게 푸세요?

B カラオケに行って歌いまくります。

가라오께니 잇떼 우따이마쿠리마스

노래방에 가서 노래 부릅니다.

単語 カラオケ 가라오케, 노래방 携帯電話 휴대전화, 핸드폰

관련 표현

■ 핸드폰 게임을 하는 것을 좋아합니다.
携帯電話のゲームをするのが好きです。
게이따이덴와노 게-무오 스루노가 스끼데스

■ 운동으로 땀을 흘리실까요?
運動で汗を流しましょうか。
운도-데 아세오 나가시마쇼-까

▶ 일본어로 핸드폰은 携帯電話라고 하지만 보통은 携帯라고 하며, 최근 스마트폰이 널리 사용되어 스마트폰을 スマートフォン 또는 スマートホン이라고 쓰지만 보통 スマホ라고 말합니다.

저는 자주 인터넷으로 쇼핑을 합니다

私はよくインターネットで ショッピングをします。

와따시와 요꾸 인타-넷또데 숏핑구오시마스

▶ 어떤 행동을 빈번하게 할 때에는 よく~する라는 표현을 사용합니다. 이는 행위 능력 정도를 말하는 것이 아니라 행위 빈도를 말합니다.

회화

A 私はよくインターネットでショッピングをします。
와따시와 요꾸 인타-넷또데 숏핑구오시마스
저는 자주 인터넷으로 쇼핑을 합니다.

B 安く購入できるそうですね。
야스꾸 고-뉴-데끼소우데스네
싸게 구입할 수 있는 것 같더라고요.

単語 インターネット 인터넷 ショッピング 쇼핑 安く 싸게, 저렴하게

관련 표현

■ 인터넷 판매의 매출이 대단해요.

ネット販売の売り上げがすごいです。

넷또한바이노 우리아게가 스고이데스

■ 우리 언니는 텔레비전 쇼핑에 푹 빠져 있어.

うちの姉はテレビショッピングにハマってるんだ。

우찌노 아네와 테레비 숏핑구니 하맛떼룬다

▶ ~みたい는 자신의 의견이나 확정적인 사실을 전달하는 것이 아니라 '~같이 보인다'라는 뜻 입니다.

저는 매일 아침에 공원에서 조깅을 합니다

私は毎朝公園でジョギングをします。

와따시와 마이아사 고-엔데 죠깅구오시마스

▶ 시간이나 때를 나타내는 명사와 毎를 함께 사용하면 '때/시기마다'라는 뜻입니다. '매일-毎日', '매일 밤-毎晩', '매월-毎月'과 같이 사용합니다.

회화

A 私は毎朝公園でジョギングをします。
와따시와 마이아사 고-엔데 죠깅구오시마스
저는 매일 아침에 공원에서 조깅을 합니다.

B うわー、すごいですね。
우와- 스고이데스네
우와, 대단합니다.

単語　毎朝 매일 아침　ジョギング 조깅

관련 표현

■ 나는 매일 아침 사과주스를 마십니다.
僕は毎朝りんごジュースを飲みます。
보꾸와 마이아사 링고쥬-스오 노미마스

■ 기무라 씨는 매일 아침 몇 시쯤 집을 나옵니까?
木村さんは毎朝何時ごろ家を出ますか。
기무라상와 마이아사 난지니고로 이에오 데마스까

▶ 시간을 나타내는 명사와 ~ごろ를 함께 쓰는 경우 정확한 시간이 아니라 대략적인 시간을 나타내는 '~쯤, ~무렵'이라는 뜻입니다.

장기적으로 해볼 생각이에요

長期的にやるつもりです。

쵸-끼떼끼니 야루쯔모리데스

▶ 동사의 원형에 つもり를 붙여 쓰면 동사가 의미하는 행동을 '~할 마음, ~예정'이라는
뜻으로 말하는 사람의 의도를 나타내는 표현입니다.

회화

A 今のバイト、いつぐらいまでされますか。
이마노 바이또 이쯔구라이마데사레마스까
지금의 아르바이트는 언제 정도까지 하실 겁니까?

B 長期的にやるつもりです。
쵸-끼떼끼니 야루쯔모리데스
장기적으로 해볼 생각이에요.

単語 バイト 아르바이트 長期的 장기적

관련 표현

■ 단기 아르바이트를 찾고 있습니다.
短期のバイトを探しています。
딴끼노 바이또오 사가시떼이마스

■ 면접을 갔던 가게의 아르바이트비는 쌌다.
面接に行ったお店はバイト代が安かった。
멘세쯔니 잇따 오미세와 바이또다이가 야스깟다

▶ 아르바이트를 일본에서는 アルバイト 또는 バイト라고 쓰지만 일반적으로는 バイト라고 합
니다.

저는 시간이 나면 여행을 가요

私は時間があったら旅行をします。

와따시와 지깐가 앗따라 료꼬-오시마스

▶ 어떤 내용이나 상황을 가정하여 표현할 때 ~があったら를 사용합니다. ~があったら 는 '~가 있다면'이라는 뜻으로 자주 사용됩니다.

회화

A 今年のゴールデンウィークは何をしますか。

고토시노 고-루덴위-쿠와 나니오시마스까

올해 5월 연휴 기간에는 무엇을 하시나요?

B 私は時間があったら旅行をします。

와따시와 지깐가 앗따라 료꼬-오시마스

저는 시간이 나면 여행을 가요.

単語 ゴールデンウィーク 골든 위크, 5월의 황금 연휴 旅行 여행

관련 표현

■ 나는 시간이 있으면 드라이브를 즐깁니다.

私は時間があったらドライブを楽しみます。

와따시와 지깐가 앗따라 도라이부오 다노시미마스

■ 걱정할 시간이 있으면 남자 친구에게 전화해봐.

悩む時間があったら彼氏に電話してみて。

나야무지깐가 앗따라 가레시니 뎅와시떼미떼

▶ '시간이 있다'는 표현을 연습해 봅시다.

어떤 영화든 모두 좋아합니다
どんな映画<ruby>映画<rt>えいが</rt></ruby>でも全部<ruby>全部<rt>ぜんぶ</rt></ruby>好<ruby>好<rt>す</rt></ruby>きです。

돈나 에-가데모 젠부 스끼데스

▶ 기호나 취향 또는 선택에 대해 '어떤 ~라도'라는 일본어의 표현은 どんな~でも입니다. 어떤 것이든 관계없이 모든 것을 포함하는 의미로 사용됩니다.

회화

A どんなジャンルの映画<ruby>映画<rt>えいが</rt></ruby>が好<ruby>好<rt>す</rt></ruby>きですか。
돈나 장루노 에-가가 스끼데스까
어떤 장르의 영화를 좋아하세요?

B どんな映画<ruby>映画<rt>えいが</rt></ruby>でも全部<ruby>全部<rt>ぜんぶ</rt></ruby>好<ruby>好<rt>す</rt></ruby>きです。
돈나 에-가데모 젠부 스끼데스
어떤 영화든 모두 좋아합니다.

Part 03 취미/여가

単語 全部<ruby>全部<rt>ぜんぶ</rt></ruby> 전부 今度<ruby>今度<rt>こんど</rt></ruby> 이번 土曜日<ruby>土曜日<rt>どようび</rt></ruby> 토요일

관련 표현

■ 이번 토요일 영화 보러 같이 갈까?
今度<ruby>今度<rt>こんど</rt></ruby>の土曜日<ruby>土曜日<rt>どようび</rt></ruby>、映画<ruby>映画<rt>えいが</rt></ruby>に付<ruby>付<rt>つ</rt></ruby>き合<ruby>合<rt>あ</rt></ruby>ってくれない。
곤도노 도요-비 에-가니 쯔끼앗떼꾸레나이

■ 형편없는 영화에 돈을 써버렸다.
つまらない映画<ruby>映画<rt>えいが</rt></ruby>にお金<ruby>金<rt>かね</rt></ruby>を使<ruby>使<rt>つか</rt></ruby>ってしまったよ。
쯔마라나이 에-가니 오까네오 쯔깟떼시맛따요

▶ 단어 앞에 お~를 붙이는 것은 공손한 표현이거나 여성들이 주로 사용하는 표현입니다. お金는 일반적인 관용어입니다.

인터넷으로 영화표를 예약하겠습니다
ネットで映画のチケットを予約します。
えい が　　　　　　　　　　　　　　　　よ やく

넷또데 에-가노 치껫또오 요야꾸시마스

▶ 일본인은 긴 외래어를 줄여서 표기하는 경우가 많습니다. 자주 사용되는 표현들을 잘 익혀두기 바랍니다.

회화

A 映画のチケット、予約しないといけなせんね。
　えい が
　에-가노 치껫또 요야꾸시나이또 이께마센네
　영화 티켓을 예약하지 않으면 안 되겠네요.

B ネットで映画のチケットを予約します。
　　　　えい が　　　　　　　　よ やく
　넷또데 에-가노 치껫또오 요야꾸시마스
　인터넷으로 영화표를 예약하겠습니다.

単語
予約 예약　飛行機 비행기
よ やく　　ひ こう き

관련 표현

■ 도쿄행 비행기 티켓을 예약했다.
　東京行きの飛行機のチケットを予約した。
　とうきょう ゆ　　　ひ こう き　　　　　　　よ やく
　도-쿄-유끼노 히꼬-끼노 치껫또오 요야꾸시따

■ 오사카행 신칸센을 인터넷으로 찾아봅시다.
　大阪行きの新幹線をネットで調べてみましょうね。
　おおさか ゆ　　　しんかんせん　　　　　　　しら
　오-사까유끼노 신깐센오 넷또데 시라베떼미마쇼-네

▶ ~てみます는 어떤 동작이나 행위를 '~해보겠다'는 의미입니다.

보통 주말에는 무엇을 하시나요?
普段、週末は何をしますか。
후단 슈-마쯔와 나니오시마스까

▶ 보통 '무엇을 합니까?'라는 말은 **何をしますか**라고 하지만 상대방을 높이거나 공손한 표현으로는 **何をされますか**라는 표현을 사용합니다.

회화

A 普段、週末は何をしますか。
후단 슈-마쯔와 나니오 시마스까
보통 주말에는 무엇을 하시나요?

B だいたい家で休みます。
다이따이 이에데 야스미마스
대부분 집에서 쉽니다.

Part 03 취미/여가

単語 普段 평소 キャンプ 캠프 出かける 외출하다 川 강, 하천

관련 표현

■ 주말은 가족이 캠핑하러 갑니다.
週末は家族でキャンプに出かけます。
슈-마쯔와 가조꾸데 캼푸니 데까께마스

■ 친구와 강에서 낚시를 합니다.
友達と川で釣りをします。
도모다찌또 가와데 쯔리오 시마스

▶ ~に出かける는 '~하러 간다'는 뜻으로 사용합니다. 이때 동작이나 상황을 나타내는 말에 조사 に를 사용합니다.

하는 일이 없이 바빴어요

何もすることないのに忙しかったです。

나니모 스루고또나이노니 이소가시깟따데스

▶ ~のには 접속조사로 어떤 상황이 보통 예상하는 것과 반대의 일이 생길 때에 쓰는 표현이며 '~하는데 …하다'라는 뜻으로 사용합니다.

회화

A 夏休みは家族サービスで忙しかったでしょうね。

나쯔야스미와 가조꾸사-비스데 이소가시깟따데쇼-네

여름 휴가는 가족 봉사로 바쁘셨죠?

B 何もすることないのに忙しかったです。

나니모 스루고또나이노니 이소가시깟따데스

하는 일이 없이 바빴어요.

単語 夏休み 여름 휴가 サービス 서비스, 봉사

관련 표현

■ 정리할 것이 많아서 힘들다.

整理することが多くてたいへんだ。

세-리스루 고또가 오-꾸떼 다이헨다

■ 오늘은 할 일이 없어서 한가해.

今日は、やることがなくて暇だ。

교-와 야루 고또가나꾸떼 히마다

▶ やることは 어떤 것을 완료하기 위해 '실행하는 것'이라는 뜻으로 의지가 포함되어 있습니다. 비슷한 말로 すること가 있으며 '~하는 것'이라는 뜻으로 의지는 포함되지 않습니다.

하루 종일 집에서 빈둥거렸어요

一日中家でゴロゴロしていました。
いち にちじゅういえ

이찌니찌쥬- 이에데 고로고로시떼 이마시다

▶ 家는 いえ 또는 うち로 발음합니다. いえ는 건물 자체나 가계(家系)를 말합니다. うち 는 가족이나 가정을 말하며 '나'를 가리키는 경우에도 사용됩니다.

회화

A いいお天気でしたが、どこか行かれましたか。
てん き　　　　　　　　　　い
이- 오텐끼데시따가 도꼬까 이까레마시다까

좋은 날씨여서 어디에 가셨습니까?

B いいえ。日日中家でゴロゴロしていました。
いち にちじゅういえ
이-에 이찌니찌쥬- 이에데 고로고로시떼 이마시다

아뇨. 하루 종일 집에서 빈둥거렸어요.

単語
一日中 하루 종일　ゴロゴロ 빈둥빈둥
いちにちじゅう

관련 표현

■ 하루 종일 책을 읽었습니다.
一日中本を読んでいました。
いちにちじゅうほん　　よ

이찌니찌쥬- 홍오 욘데이마시다

■ 항상 쇼파에서 뒹굴뒹굴하고 있습니다.

いつもソファーでゴロゴロしています。

이쯔모 소화-데 고로고로시떼이마스

▶ 한국어와 마찬가지로 일본어도 의태어를 많이 사용합니다. 어떤 물건이 굴러가는 모양인 ゴ ロゴロ나 책장을 넘기는 모양인 パラパラ와 같이 상황에 따라 다양한 의태어 표현이 있습 니다.

특별한 것은 없어요
特に何もありません。
도꾸니 나니모 아리마센

▶ 어떤 상황에 대해 강조하는 표현으로 特にを 사용하는데 '특히' 또는 '특별히'라는 뜻입니다.

회화

A 何か報告することがありますか。
나니까 호-꼬꾸스루 고또가 아리마스까
어떤 보고할 것이 있습니까?

B いいえ。特に何もありません。
이-에 도꾸니 나니모 아리마센
아니요. 특별한 것은 없어요.

単語 報告 보고 特に 특별히

관련 표현

■ 우리 회사는 이렇다 할 특별한 것이 없습니다.
うちの会社は、これといって特別なことはありません。
우찌노 가이샤와 고레또잇떼 도꾸베쓰나 고또와 아리마센

■ 도쿄행 항공권이 특별히 쌉니다.
東京行きの航空券が特別に安いです。
도쿄유끼노 교-꾸-껜가 도꾸베쓰니 야스이데스

▶ **うちの会社**는 '우리 회사' 또는 '내가 근무하고 있는 회사'입니다. **うち**는 내가 소속되어 있는 곳을 말합니다.

휴가 때 저는 혼자 여행 가서 긴장을 풉니다
休暇の際、私は一人で旅行し緊張を
ほぐします。
규-까노사이 와따시와 히또리데 료꼬-시 긴쵸-오 호구시마스

▶ 시간 또는 기간을 나타내는 명사와 함께 쓰는 際 또는 時는 그 시간과 시간의 '때'를 나타내는 표현으로 사용됨을 알아두시기 바랍니다.

회화

A 休暇の際、私は一人で旅行し緊張を解ぐします。
규-까노사이 와따시와 히또리데 료꼬-시 긴쵸-오 호구시마스
휴가 때 저는 혼자 여행 가서 긴장을 풉니다.

B それはいい考えですね。
소레와 이- 강가에데스네
그것 좋은 생각이군요.

単語 緊張 긴장 解す 풀다 考え 생각

관련 표현

■ 여행이 제일 좋은 휴가죠.
旅行にが一番の休暇でしょう。
료꼬가 이찌방노 규-카데쇼-

■ 힐링하러 혼자서 여행 다녀갔습니다.
ヒーリングをしに一人で旅行に行きました。
히-링구오시니 히또리데 료꼬-니 이끼마시다

▶ ~(する)が一番은 '~(하는 것)이 제일'이라는 뜻으로 일본어에서 흔히 쓰는 관용적인 표현입니다.

Part 03 취미/여가

휴가 때 저는 침대에 누워서 아무것도 하지 않아요

休暇の時、私はベットで横になって 何もしません。

규-까노 도끼 와따시와 벳또데 요꼬니낫떼 나니모시마센

▶ 시간 또는 기간을 나타내는 명사와 함께 쓰는 時 또는 際는 그 시간과 시간의 '때'를 나타내는 표현으로 사용됨을 알아두시기 바랍니다.

회화

A 何か休暇の計画はありますか。

나니까 규-까노게이까꾸와 아리마스까

어떤 휴가 계획이 있습니까?

B 休暇の時、私はベットで横になって何もしません。

규-까노 도끼 와따시와 벳또데 요꼬니낫떼 나니모시마센

휴가 때 저는 침대에 누워서 아무것도 하지 않아요.

単語 計画 계획　休暇 휴가　ベット 침대

관련 표현

■ 휴일에는 아무것도 하고 싶지 않습니다.

休みの日は何もしたくありません。

야스미노히와 나니모시따꾸 아리마센

■ 피곤해서 이불에 누울게요.

疲れて布団に横になるよ。

쯔까레떼 후-똥니 요꼬니나루요

▶ 横になる는 '옆으로 되다'는 말이지만 뜻은 '눕다'라는 관용적인 표현입니다.

시간 있으면 같이 밥 먹어요
時間があったら一緒にご飯を食べましょう。

지깐가 앗따라 잇쑈니 고향오 다베마쇼-

▶ 상대방에게 가볍게 식사를 제안하는 질문 방법으로 다양한 표현 방법이 있으므로 자주 사용되는 표현들을 잘 익혀서 상황에 맞게 사용해보시기 바랍니다.

회화

A 時間があったら一緒にご飯を食べましょう。

지깐가 앗따라 잇쑈니 고향오 다베마쇼-

시간 있으면 같이 밥 먹어요.

B 今近くに来ているので、そうしましょう。

이마 찌까꾸니 끼떼이루노데 소-시마쇼-

지금 근처에 와 있으니 그렇게 합시다.

単語 一緒 함께　ご飯 밥　食べる 먹다　近く 근처

관련 표현

■ 함께 식사합시다.
一緒にお食事しましょう。
잇쇼니 오쇼꾸지시마쇼-

■ 계산은 함께해도 좋습니까?
計算は一緒にしても良いですか。
게이산와 잇쇼니시떼모 이-데스까

▶ 一緒には '함께'라는 뜻으로 사람분만 아니라 사물에도 사용하며 복수의 사람이나 사물을 동시에 지칭하는 경우에도 사용됩니다.

커피라도 마시면서 이야기해요

コーヒーでも飲みながら話しましょう。

고-히-데모 노미나가라 하나시마쇼-

▶ 동사와 함께 사용하는 ~ながら는 '~하면서'라는 뜻으로 어떤 동작이 동시에 공존하는 경우에 사용됩니다.

회화

A 今まで積もった話がしたいです。
이마마데 쯔못따 하나시가시따이데스
지금까지 쌓인 이야기를 하고 싶습니다.

B コーヒーでも飲みながら話しましょう。
고-히-데모 노미나가라 하나시마쇼-
커피라도 마시면서 이야기해요.

単語 積る 쌓이다 話す 이야기하다

관련 표현

■ 차라도 마시면서 말씀하시죠.
お茶を飲みながら話しましょう。
오챠오 노미나가라 하나시마쇼-

■ 아이스 커피라도 마시지 않겠습니까?
アイスコーヒーでも飲みませんか。
아이스 고-히-데모 노미마센까

▶ お茶는 음료의 차를 말하는 茶에 お를 붙여서 관용적으로 '차' 또는 '녹차'를 말할 때에 사용합니다.

얼마나 신나는지 모르겠어요

どんなに楽しいかわかりません。

돈나니 다노시-까 와까리마센

▶ 어떤 상황이나 상태를 강조할 때 얼마나의 뜻으로 どんなに를 사용합니다. 동일한 의미로 どれぐらい를 사용할 수도 있음을 알아두시기 바랍니다.

회화

A 新しい仕事はどうですか。

아따라시- 시고또와 도-데스까

새로운 일은 어떻습니까?

B やりたかった仕事なので、

야리따깟따 시고또나노데

どんなに楽しいかわかりません。

돈나니 다노시-까 와까리마센

하고 싶었던 일이라서 얼마나 신나는지 모르겠어요.

単語 どんなに 얼마나 楽しい 즐겁다

관련 표현

■ 아이들에게는 공부가 얼마나 중요한지 모릅니다.

子供たちにとって勉強がどんなに大事か
わかりません。

고도모따찌니 돗떼 벵꾜-가 돈나니 다이지까 와까리마센

■ 만나 뵙는 것을 기대하고 있습니다.

お会いすることを楽しみにしています。

오아이스루 고또오 다노시미니시떼이마스

▶ (동사)ことを楽しみにしています는 '(동사)하는 것을 즐거움으로 합니다'로, 어떤 행동을 기대하고 있다는 뜻입니다.

너무 웃겨서 배가 아파요
とても可笑しくて、お腹が痛いです。

도떼모 오까시꾸떼 오나까가 이따이데스

▶ 어떤 상황이나 상태를 강조할 때 '대단히' 또는 '몹시'라는 뜻으로 とても가 자주 사용 됩니다. 동일한 표현으로 大変을 사용할 수 있습니다.

회화

A 今テレビ見てますか。ギャグ番組やってますよ。

이마 테레비미떼마스까 갸구방구미얏떼마스요

지금 텔레비전 보고 있어요? 개그프로그램 하고 있어요.

B とても可笑しくて、お腹が痛いです。

도떼모 오까시꾸떼 오나까가 이따이데스

너무 웃겨서 배가 아파요.

単語
可笑しい 우습다　お腹 배　ギャグ 개그

관련 표현

■ 너무 웃어서 배가 아프다.
笑いすぎてお腹が痛い。
와라이스기떼 오나까가 이따이.

■ 너무 웃어서 눈물이 났다.
笑いすぎて涙がでちゃった。
와라이스기떼 나미다가 데쨧다

▶ 보통 일본어 회화에서 ~ちゃった라는 말을 많이 사용합니다. 이는 '~해버렸다'라는 뜻으로 동일한 표현인 ~してしまった의 보다 구어적인 표현입니다.

오늘 너무 즐겁게 놀았어요
今日はとても楽しく遊びました。
교-와 도떼모 다노시꾸 아소비마시다

▶ 함께 시간을 보낸 상대방와 헤어지기 전에 공손한 인사를 건네는 표현 방법으로 잘
익혀서 상황에 맞게 사용해보시기 바랍니다.

회화

A 今日はとても楽しく遊びました。
교-와 도떼모 다노시꾸 아소비마시다
오늘 너무 즐겁게 놀았어요.

B 私も楽しかったです。今度また遊びましょう。
와따시모 다노시깟다데스 곤도 마따 아소비마쇼-
저도 즐거웠습니다. 다음에 또 놀아요.

単語　遊ぶ 놀다 今夜 오늘 밤 思いっきり 마음껏

관련 표현

■ 오늘 밤은 마음껏 놀아봅시다.
今夜は、思いっきり遊ぼうね。
곤야와 오모잇끼리 아소보-네

■ 제트 코스터는 마음껏 즐길 수 있는 탈것이었어요.
ジェットコースターは思いっきり楽しめる乗り物
だったよ。
젯토코-스타-와 오모잇끼리 다노시메루 노리모노닷따요.

▶ 思いっきり는 '마음껏' 또는 '실컷'이라는 뜻으로 어떤 동작이나 행위를 여한없이 마음껏 즐
긴다는 의미입니다.

매일 핸드폰을 붙잡고 살아요
毎日携帯を手放しません。
마이니찌 케이타이오 데바나시마센

▶ 어떤 사람이나 사물에 대해 관심이나 소유를 포기하는 것을 手放す라고 말하며 '손을 놓다' 또는 '손을 떼다'라는 의미를 가집니다.

회화

A 妹はまだ小学生なのに毎日携帯を手放しません。
이모-또와 마다 쇼-가꾸세-나노니 마이니찌 케이타이오 데바나시마센
여동생은 아직 초등학생인데 매일 핸드폰을 붙잡고 살아요.

B それは心配ですね。
소레와 신빠이데스네
그건 걱정되네요.

単語 妹 여동생 携帯 휴대, 휴대폰 手放す 손을 떼다

관련 표현

■ 핸드폰을 한시도 놓지 않는다.
携帯を片時も離さない。
게-다이오 가따또끼모 하나사나이

■ 이번 달 핸드폰을 너무 써서 핸드폰 요금이 걱정스러워.
今月、携帯を使いすぎたので携帯料金が心配だな。
곤게쯔 게-따이오 쯔까이스기따노데 게-따이료-낑가 신빠이다나

▶ 片時는 어느 정해진 시간의 일부를 말하는 것으로 '잠시'라는 뜻입니다.

동전 던지기로 정해요
コインを投げて決めましょう。
코인오 나게떼 키메마쇼-

▶ 상대방과 어떤 것에 대해 결정하는 상황에서 쓸 수 있는 표현방법이므로 아래에서 사용되는 표현들을 잘 익혀서 상황에 맞게 사용해보시기 바랍니다.

회화

A 誰が先に始めますか。
다레가 사끼니 하지메마스까
누가 먼저 시작할까요?

B コインを投げて決めましょう。
코인오 나게떼 키메마쇼-
동전 던지기로 정해요.

単語 投げる 던지다 決める 정하다

관련 표현

■ 사다리뽑기로 정해도 재미있겠죠?
あみだくじで決めるのも面白いでしょう。
아미다꾸지데 키메루노모 오모시로이데쇼-

■ 가위바위보로 정할까요?
じゃんけんで決めようか。
쟝껜데 키메요-까

▶ 일본에서 가위바위보 게임은 じゃんけん이라고 하고, 게임을 할 때에 말하는 것은 じゃんけんぽん로 합니다.

Part 03

취미/여가

Day 061 취미는 무엇인가요?
趣味は何ですか。

Day 062 저는 음악 듣는 것을 좋아합니다
私は音楽を聴くのが好きです。

Day 063 음악을 들으면 스트레스가 풀립니다
音楽を聴くとストレス解消できます。

Day 064 가장 좋아하는 운동은 무엇인가요?
一番好きなスポーツは何ですか。

Day 065 잘 보시는 텔레비전 프로그램은 무엇인가요?
よく見るテレビ番組は何ですか。

Day 066 주로 어디에서 만나나요?
だいたいどこで待ち合わせしますか。

Day 067 퇴근 후에 주로 무엇을 하시나요?
退勤後はだいたい何をされますか。

Day 068 저는 자주 친구와 공원에서 산책해요
私はよく友達と公園で散歩します。

Day 069 산책하면 건강해질 수 있다고 생각해요
散歩をすると健康になれると思います。

Day 070 좀 쉬엄쉬엄 하세요
ちょっと休み休みしてください。

Day 071 스트레스를 어떻게 푸세요?
ストレスをどうやって解消しますか。

Day 072 저는 자주 인터넷으로 쇼핑을 합니다
私はよくインターネットでショッピングをします。

Day 073 저는 매일 아침에 공원에서 조깅을 합니다

私は毎朝公園でジョギングをします。

Day 074 장기적으로 해볼 생각이에요

長期的にやるつもりです。

Day 075 저는 시간이 나면 여행을 가요

私は時間があったら旅行をします。

Day 076 어떤 영화든 모두 좋아합니다

どんな映画でも全部好きです。

Day 077 인터넷으로 영화표를 예약하겠습니다

ネットで映画のチケットを予約します。

Day 078 보통 주말에는 무엇을 하시나요?

普段、週末は何をしますか。

Day 079 하는 일이 없이 바빴어요

何もすることないのに忙しかったです。

Day 080 하루 종일 집에서 빈둥거렸어요

一日中家でゴロゴロしていました。

Day 081 특별한 것은 없어요

特に何もありません。

Day 082 휴가 때 저는 혼자 여행 가서 긴장을 풉니다

休暇の際、私は一人で旅行し緊張をほぐします。

Day 083 휴가 때 저는 침대에 누워서 아무것도 하지 않아요

休暇の時、私はベットで横になって何もしません。

Day 084 시간 있으면 같이 밥 먹어요

時間があったら一緒にご飯を食べましょう。

Day 085 커피라도 마시면서 이야기해요

コーヒーでも飲みながら話しましょう。

- -

Day 086 얼마나 신나는지 모르겠어요

どんなに楽しいかわかりません。

- -

Day 087 너무 웃겨서 배가 아파요

とても可笑しくて、お腹が痛いです。

- -

Day 088 오늘 너무 즐겁게 놀았어요

今日はとても楽しく遊びました。

- -

Day 089 매일 핸드폰을 붙잡고 살아요

毎日携帯を手放しません。

- -

Day 090 동전 던지기로 정해요

コインを投げて決めましょう。

- -

Part | 04

날씨/계절/시간

오늘은 너무 춥네요

今日はすごく寒いですね。

교-와 스고꾸 사무이데스네

▶ 어떤 상황이나 상태에 대한 느낌을 매우 강조할 때 '너무' 또는 '몹시'라는 뜻으로 す
ごく라는 표현이 자주 사용됩니다.

회화

A 今日はすごく寒いですね。

교-와 스고꾸 사무이데스네

오늘은 너무 춥네요.

B はい。天気予報では今晩雪が降るそうです。

하이 덴끼요호-데와 곤방 유끼가 후루소우데스

네. 일기예보에서는 오늘 밤 눈이 온다고 하더군요.

単語 寒い 춥다 今晩 오늘 밤 雪 눈 降る 내리다, 떨어지다

관련 표현

■ 오늘은 어제만큼 춥지 않다.

今日は昨日ほど寒くない。

교-와 기노-호도 사무꾸나이

■ 비가 올 것 같아요.

雨が降るそうです。

아메가 후루소-데스

▶ (동사 기본형)そうです로 '~하는 것 같다'라는 추측의 의미를 포함하는 말에 사용합니다.

오늘은 정말 뼛속까지 추운 날씨였어요
今日は本当に骨身にしみる
寒い天気でした。

교-와 혼또-니 호네미니 시미루 사무이 덴끼데시다

▶ 겨울철 날씨가 매우 춥다는 것을 강조할 때 사용하는 관용적인 표현이므로 아래 예
문의 표현을 통해 표현 방법을 알아두시기 바랍니다.

회화

A 今日は本当に骨身に染みる寒い天気でした。
교-와 혼또-니 호네미니 시미루 사무이 덴끼데시다
오늘은 정말 뼛속까지 추운 날씨였어요.

B 本当ですね。暖かくして休んで下さい。
혼또-데스네 아따따까꾸시떼 야슨데 구다사이
정말입니다. 따뜻하게 쉬세요.

単語 骨身 뼛속 染みる 스며들다 暖かい 따뜻하게

관련 표현

■ 아버지의 말씀이 뼛속에 사무친다.
父の言葉が骨身に染みる。
찌찌노 고또바가 호네미니 시미루

■ 오늘은 너무 춥다.
今日は寒すぎる。
교-와 사무스기루

▶ 일본어에서는 본인의 가족과 남의 가족을 부르는 말이 구분되어 있는 경우가 있습니다. 일
반적으로 父의 경우는 본인의 아버지를 말하며, 타인의 아버지는 お父さん라고 하는 것이
정확한 표현방법입니다.

요 며칠 날씨는 예측하기 힘드네요
ここ数日天気を予測するのが難しいですね。
고꼬 스-지쯔 덴끼오 요소꾸스루노가 무즈까시-데스네

▶ 정확한 시간을 나타내는 것이 아닌 일정한 기간을 나타내는 말 중 ここ数日라는 표현은 '근래' 또는 '요 며칠'이라는 의미입니다.

회화

A ここ数日天気を予測するのが難しいですね。
고꼬 스-지쯔 덴끼오 요소꾸스루노가 무즈까시-데스네
요 며칠 날씨는 예측하기 힘드네요.

B はい。昨日も急に夕立がきて服が濡れました。
하이 기노-모 규-니 유-다찌가 끼떼 후꾸가 누레마시다
네. 어제도 갑자기 소나기가 내려서 옷이 젖었습니다.

単語 予測 예측 急に 갑작스럽게 濡れる 젖다

관련 표현

■ 요즘 일기예보가 안 맞아.
最近天気予報が当たらない。
사이낀 덴끼요호-가 아따라나이

■ 폭우가 내릴 것 같으니 빨리 돌아가자.
暴風雨が降りそうなので、早く帰ろうね。
보-후-우가 후리소-나노데 하야꾸 가에로-네

▶ 当たる는 '적중하다', '부딪치다', '노출되다', '당첨되다' 등 다양한 뜻을 가지고 있습니다.

요즘 꽃샘추위가 심해요

最近花冷えがひどいです。

사이낀 하나비에가 히도이데스

▶ 일본도 한국과 마찬가지로 봄이 시작되는 시기에 '꽃샘추위(花冷え)'가 있습니다.

회화

A 最近花冷えがひどいです。
사이낀 하나비에가 히도이데스
요즘 꽃샘추위가 심해요.

B そうですね。暖かい春が待ち遠しいです。
소우데스네 아따따까이 하루가 마찌도-시이데스
그렇죠. 따뜻한 봄이 몹시 기다려집니다.

単語 花冷え 꽃샘추위 春 봄 待ち遠しい 몹시 기다려지다

관련 표현

■ 꽃구경 시기가 몹시 기다려진다.
花見の時期が待ち遠しい。
하나미노 지끼가 마찌도-시이

■ 벚꽃 필 때쯤 꽃샘추위가 있어.
桜が咲くころに花冷えがあるんだ。
사꾸라가 사꾸꼬로니 하나비에가 아룬다

▶ 待ち遠しい는 '기다리다'라는 말과 '멀다'라는 말이 결합되어 '몹시 기다리다'라는 관용적인
표현입니다.

오늘 황사 정말 심하네요
今日は黄砂がひどいですね。
교-와 고-사가 히도이데스네

▶ 한국과 마찬가지로 일본도 봄철에 황사가 날아옵니다. 황사시기에 사용하는 다양한
표현들을 잘 익혀서 사용해보시기 바랍니다.

회화

A 今日は黄砂がひどいですね。
교-와 고-사가 히도이데스네
오늘 황사 정말 심하네요.

B マスクをしないと、黄砂で喉が痛いです。
마스쿠오 시나이또 고-사데 노도가 이따이데스
마스크를 안하면 황사 때문에 목이 아프네요.

単語 黄砂 황사 ひどい 심하게 喉 목 痛い 아프다

관련 표현

■ 황사가 원인으로 눈이 아프게 되었다.
黄砂が原因で目が痛くなった。
고-사가 겐인데 메가 이따꾸낫따

■ 황사는 언제까지 날아올까.
黄砂はいつまで飛んでくるのかな。
고-사와 이쯔마데 돈데꾸루노까나

▶ 何時로 쓰고 いつ로 발음하면 '언제'라는 뜻이, なんじ로 발음하면 '몇 시'라는 뜻이 됩니다.

황사는 한국에 여러 번 영향을 주었습니다

黄砂は韓国に何度も影響を与えました。

고-사와 간꼬꾸니 난도모 에-꾜-오 아따에마시다

▶ 일본어에서 정확하지 않으나 '여러 번'이라는 표현을 사용할 때에 何度も라는 표현을 사용합니다. 다음 문장 표현을 통해 좀 더 자세히 알아보겠습니다.

회화

A 黄砂は韓国に何度も影響を与えました。

고-사와 간꼬꾸니 난도모 에-꾜-오 아따에마시다

황사는 한국에 여러 번 영향을 주었습니다.

B 黄砂が吹くと空気が悪いので大変です。

고-사가 후꾸또 구-끼가 와루이노데 다이헨데스

황사가 불면 공기가 안 좋아서 힘들어요.

単語 何度 여러 번 与える 영향을 미치다

관련 표현

■ 황사는 중국에서 불어온다.

黄砂は中国から吹いてくる。

고-사와 쥬-고꾸까라 후이떼꾸루

■ 황사로 먼 경치가 잘 안 보이게 된다.

黄砂で遠くの景色が見えにくくなる。

고-사데 도-꾸노 게시끼가 미에니꾸꾸나루

▶ 황사에 관한 다양한 표현을 익혀봅시다.

Part 04

날씨/계절/시간

더운 날씨가 싫어요

暑いのが嫌いです。

아쯔이노가 기라이데스

▶ 어떠한 대상이나 상황에 대하여 싫은 기분을 나타내는 말은 嫌い라고 합니다. 다음 문장 표현을 통해 좀 더 자세히 알아보겠습니다.

회화

A 暑いのが嫌いです。だから夏より冬が好きです。
아쯔이노가 기라이데스 다까라 나쯔요리 후유가 스끼데스
더운 날씨가 싫어요. 그래서 여름보다 겨울을 좋아합니다.

B 私は花の咲く春が好きです。
와따시와 하나노 사꾸 하루가 스끼데스
저는 꽃이 피는 봄을 좋아합니다.

単語 暑い 더운 嫌い 싫다

관련 표현

■ 단풍이 예쁜 가을이 좋습니다.
紅葉の綺麗な秋が好きです。
고-요-노 기레-나 아끼가 스끼데스

■ 여름은 덥기 때문에 견딜 수 없습니다.
夏は暑いので耐えられません。
나쯔와 아쯔이노데 타에라레마센

▶ 계절에 대한 다양한 표현을 익혀봅시다.

날씨가 점점 좋아지고 있어요
天気が徐々に良くなっています。
덴끼가 쵸죠니 요구낫떼이마스

▶ 일본어에서 날씨를 나타내는 말은 天気, 天候, 日和 등이 있습니다. 이들 중 가장 많이 쓰이는 것은 天気입니다.

회화

A もう梅雨は終わってますか。
모- 츠유와 오왓떼마스까
이제 장마는 끝났나요?

B 天気が徐々に良くなっています。
덴끼가 쵸죠니 요구낫떼이마스
梅雨は終わったと思います。
츠유와 오왓다또 오모이마스
날씨가 점점 좋아지고 있어요. 장마는 끝났다고 생각합니다.

単語 徐々に 점점, 서서히 梅雨 장마

관련 표현

■ 다음 주부터 장마가 시작되는 것 같아.
来週から梅雨に入るみたいだよ。
라이슈-까라 츠유니 하이루미따이다요

■ 올해도 마른 장마가 되려나….
今年も空梅雨になるのかな…。
고토시모 가라츠유니 나루노까나

▶ 일본에도 한국과 마찬가지로 '장마'가 있으며 梅雨라고 말합니다. 보통 일본의 남부지방은 6월초, 중부지방은 6월 중순에 장마가 시작됩니다.

어떤 계절을 좋아하시나요?

どの季節が好きですか。

도노 기세쯔가 스끼데스까

▶ 불분명하거나 불특정한 대상을 가리키는 표현으로 '어느' 또는 '어떤'의 뜻인 どの가
사용되므로 관련 표현을 상황에 맞게 사용해보시기 바랍니다.

회화

A どの季節が好きですか。
도노 기세쯔가 스끼데스까
어떤 계절을 좋아하시나요?

B やはり色んな花が咲く春が好きです。
야하리 이론나 하나가 사꾸 하루가 스끼데스
역시 여러 가지 꽃이 피는 봄을 좋아합니다.

単語 色んな 여러 가지 変わり目 바뀔 때

관련 표현

■ 요즘 환절기니 감기 조심합시다.
最近、季節の変わり目ですので、風邪に気を付けましょう。
사이낀 기세쯔노 가와리메데스노데 가제니 키오쯔께마쇼-

■ 이 계절이 되면 바람이 강해집니다.
この季節になると風が強くなります。
고노 기세쯔니 나루또 가제가 쯔요꾸나리마스

▶ 감기를 나타내는 風邪와 바람을 나타내는 風는 동일하게 かぜ로 발음이 됩니다.

저는 봄을 좋아합니다
私は春が好きです。
와따시와 하루가 스끼데스

▶ 계절은 봄-春, 여름-夏, 가을-秋, 겨울-冬로 말합니다.

회화

A もう冬が終わったみたいですよね。
모-후유가 오왓따미따이데스요네
벌써 겨울이 끝난 것 같아요.

B 私は春が好きです。
와따시와 하루가 스끼데스
春が来ると私の誕生日も来ますから。
하루가 꾸루또 와따시노 단죠-비모 끼마스까라
저는 봄을 좋아합니다. 봄이 오면 제 생일도 오니까요.

単語 日ざし 햇살, 햇볕 日増し 하루하루 지나감, 나날이

관련 표현

■ 따뜻한 봄 햇살이네요.
暖かい春の日ざしですね。
아따따까이 하루노 히자시데스네

■ 나날이 봄다워집니다.
日増しに春らしくなります。
히마시니 하루라시꾸나리마스

▶ 어떤 사람 또는 사물 그리고 상태가 비슷한 느낌을 줄 때 '~답다'라고 나타내는 표현은 ~らしい입니다.

한국은 사계절이 뚜렷한 나라입니다
韓国は四季がはっきりした国です。
간꼬꾸와 시끼가 핫끼리시따 구니데스

▶ 어떤 상황이나 상태가 명확한 상황을 표현할 때 はっきり라는 말을 쓰며 이는 '분명히' 또는 '명확히'라는 뜻으로 사용됩니다.

회화

A 韓国は四季がはっきりした国です。
간꼬꾸와 시끼가 핫끼리시따 구니데스
한국은 사계절이 뚜렷한 나라입니다.

B 日本も四季がはっきりしています。
니혼모 시끼가 핫끼리시떼이마스
일본도 사계절이 뚜렷합니다.

単語　四季 사계절　はっきりする 뚜렷하다

관련 표현

■ 한국에는 봄 여름 가을 겨울이 있습니다.
韓国には春夏秋冬があります。
간꼬꾸니와 슌까슈토-가 아리마스

■ 일본에서는 어떤 계절이 제일 길어요?
日本ではどの季節が一番長いですか。
니혼데와 도노 기세쯔가 이찌방 나가이데스까

▶ 한국어에서 봄, 여름, 가을, 겨울을 줄여서 '춘하추동'으로 표현하는 것처럼 일본어에서도 春夏秋冬라는 표현을 사용합니다.

생일이 언제예요?

誕生日はいつですか。

탄죠-비와 이쯔데스까

▶ 상대방의 생일을 질문하는 방법으로 다양한 표현 방법이 있으므로 자주 사용되는 표현들을 잘 익혀서 상황에 맞게 사용해보시기 바랍니다.

회화

A あなたの誕生日はいつですか。

아나따노 탄죠-비와 이쯔데스까

당신 생일이 언제예요?

B 私の誕生日は4月9日です。

와따시노 탄죠-비와 시가쯔고꼬노까데스

제 생일은 4월 9일입니다.

単語　9日 9일　三つ 3살, 3개　年上 연상

관련 표현

■ 나는 아내보다 3살 연상입니다.

私は妻より三つ年上です。

와따시와 쯔마요리 밋쯔토시우에데스

■ 누나(언니)의 생일은 7월입니다.

姉の誕生日は7月です。

아네노 탄죠-비와 시찌가쯔데스

▶ 나이의 위와 아래를 표현하는 일본어의 표현은 위와 같이 개수를 나타내는 하나--一つ, 둘-二つ, 셋-三つ과 함께 연상-年上 또는 연하-年下를 함께 사용합니다.

오늘은 무슨 요일인가요?
今日は何曜日ですか。
교-와 난요-비데스까

▶ 요일을 질문하는 방법으로, 각 요일 표현들을 잘 익혀서 상황에 맞게 사용해보시기 바랍니다.

회화

A 今日は何曜日ですか。
교-와 난요-비데스까
오늘은 무슨 요일입니까?

B 今日は水曜日です。
교-와 스이요-비데스
오늘은 수요일입니다.

単語 何曜日 무슨 요일 水曜日 수요일

관련 표현

■ 모레는 무슨 요일입니까?
あさっては何曜日ですか。
아삿떼와 난요-비데스까

■ 그저께는 무슨 요일입니까?
おとといは何曜日でしたか。
오또또이와 난요-비데시따까

▶ 일본어의 요일 표현은 다음과 같습니다. 월요일-月曜日, 화요일-火曜日, 수요일-水曜日, 목요일-木曜日, 금요일-金曜日, 토요일-土曜日, 일요일-日曜日.

또 월요일이네요
また月曜日ですね。
마따 게쯔요-비데스네

▶ 친근한 사이 또는 직장동료 등과 같이 매일 만나는 사이에서 월요일의 만남 인사는 다양합니다. 자주 사용되는 표현들을 잘 익혀서 사용해보시기 바랍니다.

회화

A 楽しい週末が過ぎて、また月曜日ですね。
다노시- 슈-마쯔가 스기떼 마따 게쯔요-비데스네
즐거운 주말이 지나고 또 월요일이네요.

B 一週間がとても早いです。
잇슈-깐가 도떼모 하야이데스
일주일이 아주 빠르군요.

単語 週末 주말 過ぎる 지나다 一週間 일주일

Part 04 날씨/계절/시간

관련 표현

■ 다시 월요일에 전화 주세요.
また月曜日にお電話ください。
마따 게쯔요-비니 오뎅와 구다사이

■ 이번 주는 이쯤에서 실례하겠습니다. 다시 월요일에 뵙겠습니다.
今週はこれで失礼します。また月曜日にお目にかかります。
곤슈-와 고레데 시쯔레이시마스 마따 게쯔요-비니 오메니 가까리마스

▶ 헤어짐의 인사는 さよなら, では, また 등을 사용하지만 격식을 요할 때는 これで失礼します를 씁니다.

오늘은 몇 월 몇 일인가요?
今日は何月何日ですか。

교-와 난가쯔 난니찌데스까

▶ 구체적인 월과 날짜를 질문하는 방법으로, 자주 사용되는 기본적인 표현을 잘 익혀서 상황에 맞게 사용해보시기 바랍니다.

회화

A 今日は何月何日ですか。

교-와 난가쯔 난니찌데스까

오늘은 몇 월 며칠인가요?

B 今日は10月10日です。

교-와 쥬-가쯔 도-까데스

오늘은 10월 10일입니다.

単語 何月何日 몇 월 며칠 仕事始め 일 시작

관련 표현

■ 일 시작은 몇 월 며칠입니까?
仕事始めは何月何日ですか。

시고또하지메와 난가쯔 난니찌데스까

■ 20일간 휴가를 받았습니다.
二十日間休暇をもらいました。

하쯔까깐 규-카오 모라이마시다

▶ 일본어로 날짜를 말할 때에 일반적인 날짜를 말하는 표현 중 9일-9日, 10일-10日, 20일-20日 등은 일반적인 날짜를 말하는 방법과 다릅니다.

저는 2015년에 졸업했습니다

私は2015年に卒業しました。

와따시와 니센쥬-고넨니 소쯔교-시마시다

▶ 일본어로 연도를 말할 때에는 숫자 표현과 같이 읽으면 됩니다. 아래와 같이 2015년은 にせんじゅうごねん으로 발음하시기 바랍니다.

회화

A 私は2015年に卒業しました。

와따시와 니센쥬- 고넨니 소쯔교-시마시다

저는 2015년에 졸업했습니다.

B それじゃあ、私の後輩になりますね。

소래쟈- 와따시노 고-하이니 나리마스네

그렇다면 저의 후배가 되는군요.

単語 卒業 졸업 後輩 후배 今年 올해

관련 표현

■ 올해 고등학교를 졸업했습니다.

今年、高校を卒業しました。

고토시 고-꼬-오 소쯔교-시마시다

■ 과장님은 대학교 선배입니다.

課長は大学の先輩です。

가쵸-와 다이가꾸노 센빠이데스

▶ 일본의 사회생활에서도 한국과 같이 선후배의 문화가 많이 있습니다. 선배(先輩)와 후배(後輩)를 나타내는 표현을 잘 익혀서 사용해보시기 바랍니다.

지금 몇 시인가요?
いま なん じ
今何時ですか。
이마 난지데스까

▶ 구체적인 시간을 질문하는 방법으로, 자주 사용되는 기본적인 표현을 잘 익혀서 상황에 맞게 사용해보시기 바랍니다.

회화

A **すみません。今何時ですか。**
스미마센 이마 난지데스까
실례합니다. 지금 몇 시인가요?

B **もうすぐ12時です。**
모-스구 쥬-니지데스
곧 12시입니다.

単語 何時 몇 시 もうすぐ 이제 곧, 머지않아 着く 도착하다

관련 표현

■ 지금 몇 시 몇 분입니까?
いまなん じ なんぶん
今何時何分ですか。
이마 난지 난뿐데스까

■ 곧 도착합니다.
もうすぐ着きます。
모-수구 쯔끼마스

▶ もうすぐ는 시간적인 의미로 어떤 시간이나 동작이 임박했음을 표현하는 상황에 붙여서 '이제 곧, 머지않아'이라는 뜻으로 사용됩니다.

오늘은 설날입니다
今日は正月です。
교-와 쇼-가쯔데스

▶ 일본은 한국과 달리 양력 1월 1일을 설날로 하고 있으며 1일을 공휴일로 정하고 있습니다. 한국처럼 3일간의 설날 연휴는 없습니다.

회화

A 今日は正月です。
교-와 쇼-가쯔데스
오늘은 설날입니다.

B 一緒に初日の出を見に行きましょう。
잇쇼니 하쯔히노데오 미니이끼마쇼-
함께 새해 일출을 보러 갑시다.

単語 正月 설날　初日の出 새해 첫 일출

관련 표현

■ 설날에 명절 음식을 먹습니다.
正月におせち料理を食べます。
쇼-가쯔니 오세찌료-리오 다베마스

■ 설날에 백화점에서 복주머니를 판매합니다.
正月にデパートで福袋を販売します。
쇼-가쯔니 데파-토데 후꾸부꾸로오 한바이시마스

▶ 일본에서는 설날 때에 명절음식인 おせち料理를 먹고, 백화점 등의 상점에서는 상품의 정해진 가격과 상관없이 상품을 복주머니(福袋)에 넣어 판매하기도 합니다.

오늘은 성인의 날입니다
今日は成人の日です。
교-와 세-진노 히데스

▶ 일본은 한국과 달리 양력 1월 15일을 성인의 날로 하고 있으며 만 20세가 된 사람을 축하해주는 날이지만 공휴일은 아닙니다.

회화

A 今日は成人の日ですね。おめでとう。
교-와 세-진노 히데스네 오메데또-
오늘은 성인의 날입니다. 축하해요.

B ありがとうございます。
아리가또-고자이마스
午前中、成人式に参加してきました。
고젠츄- 세-진시끼니 산까시떼끼마시다
감사합니다. 오전에 성인식에 참가하고 왔습니다.

単語 成人式 성인식 仲間入り 무리에 들어감, 구성원이 됨

관련 표현

■ 성인이 된다는 것은 어른의 구성원이 되는 것을 말하는 것이다.
成人になるとは大人の仲間入りをすることだ。
세-진니 나루또와 오또나노 나까미이리오 스루고또다

■ 성인식에 여성은 일본 전통 예복을 입는 사람이 많다.
成人式に女性は振袖を着る人が多い。
세-진시끼니 죠세-와 후리소데오 끼루 히또가 오-이

▶ 어른을 표현하는 뜻의 일본어는 성인-成人과 어른-大人가 있습니다.

DAY 110

오늘은 밸런타인데이입니다

今日はバレンタインデーです。

교-와 바렌타인데-데스

▶ 일본에서도 한국과 같이 2월 14일은 밸런타인데이로 각종 이벤트와 상품들의 판매 이벤트가 있습니다.

회화

A 今日はバレンタインデーです。

교-와 바렌타인데-데스

誰かにチョコレートをあげますか。

다레까니 쵸코래-토오 아게마스까

오늘은 밸런타인데이입니다. 누군가에게 초콜렛을 주세요?

B 職場で男性社員にあげようと思います。

쇼꾸바데 단세-샤인니 아게요-또 오모이마스

직장 남직원에게 줄까 생각하고 있어요.

単語 職場 직장 男性社員 남성 사원

관련 표현

■ 회사에서 의리 초콜릿을 주었습니다.

会社で義理チョコを渡しました。

가이샤데 기리쵸코오 와따시마시다

■ 초콜렛은 달콤해서 맛있습니다.

チョコレートは甘くて美味しいです。

쵸코레-토와 아마꾸떼 오이시-데스

▶ 밸런타인데이나 화이트데이 때에 직장동료와 같이 특별한 감정을 포함하지 않는 선물을 말할 때 義理를 붙여서 쓰며, 반대로 특별한 감정을 담은 선물을 말할 때에는 本命라는 말을 붙여서 사용합니다.

Part 04. 날씨/계절/시간

135 •

일본에서 3월 3일은 무슨 날이에요?
日本で３月３日は何の日ですか。
にほん さんがつみっか なん ひ

니혼데 산가쯔 밋까와 난노 히데스까

▶ 일본에서 3월 3일은 일본 전통행사의 하나인 **ひな祭り**의 날입니다. 전통적으로 여
자 어린이들의 무병장수와 행복을 기원하는 행사입니다.

회화

A 日本で３月３日は何の日ですか。
にほん さんがつみっか なん ひ

니혼데 산가쯔 밋까와 난노 히데스까

일본에서 3월 3일은 무슨 날이에요?

B ひな祭りといって女の子の
まつ おんな こ

히나마쯔리또 잇떼 온나노꼬노

健やかな成長を祈る節句の日です。
すこ せいちょう いの せっく ひ

스꼬야까나 세-쬬-오 이노루 셋꾸노 히데스

히나마츠리라는 여자아이들의 건강한 성장을 기원하는 명절입니다.

単語 ひな祭り 히나마츠리 祈る 기원하다
まつ いの

관련 표현

■ 3월 3일은 복숭아 명절이라고도 부른다.
３月３日を桃の節句ともいう。
さんがつみっか もも せっく

산가쯔밋까오 모모노 셋꾸토모 유-

■ 히나마츠리에는 히나인형이나 복숭아꽃을 장식합니다.
ひな祭りには、ひな人形や桃の花を飾ります。
まつ にんぎょう もも はな かざ

히나마쯔리니와 히나닌교-야 모모노 하나오 가자리마스

▶ 일본어에서 명사와 명사를 연결하는 조사로 や를 사용하며 그 뜻은 '~며' 또는 '~랑'입니다.

5월 5일은 어린이날입니다
ご　がついつ　か　　　　　　　　　　　　ひ
5月5日はこどもの日です。
고가쯔 이쯔까와 고도모노 히데스

▶ 일본에서 양력 5월 5일은 전통적으로 단오 날이었으며 1948년부터 어린이날을 제
정하여 국경일로 지내고 있습니다.

회화

ご　がついつ　か　　　　　　　　　　ひ
A 5月5日はこどもの日です。
고가쯔 이쯔까와 고도모노 히데스
5월 5일은 어린이날입니다.

そ　ふ　　か　　　　　　　さ つき にん ぎょう　　かざ
B 祖父が買ってくれた五月人形を飾りました。
소후가 갓떼꾸레따 사쯔끼닌교-오 가자리마시다
할아버지가 사주신 5월 인형(무사인형)을 장식했습니다.

単語 さつきにんぎょう 무사인형 端午の節句 단오 명절
五月人形

관련 표현

■ 5월 5일은 단오 명절이라고도 말합니다.
ご　がついつ　か　　　たん　ご　　せっ　く
5月5日は端午の節句ともいいます。
고가쯔이쯔까와 단고노 셋꾸또모 이-마스

■ 할머니가 만들어주신 요리로 축하했습니다.
そ　ぼ　　つく　　　　　　　　て りょう り　　いわ
祖母が作ってくれた手料理で祝いました。
소보가 쯔꿋떼꾸레따 데료-리데 이와이마시다

▶ 일본에서는 어린이날을 기점으로 집 내외부에 잉어 장식(こいのぼり)을 해둡니다. 잉어가
헤엄치는 모양으로 바람에 날립니다.

일본에서 5월 둘째 주 일요일에 무엇이 있나요?

日本で5月の第2日曜日に何がありますか。

니혼데 고가쯔노 다이니 니찌요-비니 나니가 아리마스까

▶ 한국은 5월 8일이 어버이날이지만, 일본은 어머니날과 아버지의 날이 구분되어 있습니다. 5월 2번째 일요일을 어머니의 날로 축하합니다.

회화

A 日本で5月の第2日曜日に何がありますか。

니혼데 고가쯔노 다이니 니찌요-비니 나니가 아리마스까

일본에서 5월 둘째 주 일요일에 무엇이 있나요?

B 母の日です。母にカーネーションをプレゼントします。

하하노 히데스 하하니 카-네-숀오 푸레젠토시마스

어머니의 날입니다. 어머니께 카네이션을 선물합니다.

単語 意 뜻　近所 근처

관련 표현

■ 감사의 뜻을 표하며 이것을 증정합니다.

感謝の意を表し、これを贈呈します。

간샤노이오 아라와시 고레오 조-테-시마스

■ 근처의 미용실은 제1, 3주 월요일이 휴일입니다.

近所の美容院は第1、第3月曜日が休みです。

긴죠노 비요인와 다이이찌 다이산 게쯔요-비가 야스미데스

▶ 일반적으로 お土産는 지역 특산물 등의 선물을 말하고, 보통의 선물은 プレゼント를 사용합니다.

일본에서 6월 셋째 주 일요일에 무엇이 있나요?
日本で6月の第3日曜日に
何がありますか。

니혼데 로꾸가쯔노 다이산니찌요−비니 나니가 아리마스까

▶ 일본에서는 한국과 달리 아버지의 날이 있으며 6월 3번째 일요일을 아버지의 날로
정하고 축하하고 있습니다.

회화

A 日本で6月の第3日曜日に何がありますか。
니혼데 로꾸가쯔노 다이산니찌요−비니 나니가 아리마스까
일본에서 6월 셋째 주 일요일에 무엇이 있나요?

B 父の日です。父に様々なプレゼントをします。
찌찌노 히데스 찌찌니 사마자마나 푸레젠또오 시마스
아버지의 날입니다. 아버지에게 여러가지 선물을 합니다.

単語 父の日 아버지의 날 小学生 초등학생

관련 표현

■ 저는 아버지의 날에 넥타이를 선물했습니다.
私は父の日にネクタイをプレゼントしました。
와따시와 찌찌노 히니 네쿠타이오 푸레젠또시마시다

■ 아버지의 날에 초등학생 딸의 아버지 참관수업이 있었습니다.
父の日に小学生の娘の父親参観がありました。
찌찌노 히니 쇼−각세−노 무스메노 찌찌오야산깐가 아리마시다

▶ 아버지의 날에 있을 수 있는 일을 말해봅시다.

오늘은 경로의 날이고 국민의 휴일입니다
今日は敬老の日で国民の休日です。
교-와 게-로-노 히데 고꾸민노 규-지쯔데스

▶ 한국에는 노인의 날이 있지만 일본에는 9월 3번째 월요일을 경로의 날로 정하고 공휴일로 하고 있습니다.

회화

A 今日は敬老の日で国民の休日です。
교-와 게-로-노 히데 고꾸민노 규-지쯔데스
오늘은 경로의 날이고 국민의 휴일입니다.

B 日本では9月の第3月曜日は敬老の日ですね。
니혼데와 구가쯔노 다이산 게쯔요-비와 게-로-노 히데스네
일본은 9월 셋째 월요일이 경로의 날이군요.

単語 敬老の日 경로의 날　国民の休日 국민의 휴일, 공휴일

관련 표현

■ 일본은 노인이 많고 장수 국가입니다.
日本は年寄りが多く長寿の国です。
니혼와 토시요리가 오-꾸 쵸-쥬-노 구니데스

■ 저의 할아버지는 지역의 경로회 회장을 하고 있습니다.
私の祖父は町内の敬老会の会長をしています。
와따시노 소후와 쵸-나이노 게-로-까이노 가이쵸-오 시테이마스

▶ 年寄りは 노인을 나타내는 일반적인 표현이며 老人은 주로 한자어와 사용합니다.

11월 23일은 근로감사의 날이고 국민의 휴일이군요

11月 23日は勤労感謝の日で
国民の休日ですね。

쥬-이찌가쯔 니쥬-산니찌와 긴로-깐샤노 히데 고꾸민노 규-지쯔데스네

▶ 5월 1일 근로자의 날을 일본에서는 メーデー라고 합니다만, 11월 23일에 별도로 근로감사의 날(勤労感謝の日)을 가지고 있습니다.

회화

A 11月23日は勤労感謝の日で国民の休日ですね。

쥬-이찌가쯔 니쥬-산니찌와 긴로-깐샤노 히데 고꾸민노 규-지쯔데스네

11월 23일은 근로감사의 날이고 국민의 휴일이군요.

B 韓国にも勤労感謝の日がありますか。

간꼬꾸니모 긴로-깐샤노 히가 아리마스까

한국에도 근로감사의 날이 있습니까?

単語 相手 상대방　互いに 서로

관련 표현

■ 상대를 존중하는 말을 사용합시다.
相手を尊ぶ言葉を使いましょう。

아이떼오 도-또부 고또바오 쯔까이마쇼-

■ 서로 도우며 살아가다.
互いに助け合って生きていく。

다가이니 다스께앗떼 이끼떼이꾸

▶ 일본어의 표현 중 '말'이라는 뜻으로 사용하는 단어는 言葉와 話가 있습니다. 言葉는 단어 또는 언어에 대한 의미이며 話는 이야기를 의미할 때 사용합니다.

오늘은 크리스마스군요
今日はクリスマスですね。
교-와 쿠리스마스데스네

▶ 한국에서는 12월 25일 크리스마스가 공휴일이지만 일본은 아닙니다. 다만 크리스마스의 이벤트는 하고 있습니다.

회화

A 今日はクリスマスですね。
교-와 쿠리스마스데스네
오늘은 크리스마스군요.

B 家にクリスマスツリーを飾りましたか。
우찌니 쿠리스마스츠리-오 가자리마시다까
집에 크리스마스 트리를 장식했어요?

単語 靴下 양말 ぶら下げる 매달아두다 ペイント 페인트

관련 표현

■ 크리스마스 트리에 양말을 매달아둬 볼까나.

クリスマスツリーに靴下をぶら下げてみようかな。

쿠리스마스 츠리-니 구쯔시따오 부라사게떼미요우까나

■ 외벽을 예쁘게 페인트 칠했습니다.

外壁をきれいにペイントしました。

가이헤키오 기레-니 페인토시마시다

▶ 한국은 석가탄신일과 크리스마스를 모두 공휴일로 지정하고 있지만 일본은 별도의 휴일로 지정하고 있지 않습니다.

가장 빠른 것이 몇 시죠?

一番早いのは何時ですか。

이찌방 하야이노와 난지데스까

▶ 교통현이나 공연 등과 같이 일정 확인이 필요한 경우에 자주 사용되는 표현이므로 자주 사용되는 표현들을 잘 익혀서 상황에 맞게 사용해보시기 바랍니다.

회화

A リムジンバスで一番早いのは何時ですか。

리무진바스데 이찌방 하야이노와 난지데스까

리무진버스로 가장 빠른 것이 몇 시죠?

B 早朝4時台のリムジンバスがあると思います。

소-쬬- 요지다이노 리무진바스가 아루또 오모이마스

이른 아침 4시대의 리무진버스가 있는 것으로 생각합니다.

単語 早い 빠른, 이른 早朝 조조, 이른 아침

Part 04

날씨/계절/시간

관련 표현

■ 자택에서 공항까지 가장 빠르게 갈 수 있는 것은 무엇입니까?

自宅から空港まで一番早く行けるのは何ですか。

지타꾸까라 구-꼬-마데 이찌방 하야꾸 이께루노와 난데스까

■ 새벽 5시에 깨워졌습니다.

明け方5時に起こされました。

아께가따 고지니 오꼬사레마시다

▶ 공간이나 시간의 시작과 끝의 범위를 나타내는 표현은 ~から …まで를 사용합니다.

저는 시간이 많아요

私は時間がたくさんあります。
_{わたし} _{じ かん}

와따시와 지깐가 다꾸상 아리마스

▶ 수량이나 분량의 많음을 나타내는 표현은 たくさん으로 표현하며 한자로는 沢山으로도 표기합니다.

회화

A 今日私は時間がたくさんあります。
_{きょう わたし} _{じ かん}

교- 와따시와 지깐가 다꾸상 아리마스

오늘 저는 시간이 많아요.

B では久しぶりに車で遠出してみませんか。
_{ひさ} _{くるま} _{とお で}

데와 히사시부리니 구루마데 도-데시떼미마센까

그럼 오랜만에 자동차로 멀리 나가보실까요?

単語 久しぶりに 오랜만에 遠出 멀리 여행 감

관련 표현

■ 아무것도 하지 않고 있으면 시간이 아까워요.

何もしないでいると時間がもったいないよ。
_{なに} _{じ かん}

나니모시나이데 이루또 지깐가 못따이나이요

■ 멀리 가는 것도 좋지만 오늘은 근처에서 즐기자.

遠出もいいが今日は近場で楽しもう。
_{とお で} _{きょう} _{ちか ば} _{たの}

도-데모 이-가 교-와 치까바데 다노시모-

▶ 어떤 상황이나 대상이 '과분하다' 또는 '아깝다'라는 표현은 勿体ない입니다.

오늘은 시간이 없어요

今日は時間がありません。

교-와 지깐가 아리마셍

▶ 시간이 없음을 나타내는 공손한 표현은 **時間がありません**이라고 하지만 친근한 사이에서는 **時間がない**로 사용합니다.

회화

A 仕事が終って居酒屋で一杯やりませんか。

시고또가 오왓떼 이자까야데 잇빠이 야리마셍까

일 끝나고 술집에서 한잔하실까요?

B 今日は時間がありません。また今度にします。

교-와 지깐가 아리마셍 마따 곤도니시마스

오늘은 시간이 없어요. 다음에 하시죠.

単語 居酒屋 술집 縛られる 구속당하다

Part 04 날씨/계절/시간

관련 표현

■ 차라도 한잔 어떠세요?

お茶でも一杯いかがですか。

오챠데모 잇빠이 이까가데스까

■ 항상 시간에 묶여 있다.

いつも時間に縛られる。

이쯔모 지깐니 시바라레루

▶ 상대방에게 술이나 음료를 청할 때에 一杯いかがですか와 一杯やりませんか를 쓸 수 있습니다. 一杯いかがですか는 공손한 질문의 방법이며 친근한 사이에서는 一杯やりませんか라고 말합니다.

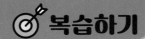

Day 091 오늘은 너무 춥네요
今日はすごく寒いですね。

Day 092 오늘은 정말 뼛속까지 추운 날씨였어요
今日は本当に骨身にしみる寒い天気でした。

Day 093 요 며칠 날씨는 예측하기 힘드네요
ここ数日天気を予測するのが難しいですね。

Day 094 요즘 꽃샘추위가 심해요
最近花冷えがひどいです。

Day 095 오늘 황사 정말 심하네요
今日は黄砂がひどいですね。

Day 096 황사는 한국에 여러 번 영향을 주었습니다
黄砂は韓国に何度も影響を与えました。

Day 097 더운 날씨가 싫어요
暑いのが嫌いです。

Day 098 날씨가 점점 좋아지고 있어요
天気が徐々に良くなっています。

Day 099 어떤 계절을 좋아하시나요?
どの季節が好きですか。

Day 100 저는 봄을 좋아합니다
私は春が好きです。

Day 101 한국은 사계절이 뚜렷한 나라입니다
韓国は四季がはっきりした国です。

Day 102 생일이 언제예요?
誕生日はいつですか。

Day 103 오늘은 무슨 요일인가요?
今日は何曜日ですか。

Day 104 또 월요일이네요
また月曜日ですね。

Day 105 오늘은 몇 월 몇 일인가요?
今日は何月何日ですか。

Day 106 저는 2015년에 졸업했습니다

私は2015年に卒業しました。

Day 107 지금 몇 시인가요?

今何時ですか。

Day 108 오늘은 설날입니다

今日は正月です。

Day 109 오늘은 성인의 날입니다

今日は成人の日です。

Day 110 오늘은 밸런타인데이입니다

今日はバレンタインデーです。

Day 111 일본에서 3월 3일은 무슨 날이이에요?

日本で3月3日は何の日ですか。

Day 112 5월 5일은 어린이날입니다

5月5日はこどもの日です。

Day 113 일본에서 5월 둘째 주 일요일에 무엇이 있나요?

日本で5月の第2日曜日に何がありますか。

Day 114 일본에서 6월 셋째 주 일요일에 무엇이 있나요?

日本で6月の第3日曜日に何がありますか。

Day 115 오늘은 경로의 날이고 국민의 휴일입니다

今日は敬老の日で国民の休日です。

Day 116 11월 23일은 근로감사의 날이고 국민의 휴일이군요

11月23日は勤労感謝の日で国民の休日ですね。

Day 117 오늘은 크리스마스군요

今日はクリスマスですね。

Day 118 가장 빠른 것이 몇 시죠?

一番早いのは何時ですか。

Day 119 저는 시간이 많아요

私は時間がたくさんあります。

Day 120 오늘은 시간이 없어요

今日は時間がありません。

Part | 05

쇼핑/음식

얼마예요?

いくらですか。

이꾸라데스까

▶ 물건을 사거나 가격을 물어볼 때 쓰는 표현은 **いくらですか**입니다. 일상 생활에서 자주 쓰는 표현이므로 상황에 맞게 사용해보시기 바랍니다.

회화

A ホテルは一泊二日で朝食付きだと

호테루와 잇빠꾸후쯔카데 쵸-쇼쿠쯔끼다도

だいたいいくらですか。

다이따이 이꾸라데스까

호텔은 1박 2일로 조식 포함이면 대략 얼마예요?

B 8千円から1万円まで様々です。

핫센엔까라 이찌만엔마데 사마자마데스

8천 엔에서 1만 엔까지 다양합니다.

単語 朝食付き 조식 포함　マネキン 마네킹　スーツ 정장

Part 05
쇼핑/음식

관련 표현

■ 제주도에 3박 4일로 다녀왔습니다.
済州島に三泊四日で行って来ました。
사이슈-또-니 산빠꾸욧까데 잇떼끼마시다

■ 마네킹이 입고 있는 정장은 얼마입니까?
マネキンが着ているスーツはいくらですか。
마네킨가 끼떼이루 스-츠와 이꾸라데스까

▶ '~박 ...일'이라는 표현을 사용해봅시다.

너무 비싸요
とても高いです。
도떼모 다까이데스

▶ 가격이 너무 비쌀 때 쓰는 표현으로, 유사한 표현으로는 すごく高いです 또는 高すぎです가 있습니다.

회화

A 東京都内の住宅はとても高いです。
도-쿄-도나이노 쥬-타꾸와 도떼모 다까이데스
도쿄도내의 주택은 너무 비싸요.

B 物価の上昇で仕方ないですね。
붓까노 죠-쇼-데 시까따나이데스네
물가 상승으로 어쩔 수가 없네요.

単語 住宅 주택 高い 비싸다, 높다, (키가) 크다 上昇 상승

관련 표현

■ 일본은 교통비가 매우 비싸요.
日本は交通費がとても高いです。
니혼와 고-추-히가 도떼모 다까이데스

■ 그건 어쩔 수 없네요.
それは、仕様がないですね。
소레와 시요-가나이데스네.

▶ 어떠한 상황에 대해서 '어쩔 수 없다'는 뜻으로 사용되는 말은 仕方ない와 仕様がない가 있습니다.

조금 싸게 해줄 수 있나요?

少し安くできますか。

스꼬시 야스꾸데끼마스까

▶ 가격을 흥정할 때에 가격을 싸게 해달라는 뜻으로 사용되므로 관련 표현을 통해 표현 방법을 잘 익혀서 상황에 맞게 사용해보시기 바랍니다.

회화

A このりんご、少し安くできますか。

고노 링고 스꼬시 야스꾸데끼마스까

이 사과, 조금 싸게 해줄 수 있나요?

B 仕方ないですね。まけておきます。

시까따나이데스네 마께떼오끼마스

어쩔 수 없군요. 깎아드리겠습니다.

単語 安く 싸게, 쉽게 りんご 사과 まける 값을 깎아주다, 덤으로 주다

관련 표현

■ 값을 깎아주시겠어요?

おまけしてもらえますか。

오마께시떼 모라이마스까

■ 많이 사면 깎아주시나요?

たくさん買うと安くなりますか。

다꾸상 가우또 야스꾸 나리마스까

▶ 일본어에서는 상대방에게 부탁을 하거나 공손하게 표현을 할 때 수동형 표현을 자주 사용합니다. 상대방의 행위나 결정을 요구할 때에 ~もらえますか라는 표현을 사용하며 이는 '~받을 수 있습니까?'라는 표현으로 매우 공손한 표현입니다.

가장 싼 것은 무엇인가요?
いち ばん やす   なん
一番安いのは何ですか。

이찌방 야스이노와 난데스까

▶ 형용사에 ~の를 붙여 사용하면 형용사의 명사형이 됩니다. '싸다'라는 뜻의 安い와
~の를 함께 사용하면 '싼 것'이 됩니다.

회화

しゅん くだ もの   なか   いち ばん やす   なん
A 旬の果物の中で一番安いのは何ですか。

슌노 구다모노노 나까데 이찌방 야스이노와 난데스까

제철의 과일 중에서 제일 싼 것은 무엇인가요?

いま   か   どく
B 今お買い得なのはすいかですね。

이마 오까이도꾸나노와 스이까데스네

지금 특가 세일은 수박이죠.

単語 しゅん 제철 くだもの 果物 과일 お買い得 싸게 이득을 본 상품

관련 표현

■ 지금 제철 생선은 꽁치입니다.
いま しゅん さかな
今、旬の魚はサンマです。

이마 슌노 사까나와 산마데스

■ 오늘의 특가 세일 상품은 달걀입니다.
きょう   か どくしょうひん   たま ご
今日のお買い得商品は玉子です。

교-노 오까이도꾸쇼-힌와 다마고데스

▶ 일본 상점에서 흔히 볼 수 있는 お買い得라는 표현은 특가 세일 상품을 말하는 뜻으로 '싸
게 사서 이득을 볼 수 있음'을 말하며 흔히 '득템'을 말합니다.

잔돈 있나요?
小銭ありますか。
고제니 아리마스까

▶ 값을 지불하거나 잔돈이 필요할 때 쓸 수 있는 표현으로 '잔돈'을 말할 때 小銭라고 하며, 細かいお金라는 말도 같은 뜻으로 사용함을 알아두시기 바랍니다.

회화

A 今、小銭ありますか。
이마 고제니 아리마스까
지금 잔돈 있나요?

B 私も財布の中にお札しかありません。
와따시모 사이후노 나까니 오사쯔시까 아리마센
저도 지갑 속에 지폐만 있어요.

単語 小銭 잔돈 財布 지갑 お札 지폐

관련 표현

■ 잔돈이 있습니까?
細かいお金がありますか。
고마까이 오까네가 아리마스까

■ 호주머니의 잔돈으로 음료수를 샀다.
ポケットの小銭で飲料水を買った。
포켓토노 고제니데 인료-스이오 갓따

▶ 어떤 상황에서 선택할 수 있는 것이 '~밖에 없다' 또는 '~뿐이다'라는 표현은 ~しかありません입니다.

잔돈으로 바꿔줄 수 있나요?

小銭に変えてもらえますか。

고제니니 가에떼 모라에마스까

▶ 동전이 필요한 상황에서 상대방에게 동전으로 교환해줄 것을 정중하게 부탁하는 뜻으로 사용되므로 관련 표현을 통해 표현 방법을 알아두기 바랍니다.

회화

A 千円札を小銭に変えてもらえますか。

센엔사쯔시오 고제니니 가에떼 모라에마스까

1000엔 지폐를 잔돈으로 바꿔줄 수 있나요?

B はい。全部100円玉でよろしいですか。

하이 젠부 햐꾸엔다마데 요로시-데스까

네. 모두 100엔 동전으로 좋으실까요?

単語 変える 바꾸다

관련 표현

■ 돈을 잔돈으로 바꾸고 싶습니다만…

お金を崩したいのですが…。

오까네오 구즈시따이노데스가…

■ 여기 화폐교환기가 있으니 여기에서 부탁드립니다.

そこに両替機がありますので、そちらでお願いします。

소꼬니 료-가에끼가 아리마스노데 소찌라데 오네가이시마스

▶ 지폐를 잔돈으로 바꾼다는 표현은 お金を壊す를 사용합니다. 壊す는 '깨다' 또는 '부수다' 입니다.

무엇을 사야 할지 모르겠습니다

何を買ったらいいかわかりません。

나니오 갓따라 이-까 와까리마셍

▶ '~해야 할지 모르겠다'는 어떤 행동에 대한 망설임을 나타낼 때에 ~たらいいかわか
りません이라는 표현을 사용해보시기 바랍니다.

회화

A 明日、田中さんの誕生日なのですが

아시따 다나까상노 단죠-비나노데스가

何を買ったらいいかわかりません。

나니오 갓따라 이-까 와까리마셍

내일 다나카 씨의 생일인데 무엇을 사야 할지 모르겠습니다.

B 田中さんは香水が好きです。

다나까상와 고-스이가 스끼데스

다나카 씨는 향수를 좋아해요.

単語 香水 향수 欲しい 갖고 싶다

관련 표현

■ 모두 갖고 싶어서 무엇을 사야 할지 모르겠습니다.

どれも欲しくて何を買ったらいいかわかりません。

도레모 호시꾸떼 나니오 갓따라 이-까 와까리마셍

■ 중화요리를 좋아하는 것 같은데요.

中華料理が好きみたいですよ。

쥬-까료-리가 스끼미따이데스요

▶ ~みたい는 자신의 의견이나 확정적인 사실이 아니라 '~같이 보인다'라는 뜻으로 본인의 추
측이나 전해 들은 내용을 전달할 때에 사용합니다.

좋아하는 것을 하나 고르세요

好きなの一つ選んでください。

스끼나노 히또쯔 에란데 구다사이

▶ 상대방에게 선택을 요청하는 경우에 사용하는 질문 방법입니다.

회화

A この店は可愛い雑貨がたくさんありますね。

고노 미세와 가와이 잣까가 다꾸상 아리마스네

이 가게는 예쁜 잡화가 많이 있네요.

B 好きなの一つ選んでください。私がプレゼントします。

스끼나노 히또쯔 에란데 구다사이 와따시가 푸레젠토시마스

좋아하는 것을 하나 고르세요. 제가 선물할게요.

単語 雑貨 잡화 選ぶ 고르다

관련 표현

■ 사다리게임입니다. 하나 고르세요.

あみだくじです。一つ選んでください。

아미다꾸지데스 히또쯔 에란데 구다사이

■ 세일기간이어서 마음껏 쇼핑했다.

セール期間だったので思う存分買い物をした。

세-루기깐닷따노데 오모우존분 가이모노오 시따

▶ 일본에서도 한국과 마찬가지로 사다리타기 게임이 있으며 **あみだくじ**라고 합니다.

마음에 드는 것 있으면 사세요

気に入ったのがあれば買ったらいいですよ。

기니 잇따노가 아레바 갓따라이-데스요

▶ 쇼핑 등에서 마음에 드는 것을 말할 때에는 気に入ったの라는 표현을 씁니다. '마음에 들다'라는 표현 気に入った에 の를 붙여서 명사형으로 사용한 것입니다.

회화

A 最近流行りのワンピースが欲しいんだけど。

사이낀 하야리노 완피-스가 호시인다께도

최근 유행하는 원피스를 갖고 싶은데…

B 気に入ったのがあれば買ったらいいですよ。

기니 잇따노가 아레바 갓따라이-데스요

마음에 드는 것 있으면 사세요.

単語 流行り 유행 気に入る 마음에 들다 流行 유행

관련 표현

■ 올해 유행은 원피스입니다.

今年の流行はワンピースです。

고토시노 류-꼬-와 완피-스데스

■ 마음에 들지 않으면 사지 않는 편이 좋습니다.

気に入らないなら買わないほうがいいですよ。

기니 이라나이나라 가와나이호-가 이-데스요

▶ 일본어로 '유행'이라는 표현은 流行り와 流行가 있습니다. 단어의 모양은 비슷하나 り가 붙을 경우 한자의 발음이 달라집니다.

이 옷을 보여주세요

この服を見せてください。

고노 후꾸오 미세떼 구다사이

▶ 쇼핑할 때 가게 점원에게 원하는 상품을 보여달라고 하는 표현은 ~を見せてください
를 사용합니다.

회화

A この服を見せてください。
고노 후꾸오 미세떼 구다사이
이 옷을 보여주세요.

B かしこまりました。少々お待ちください。
가시꼬마리마시다 쇼-쇼- 오마찌 구다사이
잘 알겠습니다. 잠시만 기다려주세요.

単語 待つ 기다리다　しばらく 잠시, 오래간만

관련 표현

■ 이 신발을 보여주세요.
この靴を見せてください。
고노 구쯔오 미세떼 구다사이

■ 잠시만 기다려주세요.
しばらくお待ちください。
시바라꾸 오마찌 구다사이

▶ 일본어에서 상대방에게 '잠시만'이라는 양해를 구할 때에 쓰는 표현으로 しばらく와 ちょっと
와 少々 등이 있습니다.

원하시는 물건은 다 팔렸습니다

お求めのものは、すべて売り切れました。

오모또메노 모노와 스베떼 우리끼레마시다

▶ 상점 또는 식당에서 해당 물품이 모두 판매 완료된 것을 나타낼 때 売り切れ라고 합니다. 대화 중이나 알림표시 등에서 자주 볼 수 있는 표현입니다.

회화

A お求めのものは、すべて売り切れました。
오모또메노 모노와 스베떼 우리끼레마시다
원하시는 물건은 다 팔렸습니다.

B また入荷する予定がありますか。
마따 뉴-가스루 요떼-가 아리마스까
또 입하하실 예정은 있습니까?

単語 求める 요구하다 売り切れ 품절 入荷 입하

관련 표현

■ 오늘은 완판했다.
今日は完売した。
교-와 간바이시따

■ 신제품 입하했습니다.
新商品を入荷しました。
신쇼-힌오 뉴-까시마시다

▶ 상대방에게 '죄송하다'는 양해를 구할 때에 すみません은 일반적인 표현이지만 申し訳ございません은 매우 공손한 표현으로 상대방을 높여주는 상황에서 사용합니다.

DAY
132

당신에게 잘 어울려요

あなたによく似合います。

아나따니 요꾸 니아이마스

▶ 상대방과 사람 또는 사물 등의 대상이 '어울린다'의 표현은 似合います를 사용합니다. 자주 사용되는 표현이므로 잘 익혀서 사용해보시기 바랍니다.

회화

A 素敵なコートですね。あなたによく似合います。

스떼끼나 코-토-데스네 아나따니 요꾸 니아이마스

멋진 코트네요. 당신에게 잘 어울려요.

B よかった。ちょっと派手かなと思っていました。

요깟따 촛또 하데까나또 오못떼이마시다

다행이네요. 좀 화려할까 생각하고 있었어요.

単語 素敵 멋진　派手 화려한 모양

관련 표현

■ 키가 크니까 잘 어울립니다.

背が高いのでよく似合います。

세가 다까이노데 요꾸 니아이마스

■ 잘 어울리는 커플이시네요.

お似合いのカップルですね。

오니아이노 캇푸루데스네

▶ '키가 크다'를 일본어에서는 背が高い라는 표현을 씁니다. 高い는 높이가 높다는 뜻으로 사용되지만 사람이나 사물의 신장을 말할 때에도 관용적으로 사용합니다.

사이즈가 잘 맞아요

サイズがピッタリです。

사이즈가 삣따리데스

▶ 사물이나 상황이 정확하게 일치할 때에 쓰는 표현 중 **ピッタリ**가 있습니다. 한국어로 는 '맞춤'과 같은 의미로 사용됩니다.

회화

A 着てみて、どうでしたか。

끼떼미떼 도−데시따까

입어보니 어떻습니까?

B 去年は大きかったのに今年はサイズがピッタリです。

교넨와 오−끼깟따노니 고또시와 사이즈가 삣따리데스

작년에는 컸는데 올해는 사이즈가 잘 맞아요.

単語 ピッタリ 잘 맞음 机 책상

관련 표현

■ 책상 사이즈가 내 방에 잘 맞습니다.

机のサイズが私の部屋にピッタリです。

쯔꾸에노 사이즈가 와따시노 헤야니 삣따리데스

■ 이불의 사이즈에 맞는 커버를 찾고 있습니다.

布団のサイズに合うカバーを探しています。

후동노 사이즈니 아우 카바−오 사가시떼이마스

▶ '~이 잘 맞는다'는 말을 활용한 표현에 대해 더 알아봅시다.

한 치수 작은 것 있나요?

ワンサイズ小さいものがありますか。

완사이즈 지-사이 모노가 아리마스까

▶ 어떤 모양이나 크기가 '작은 것'을 말할 때에 '작다'라는 小さい와 '~것'이라는 뜻을
가진 もの를 함께 사용하여 형용사의 명사형 의미로 만듭니다.

회화

A この指輪、ワンサイズ小さいものがありますか。
고노 유비 와 완사이즈 지-사이 모노가 아리마스까
이 반지, 한 치수 작은 것 있나요?

B これです。指が細くて長いですね。
고레데스 유비가 오소꾸떼 나가이데스
이것입니다. 손가락이 가늘고 길군요.

単語 指輪 반지 小さい 작은 指 손가락 細い 가늘다

관련 표현

■ 내 목은 두껍고 짧습니다.

私の首は太くて短いです。

와따시노 구비와 후또꾸떼 미지까이데스

■ 한 치수 크니까 큰 사이즈네요.

ワンサイズ大きくなるとビッグサイズです。

완사이즈 오-끼구나루또 빅꾸사이즈데스

▶ '자신'은 보통 私를 사용합니다. 일반적으로 わたし라고 발음합니다만, 도쿄지역의 젊은 여
성들은 あたし라고 발음하기도 합니다.

그는 구두쇠입니다
彼はケチです。
가레와 게찌데스

▶ 돈을 잘 쓰지 않고 인색한 사람을 말할 때 ケチ라고 부릅니다. 다음 문장 표현들을 통해 좀 더 자세히 알아보겠습니다.

회화

A 彼はケチです。
가레와 게찌데스
그는 구두쇠입니다.

B そういう人に限って裕福な生活をしていますよ。
소-유- 히또니 가깃떼 유-후꾸나 세-가쯔오 시떼이마스요
그런 사람일수록 유복한 생활을 하고 있어요.

単語 ケチ 구두쇠 裕福 유복 倹約 근검 貯金 저금

관련 표현

■ 구두쇠와 절약은 다르다.
ケチと倹約は違う。
게찌또 센야꾸와 찌가우

■ 구두쇠인 그는 저금이 취미입니다.
ケチな彼は貯金が趣味です。
게찌나 가레와 쵸낀가 슈미데스

▶ 구두쇠에 관련된 표현을 익혀봅시다.

음료수는 무제한인가요?
飲み物は飲み放題ですか。
노미모노와 노미호-다이데스까

▶ 일본의 광고나 안내문 등에서 ~放題라는 표현을 자주 볼 수 있습니다. 이는 '~무제한'이라는 뜻입니다.

회화

A 今月ビアガーデンで飲み物は飲み放題ですか。
곤게쯔 비아가-덴데 노미모노와 노미호-다이데스까
이번 달 야외 호프에서 음료수는 무제한인가요?

B そうみたい。そこで今月飲み会しようよ。
소-미따이 소꼬데 곤게쯔 노미까이시요-요
그런 것 같아요. 거기에서 이번 달 술자리를 하시죠.

単語 ビアガーデン 야외 호프 飲み放題 음료 무제한

관련 표현

■ 초밥 무한리필 가게에 자주 갑니다.
寿司食べ放題のお店によく行きます。
스시다베호-다이노 오미세니 요꾸 이끼마스

■ 저의 스마트폰은 인터넷 무제한입니다.
私のスマホはインターネット使い放題です。
와따시노 스마호와 인타-넷또 쯔까이호-다이데스

▶ 명사에 ~放題를 붙이면 '~무제한'이라는 뜻으로, 食べ放題와 같이 동사를 사용할 때는 동사를 명사형으로 바꾸어 씁니다.

DAY 137

메뉴를 보여주세요

メニューを見せてください。

메뉴-오 미세떼 구다사이

▶ 식당이나 서비스 업체에서 상품 메뉴를 요청할 경우에 사용할 수 있는 표현으로 상황에 따라 자주 사용되는 표현들을 사용해보시기 바랍니다.

회화

A メニューを見せてください。
메뉴-오 미세떼 구다사이

このお店のお勧めは何ですか。
고노 오미세노 오스스메와 난데스까

메뉴를 보여주세요. 이 가게의 추천 메뉴는 무엇입니까?

B 日替わり定食がよろしいかと思います。
히가와리 테이쇼꾸가 요로시-까또 오모이마스

오늘의 정식이 좋다고 생각합니다.

単語 お勧め 추천 日替わり 매일 바뀜 定食 정식

관련 표현

■ 카탈로그를 보여주세요.

カタログを見せてください。
카타로구오 미세떼 구다사이

■ 이 가게의 인기 상품은 무엇입니까?
このお店の目玉商品は何ですか。
고노 오미세노 메다마쇼-힌와 난데스까

▶ 일본 식당에서 흔히 볼 수 있는 日替わり定食는 매일 메뉴를 바꾸어서 특가로 판매하는 음식으로 한국어로는 '오늘의 정식'이라고 표현할 수 있습니다.

너무 배고파요

とてもお腹が空いています。

도떼모 오나까가 스이떼이마스

▶ 일본어로 '배가 고프다'는 '배가 비었다'는 뜻의 お腹が空いて라는 관용적인 표현을 사용합니다.

회화

A 朝から何も食べてなくて、とてもお腹が空いています。
아사까라 나니모 다베데나꾸떼 도떼모 오나까가 스이떼이마스
아침부터 아무것도 먹지 않아서 너무 배고파요.

B お腹と背中がくっつきそうです。
오나까또 세나까가 굿쯔끼소-데스
배랑 등이 붙을 지경이에요.

単語 腹ペコ 몹시 배고픔 背中 등 くっつく 딱 달라 붙음

관련 표현

■ 배를 채우고 일을 시작합시다.
腹ごしらえをして仕事にとりかかろう。
하라고시라에오 시떼 시고또니 도리까까로-

■ 공복이라 잠을 잘 수 없어.
空腹で眠れない。
구-후꾸데 네무레나이

▶ 일본어로 '배가 고프다'는 お腹が空いた, 腹ペコ, 空腹 등과 같이 다양한 표현이 있습니다.

어떤 음식을 좋아하시나요?

どんな食べ物が好きですか。

돈나 다베모노가 스끼데스까

▶ 상대방에서 좋아하는 음식의 취향을 묻는 공손한 질문 방법으로 친구 등과 같이 편한 사이에서는 食べ物で何が好き라고 사용할 수 있습니다.

회화

A 坂田さんはどんな食べ物が好きですか。

사까다상와 돈나 다베모노가 스끼데스까

사카다 씨는 어떤 음식을 좋아하시나요?

B 私は麺類が大好きです。

와따시와 멘루이가 다이스끼데스

저는 면류를 아주 좋아합니다.

単語 麺類 면류 大好き 매우 좋아하다

관련 표현

■ 저는 단 음식을 너무 좋아합니다.
私は甘い物に目がありません。

와따시와 아마이모노니 메가 아리마센

■ 고기를 매우 좋아합니다.
肉が大好物です。

니꾸가 다이꼬-부쯔데스

▶ ~に目がありません은 '너무 좋아한다'는 뜻으로 어떤 것을 좋아해서 웃으면 눈이 작아지는 모양을 은유적으로 표현하는 것입니다.

병을 원하시나요? 캔을 원하시나요?
瓶がいいですか、缶がいいですか。
빙가 이-데스까 깐가 이-데스까

▶ 상대방에게 술이나 음료와 같이 포장물을 묻는 질문 방법으로 관련 표현들을 잘 익혀서 상황에 맞게 사용해보시기 바랍니다.

회화

A ビールを買ってきます。
비-루오 갓떼끼마스

瓶がいいですか、缶がいいですか。
빙가 이-데스까 깐가 이-데스까
맥주 사오겠습니다. 병을 원하시나요? 캔을 원하시나요?

B 冷えた缶ビールが飲みたいな。
히에따 깐비-루가 노미따이나
시원한 캔맥주가 마시고 싶어라.

単語 瓶 병 缶 캔 冷えた 차가워진

관련 표현

■ 빈병을 회수하다.
空き瓶を回収する。
아끼 빙오 가이슈-스루

■ 에어컨 때문에 몸이 차가워졌다.
エアコンで体が冷えた。
에아콘데 가라다가 히에따

▶ 본문 대화를 보면 일본어 중 동사에 ~たいな를 붙여서 말하는 경우 '~하고 싶어라'라는 뜻으로 사용됩니다. 이는 어떤 행동을 하고 싶다는 의지의 표현이기도 하지만 간접적으로 '~하자'는 청유형으로도 해석될 수 있습니다.

단골집이 있나요?
行きつけの店はありますか。
이끼쯔께노 미세와 아리마스까

▶ 자신이 자주 가는 장소 즉 '단골'을 말할 때에 行きつけ라는 표현을 사용합니다.

회화

A この近くに行きつけの店はありますか。
고노 찌까꾸니 이끼쯔께노 미세와 아리마스까
이 근처에 단골집이 있나요?

B はい。そこのラーメン屋さんが最高においしいです。
하이 소꼬노 라-멘야상가 사이꼬-니 오이시-데스
네. 저기 라면가게가 최고로 맛있습니다.

単語 行きつけ 단골 右 오른쪽 曲がる 굽어지다

관련 표현

■ 단골 병원이 있다.
行きつけの病院がある。
이끼쯔께노 뵤-인가 아루

■ 저기를 오른쪽으로 돌면 공원이 보입니다.
あそこを右に曲がると公園が見えます。
아소꼬오 미기니 마가루또 고-엔가 미에마스

▶ 일본어에서 장소를 지칭하는 대명사는 '여기-ここ', '거기-そこ', '저기-あそこ', '어디-どこ'
와 같이 사용합니다.

Part 05

쇼핑/음식

사양하지 마시고 드세요

遠慮なく召し上がってください。

엔료나꾸 메시아갓떼 구다사이

▶ 상대방에게 '사양하지 말고'라는 표현을 할 때에 遠慮なく라고 합니다. 상대방에게 공손하게 제안할 때에 자주 사용되는 표현입니다.

회화

A ご馳走がたくさんありますね。ぜんぶ手作りですか。

고치소-가 다꾸상 아리마스네 전부 데즈꾸리데스까

맛있는 요리가 많이 있군요. 전부 직접 요리하셨습니까?

B はい。どうぞ遠慮なく召し上がってください。

하이 도-죠 엔료나꾸 메시아갓떼 구다사이

네. 부디 사양하지 마시고 드세요.

単語　ご馳走 맛있는 음식　手作り 직접 만든 음식

관련 표현

■ 손수 만든 쿠키를 드셔보세요.
手作りのクッキーを食べてください。

데즈꾸리 쿳키-오 다베떼 구다사이

■ 사양 마시고 말씀해주세요.
遠慮なく話してください。

엔료나꾸 하나시떼 구다사이

▶ 일본어에는 '먹다'라는 食べる와 '잡수시다'라는 召し上がる와 같이 공손한 표현이 별도로 있는 경우가 있습니다.

전 이미 배불러요
私はもうお腹いっぱいです。
와따시와 모- 오나까 잇빠이데스

▶ いっぱい는 한 잔을 뜻하지만 그릇이 가득 찬 모양을 의미하여 '가득'이라는 관용적인 표현으로도 사용됩니다.

회화

A もっと食べたいけれど、私はもうお腹いっぱいです。
못또 다베따이께레도 와따시와 모- 오나까 잇빠이데스
더 먹고 싶지만 전 이미 배불러요.

B では食後のコーヒーでもどうぞ。
데와 쇼꾸고노 고-히-데모 도-조
그럼 식후의 커피라도 드세요.

単語 もっと 좀 더 お腹いっぱい 배가 부름

관련 표현

■ 너무 먹어서 배가 찢어질 것 같아.
食べ過ぎてお腹が破裂しそう。
다베스기떼 오나까가 하레쯔시소-

■ 배가 부릅니다.
満腹です。
만뿌꾸데스

▶ 일본어에서 '배가 부르다'는 お腹いっぱい, 満腹, 食べ過ぎ 등과 같이 다양한 표현이 있습니다.

더 이상 못 먹겠어요
もうこれ以上食べれません。
모- 고레이죠- 다베레마센

▶ 상대방에게 배가 부른 상태를 직접적으로 표현할 때에 사용하므로 관련 표현들을 잘 익혀서 상황에 맞게 사용해보시기 바랍니다.

회화

A **もうこれ以上食べれません。**
모- 고레이죠- 다베레마센
더 이상 못 먹겠어요.

B **じゃあテレビでも見てゆっくり休んでください。**
쟈- 테레비데모 미떼 윳꾸리 야슨데 구다사이
그럼, 텔레비전이라도 보며 편히 쉬세요.

単語 これ以上 더 이상 涙が出る 눈물이 나다

관련 표현

■ 발이 아파서 더 이상 걸을 수가 없어요.
足が痛くてもうこれ以上歩けません。
아시가 이따꾸떼 모- 고레이죠- 아루께마센

■ 눈물이 나서 더 이상 말할 수 없어요.
涙が出てもうこれ以上話せません。
나미다가 데떼 모- 고레이죠- 하나세마센

▶ 어떤 한계 상황을 말할 때 これ以上라는 말을 사용할 수 있습니다. 이 표현은 '이것 이상'이라는 뜻으로 한계에 이르렀음을 의미합니다.

맛있긴 맛있는데 느끼해요

おいしいことはおいしいのですが、味がくどいです。

오이시- 고또와 오이시-노데스가 아지가 구도이데스

▶ 상대방의 의견과 다른 느낌을 말할 때에 쓰는 표현 방법으로 자주 사용되는 표현들을 잘 익혀서 상황에 맞게 사용해보시기 바랍니다.

회화

A この店のパン結構おいしいですね。

고노 미세노 팡 겟꼬- 오이시-데스네

이 가게 빵은 제법 맛있습니다.

B おいしいことはおいしいのですが、味がくどいです。

오이시- 고또와 오이시-노데스가 아지가 구도이데스

맛있긴 맛있는데 느끼해요.

単語 パン 빵 結構 제법 味 맛 くどい 느끼하다

관련 표현

■ 즐겁긴 즐겁지만 피곤해졌습니다.
  楽しいことは楽しいのですが疲れてきました。
  다노시- 고또와 다노시-노데스가 쯔까레떼끼마시다

■ 저는 진한 맛보다는 연한 맛이 좋습니다.
  私は濃い味よりは薄味が好きです。
  와따시와 고이 아지요리와 우스아지가 스끼데스

▶ 타인의 다른 의견을 인정하면서 본인의 의견을 전달할 때에 쓰는 표현으로 ~ことは~のですが…를 사용합니다.

먹을 수 있을 만큼 드세요
食べれるだけ食べて下さい。
다베레루다께 다베떼 구다사이

▶ 행위나 동작의 정도를 한정하는 표현을 사용하고자 할 때에 ~だけ…する는 형식의
표현을 사용하는데 이는 '~만큼…하다'는 뜻으로 사용합니다.

회화

A とても美味しくて、たくさん食べてしまいそうです。
도떼모 오이시꾸떼 다꾸상 다베떼시마이소-데스
너무 맛있어서 많이 먹어버릴 것 같아요.

B 食べれるだけ食べて下さい。
다베레루다께 다베떼 구다사이
먹을 수 있을 만큼 드세요.

単語 荷物 짐　持つ 들다　前方 앞쪽　進む 나아가다

관련 표현

■ 짐을 들 수 있을 만큼만 들어요.
荷物を持てるだけ持ってください。
니모쯔오 못떼루다께 못떼 구다사이

■ 앞으로 나갈 수 있을 만큼 나가시기 바랍니다.
前方に進めるだけ進んでください。
젠뽀-니 스스메루다께 스슨데 구다사이

▶ 어떤 동작의 완료를 나타낼 때 ~してしまう를 사용하며 이는 '~해버리다'라는 뜻입니다.

맛있으면서 싸요
美味しくて安いです。
오이시꾸떼 야스이데스

▶ 일본어에서 형용사적 표현을 중복하여 사용하는 경우의 표현은 다음 문장과 같이 사용할 수 있습니다.

회화

A ここの牛丼、美味しくて安いです。
고고노 규-동 오이시꾸떼 야스이데스
여기 소고기덮밥 맛있으면서 싸요.

B 週末は家族連れも多くて行列ができるんですよ。
슈-마쯔와 가조꾸즈레모 오-꾸떼 료-레쯔가 데끼룬데스요
주말에는 가족동반도 많아서 줄을 서야 해요.

単語 牛丼 소고기덮밥 家族連れ 가족동반 行列 행렬

관련 표현

■ 시장은 신선하고 쌉니다.
市場は新鮮で安いです。
이찌바와 신센데 야스이데스

■ 왠지 줄을 서는 가게에는 줄을 서고 싶어진다.
なぜか行列のできる店に並びたくなる。
나제까 교-레쯔가 데끼루 미세니 나라비따꾸나루

▶ 어떤 동작이나 행위를 하고 싶어진다는 표현은 ~したくなる와 같이 사용합니다.

술은 어느 정도 마시나요?

お酒はどれぐらい飲まれますか。

오사께와 도레구라이 노마레마스까

▶ 일상 생활에서 상대와 친해지기 위한 회화 중 상대방의 주량을 질문하는 방법으로 상황에 맞게 사용해보시기 바랍니다.

회화

A お酒はどれぐらい飲まれますか。
오사께와 도레구라이 노마레마스까
술은 어느 정도 마시나요?

B お酒はあまり強くないので、付き合いで飲む程度です。
오사께와 아마리 쯔요꾸나이노데 쯔끼아이데 노무테-도데스
술은 그다지 강하지 못해서 함께 마실 정도입니다.

単語 飲む 마시다 付き合う 함께 하다 程度 정도

관련 표현

■ 술이 약해서 마시면 금방 잡듭니다.
酒に弱くて飲むとすぐ寝てしまう。
사께니 요와꾸떼 노무또 수구 네떼시마우

■ 쇼핑에 동행하다
買い物に付き合う。
가이모노니 쯔끼아우

▶ 付き合う는 일반적으로 '함께 ~하다' 또는 상대방의 행동에 '함께 참여하다'라는 의미로 사용되고, 남녀간에는 '사귀다'라는 뜻으로 사용됩니다.

어떤 술을 좋아하시나요?

どんなお酒が好きですか。

돈나 오사께가 스끼데스까

▶ 상대방에게 좋아하는 술의 취향을 질문하는 방법으로, 이때 ~が好きですか라고 표현하는 것에 유의하세요.

회화

A どんなお酒が好きですか。
돈나 오사께가 스끼데스까
어떤 술을 좋아하시나요?

B だいたい焼酎を水割りで飲みます。
다이따이 쇼-츄-오 미즈와리데 노미마스
대체로 소주를 물에 희석해서 마십니다.

単語 焼酎 소주 水割り 묽게 한 것

관련 표현

■ 일본 술을 좋아합니다.

日本酒が好きです。

니혼슈가 스끼데스

■ 와인이나 칵테일도 마십니다.

ワインやカクテルも飲みます。

와인야 카쿠테루모 노미마스

▶ 위의 내용 중 水割り는 온수나 냉수에 소주를 희석시켜 마시는 것을 의미합니다. 일본에서는 한국과는 달리 소주를 희석해서 마시는 습관이 있습니다.

카드로 계산할 수 있나요?

カードで計算できますか。

카-도데 게-산데끼마스까

▶ 상점이나 식당 등에서 계산할 때 사용할 수 있는 질문 방법으로 관련 문장을 통해 표현 방법을 잘 익혀서 상황에 맞게 사용해보시기 바랍니다.

회화

A カードで計算できますか。

카-도데 게-산데끼마스까

카드로 계산할 수 있나요?

B 申し訳ございません。現金でのお支払いとなります。

모-시와께 고자이마셍 겡낑데노 오시하라이또 나리마스

죄송합니다만 현금으로 지불해 주세요.

単語 計算 계산 現金 현금 支払い 지불

관련 표현

■ 가끔 타산적인 사람이 있다.

たまに計算高い人がいる。

다마니 게-산다까이 히또가 이루

■ 결제는 일시불로 좋으시겠습니까?

お支払いは一括でよろしいですか。

오시하라이와 잇까쯔데 요로시-데스까

▶ 카드로 계산 시 일시불은 一括払い라고 하며 할부 지불은 分割払い라고 합니다.

Day 121 얼마예요?

いくらですか。

Day 122 너무 비싸요

とても高いです。

Day 123 조금 싸게 해줄 수 있나요?

少し安くできますか。

Day 124 가장 싼 것은 무엇인가요?

一番安いのは何ですか。

Day 125 잔돈 있나요?

小銭ありますか。

Day 126 잔돈으로 바꿔줄 수 있나요?

小銭に変えてもらえますか。

Day 127 무엇을 사야 할지 모르겠습니다

何を買ったらいいかわかりません。

Day 128 좋아하는 것을 하나 고르세요

好きなの一つ選んでください。

Day 129 마음에 드는 것 있으면 사세요

気に入ったのがあれば買ったらいいですよ。

Day 130 이 옷을 보여주세요

この服を見せてください。

Day 131 원하시는 물건은 다 팔렸습니다

お求めのものは、すべて売り切れました。

Day 132 당신에게 잘 어울려요

あなたによく似合います。

Day 133 사이즈가 잘 맞아요

サイズがピッタリです。

Day 134 한 치수 작은 것 있나요?

ワンサイズ小さいものがありますか。

Day 135 그는 구두쇠입니다

彼はケチです。

Day 136 음료수는 무제한인가요?

飲み物は飲み放題ですか。

Day 137 메뉴를 보여주세요

メニューを見せてください。

Day 138 너무 배고파요

とてもお腹が空いています。

Day 139 어떤 음식을 좋아하시나요?

どんな食べ物が好きですか。

Day 140 병을 원하시나요? 캔을 원하시나요?

瓶がいいですか、缶がいいですか。

Day 141 단골집이 있나요?

行きつけの店はありますか。

Day 142 사양하지 마시고 드세요

遠慮なく召し上がってください。

Day 143 전 이미 배불러요

私はもうお腹いっぱいです。

Day 144 더 이상 못 먹겠어요

もうこれ以上食べれません。

Day 145 맛있긴 맛있는데 느끼해요

おいしいことはおいしいのですが、味がくどいです。

Day 146 먹을 수 있을 만큼 드세요

食べれるだけ食べて下さい。

Day 147 맛있으면서 싸요

美味しくて安いです。

Day 148 술은 어느 정도 마시나요?

お酒はどれぐらい飲まれますか。

Day 149 어떤 술을 좋아하시나요?

どんなお酒が好きですか。

Day 150 카드로 계산할 수 있나요?

カードで計算できますか。

Part | *06*

교통

여기는 자주 길이 막히는 곳입니다

ここはよく道が混むところです。

고꼬와 요꾸 미찌가 고무도꼬로데스

▶ 어떠한 장소의 상황에 대한 설명을 할 경우에 ~ところ를 사용하며 '(형용사의 상태하는) 곳'이라는 표현으로 사용할 수 있습니다.

회화

A **車が渋滞して、なかなか前に進みませんね。**
구루마가 쥬-따이시떼 나까나까 마에니 스스미마센네
자동차가 정체되어 좀체 앞으로 나가지 않네요.

B **ここはよく道が混むところです。**
고꼬와 요꾸 미찌가 고무도꼬로데스
여기는 자주 길이 막히는 곳입니다.

単語 渋滞 정체 道 길 混雑する 혼잡하다

관련 표현

■ 이 거리는 사람이 많아서 항상 혼잡합니다.
この通りは人が多くていつも混雑します。
고노 도-리와 히또가 오-꾸떼 이쯔모 곤자쯔시마스

■ 귀성행렬로 길이 혼잡합니다.
帰省ラッシュで道が混んでいます。
기세-랏슈데 미찌가 곤데이마스

▶ 일본어에서 '길'을 나타내는 표현으로 通り와 道가 있습니다. 사람이나 차량 등의 통행의 의미가 포함되는 길은 通り를 사용합니다.

DAY
152

자동차로 출근하세요?
車で出勤されますか。
くるま　しゅっきん

구루마데 슛낀사레마스까

▶ 출근 방법에 대한 질문으로 出勤されますか는 出勤しますか보다 격식을 갖춘 공손한 표현입니다. 정중한 표현을 사용하고자 할 때 유의하시기 바랍니다.

회화

A 松田さんは車で出勤されますか。
まつ だ　　　　くるま　しゅっきん
마쯔다상와 구루마데 슛낀사레마스까
마츠다 씨는 자동차로 출근하세요?

B 出勤時間は道が混むので、地下鉄で出勤しています。
しゅっきん じ かん　　みち　こ　　　　　　　ち か てつ　しゅっきん
슛낀지깐와 미찌가 고무노데 찌까데쯔데 슛낀시떼이마스
출근시간에는 길이 막혀서 지하철로 출근합니다.

単語 出勤 출근　地下鉄 지하철
しゅっきん　　　　ち か てつ

관련 표현

■ 가끔은 자전거로 출근하는 것도 좋은 것입니다.
たまには自転車で出勤するのもいいものです。
じ てんしゃ　しゅっきん
다마니와 지덴샤데 슛낀스루노모 이-모노데스

■ 저는 전차와 버스를 환승합니다.
私は電車とバスを乗り継ぎます。
わたし　でんしゃ　　　　　の　つ
와따시와 덴샤또 바스오 노리쯔기마스

▶ 일본에서는 대부분 근거리를 운행하는 기차의 개념인 전차(電車)는 JR이라고도 말하며 지하철은 地下鉄로 표현합니다.
でんしゃ
ち か てつ

길을 잃어버렸어요
道に迷いました。
미찌니 마요이마시다

▶ 일본어로 길을 잃다는 표현은 道に迷う라는 표현을 사용합니다. 이는 길을 헤매다는 뜻으로 이때에는 조사 ~に를 사용함을 알아두시기 바랍니다.

회화

A この前、旅行先で道に迷いました。
고노마에 료꼬-사끼데 미찌니 마요이마시다
전에 여행지서 길을 잃어버렸어요.

B 交番で道を聞くと教えてくれますよ。
고-방데 미찌오 끼꾸또 오시에떼 구레마스요
파출소에서 길을 물으면 가르쳐줍니다.

単語 迷う 잃다, 망설이다 交番 파출소

관련 표현

■ 무엇을 먹을까 망설여져서 좀처럼 결정할 수 없습니다.
何を食べようか迷ってなかなか決められません。
나니오 다베요-까 마욧떼 나까나까 키메라레마센

■ 길을 잃어서 미아가 된 적이 있다.
道に迷って迷子になったことがある。
미찌니 마욧떼 마이고니낫따 고또가 아루

▶ なかなか는 일이 달성되기까지 시간이 걸리는 것을 표현하는 말입니다. 어감은 부정적인 의미가 포함됩니다.

저는 길치예요

わたし ほう こう おん ち
私は方向音痴です。

와따시와 호-꼬-온치데스

▶ 일본어의 관용적인 표현 중의 하나인 **音痴**는 음치라는 뜻이지만 어떤 능력과 관련된 단어와 함께 사용하여 그 능력이 모자람을 표현합니다.

회화

わたし ほう こう おん ち
A 私は方向音痴です。

와따시와 호-꼬-온치데스

저는 길치예요.

じ ぜん しら
B 事前にアプリで調べておくといいですね。

지젠니 아푸리데 시라베떼 오꾸또 이-데스네

사전에 어플에서 조사해두면 좋겠네요.

単語 じ ぜん 事前 사전 おん ち 音痴 음치 に が て 苦手 서투름

관련 표현

■ 저는 방향감각이 둔합니다.

わたし ほう こう かん かく にぶ
私は方向感覚が鈍いです。

와따시와 호-꼬-깐까꾸가 니부이데스

■ 저는 음치여서 노래는 잘 못합니다.

わたし おん ち うた に が て
私は音痴で歌が苦手です。

와따시와 온치데 우타가 니가떼데스

▶ 앞에서도 몇 차례 설명한 것처럼 일본어는 외래어를 줄여서 표현하는 경향이 많습니다. 최근 스마트폰이나 멀티미디어 기기에서 사용되는 '어플리케이션(アプリケーション)'은 アプリ로 줄여서 표현합니다.

저는 이곳을 잘 몰라요

私はここをよく知りません。

와따시와 고꼬오 요꾸 시리마센

▶ 어떤 내용이나 상황에 대해 '~를 잘 알지 못한다'는 표현을 할 때에 ~をよく知りません이라고 말합니다.

회화

A 私はここをよく知りません。
와따시와 고꼬오 요꾸 시리마센
저는 이곳을 잘 몰라요.

B ここは私の地元なので私が案内します。
고꼬와 와따시노 지모토나노데 와따시가 안나이시마스
여기는 제가 사는 곳이니 제가 안내할게요.

単語 案内する 안내하다　地元 고향, 현지

관련 표현

■ 그와는 사는 곳이 같습니다.
彼とは地元が同じです。
가레또와 지모또가 오나지데스

■ 고향의 밭에서 수확된 야채는 맛있다.
地元の畑で採れた野菜はおいしい。
지모또노 하따께데 도레따 야사이와 오이시-

▶ 地元는 '그 지역'이라는 뜻으로 자신의 생활 근거지나 살고 있는 지역을 말하며 고향이라는 의미를 포함합니다. 地元の人는 '토박이'라는 뜻입니다.

DAY 156

공항까지는 어떻게 가면 되나요?

空港までどうやって行ったらいいですか。

구-꼬-마데 도-얏떼잇따라 이-데스까

▶ 어떤 수단이나 방법에 대해 질문을 할 때 사용하는 표현은 どうやって가 있으며 이는
'어떻게'라는 뜻으로 사용됩니다.

회화

A 空港までどうやって行ったらいいですか。
구-꼬-마데 도-얏떼잇따라 이-데스까
공항까지는 어떻게 가면 되나요?

B ここからだとタクシーが行きやすいと思います。
고꼬까라다또 타쿠시-가 이끼야스이또 오모이마스
여기서라면 택시가 가기 편하다고 생각합니다.

単語　タクシー 택시　切る 자르다

관련 표현

■ 시부야까지 어떻게 가면 되나요?
渋谷までどうやって行ったらいいですか。
시부야마데 도-얏떼 잇따라 이-데스까

■ 자르는 편이 먹기 편하다고 생각합니다.
切ったほうが食べやすいと思います。
깃따호-가 다베야스이또 오모이마스

▶ 동작이나 상태를 나타내는 말과 ~やすい를 함께 사용하면 '(어떤 동작이나 상태가) 쉽다'
또는 '편리하다'라는 뜻입니다.

Part 06

교통

DAY 157

이대로 곧장 가시면 돼요

このまま真っ直ぐ行かれたらいいですよ。

고노마마 맛수구 이까레따라 이-데스요

▶ 일본어의 표현 중 동작이나 행위를 흐트러짐 없이 곧장 하는 것을 표현할 때 真っ直ぐ를 사용합니다.

회화

A ガソリンスタンドはどこにありますか。

가소린스탄도와 도꼬니 아리마스까

주유소는 어디에 있습니까?

B このまま真っ直ぐ行かれたらいいですよ。

고노마마 맛수구 이까레따라 이-데스요

이대로 곧장 가시면 돼.

単語 ガソリンスタンド 주유소 真っ直ぐ 똑바로

관련 표현

■ 이대로 곧장 가시면 교차로가 있습니다.

このまま真っぐ行くと交差点があります。

고노마마 맛수구 이꾸또 고-사뗀가 아리마스

■ 똑바로 줄을 서주세요.

真っ直ぐ並んでください。

맛수구 나란데 구다사이

▶ ~のまま는 형용명사적으로 사용되어 '(그 상태) 그대로' 또는 '~채로'라는 뜻입니다. 동작이나 상태가 지속적으로 유지됨을 말합니다.

이 앞에서 유턴해주실래요?

ここの前でUターンしてもらえますか。

고꼬노 마에데 유-탄시떼 모라에마스까

▶ 일반적으로 '~해주세요'는 ~してください라는 표현을 사용하지만 상대방에게 부드럽게 부탁하는 경우에는 ~してもらえますか라는 표현을 사용합니다.

회화

A すみません。ここの前でUターンしてもらえますか。

스미마셍 고꼬노 마에데 유-탄시떼 모라에마스까

죄송합니다. 이 앞에서 유턴해 주실래요?

B はい。承知しました。

하이 쇼-치시마시다

네. 알겠습니다.

単語 左折 좌회전

관련 표현

■ 저 앞에서 좌회전해주세요.

あそこの前で左折してください。

아소꼬노 마에데 사세쯔시떼 구다사이

■ 네. 잘 알겠습니다.

はい。かしこまりました。

하이 가시꼬마리마시다

▶ 상대방의 요구나 지시에 대해서 이해했음을 표현하는 말로 承知する와 かしこまる가 있습니다. 비즈니스나 격식이 필요한 경우에 자주 사용됩니다.

다음 신호등 앞에서 세워주세요

次の信号の前で止めてください。

쓰기노 신고노 마에데 도메떼 구다사이

▶ 어떤 순서의 차례에서 다음을 나타내는 표현은 次の~가 있으며 '다음 ~'의 뜻으로
사용됩니다.

회화

A 次の信号の前で止めてください。
쓰기노 신고노 마에데 도메떼 구다사이
다음 신호등 앞에서 세워주세요.

B それでは信号の前のバス停に一時停車します。
소레데와 신고-노 마에노 바스테-니 이찌지테-샤시마스
그러면 신호 앞의 버스정류장에 일시 정차하겠습니다.

単語 信号 신호 止める 멈추게 하다

관련 표현

■ 시계가 멈추다.
時計が止まる。
도께-가 도마루

■ 싸움을 말리다.
けんかを止める。
겡까오 도메루

▶ 일본어 중 비슷한 발음으로 수동형과 능동형의 뜻을 가진 단어들이 있습니다. '멈추다'라는
뜻을 가진 止まる는 스스로 멈추는 것을 말하며 止める는 외부적인 요인으로 멈추는 것을
말합니다.

공항 리무진버스는 어디서 탈 수 있나요?

空港リムジンバスはどこで乗れますか。

구-꼬- 리무진바스와 도꼬데 노레마스까

▶ 잘 모르는 지역에서 교통편을 이용할 때 쓸 수 있는 표현입니다.

회화

A 空港リムジンバスはどこで乗れますか。

구-꼬- 리무진바스와 도꼬데 노레마스까

공항 리무진버스는 어디서 탈 수 있나요?

B 次の駅で降りると空港行きのバス停があります。

쯔기노 에끼데 오리루또 구-꼬-유끼노 바스테-가 아리마스

다음 역에서 내리면 공항행 버스정류장이 있습니다.

単語 乗る 타다 降りる 내리다

관련 표현

■ 사람의 승하차가 많다.

人の乗り降りが多い。

히또노 노리오리가 오-이

■ 간사이행 고속버스는 어디서 탈 수 있나요?

関西行きの高速バスはどこで乗れますか。

간사이유끼노 고-소꾸바스와 도꼬데 노레마스까

▶ 이동수단 또는 대중교통 등의 목적지나 방향을 나타내는 말은 ~行き이며 '~행'이라고 해석
됩니다.

교통

시간에 맞출 수 있을지 모르겠어요
時間に間に合うかわかりません。
지깐니 마니아우까 와까리마센

▶ 어떤 동작이나 상태가 시간적으로 맞는 상황을 말할 때에 ~に間に合う라는 표현을 사용합니다.

회화

A 車が混んで時間に間に合うかわかりません。
구루마가 곤데 지깐니 마니아우까 와까리마센
차가 막혀서 시간에 맞출 수 있을지 모르겠어요.

B 最寄りの駅から電車に乗り換えましょう。
모요리노 에끼까라 덴샤니 노리까에마쇼-
가까운 역에서 전차로 갈아탑시다.

単語 間に合う 시간에 맞추다, 충분하다 乗り換える 환승하다

관련 표현

■ 마감일에 맞추다
締め切りに間に合う。
시메끼리니 마니아우

■ 환승 안내 서비스가 있습니다.
乗り換え案内サービスがあります。
노리까에 안나이사-비스가 아리마스

▶ 어떤 계획이나 일정을 말할 때에 사용되는 締め切り는 마감일을 의미하는 것으로, 각종 공고문이나 비즈니스에서 자주 사용됩니다.

모노레일을 이용하면 시간이 얼마나 걸리나요?

モノレールを利用すると時間はどのくらいか かかりますか。

모노레-루오 리요-스루또 지깐와 도노구라이 가까리마스까

▶ 어떤 상태의 정도를 질문할 때에 どのくらい를 사용하며 '어느 정도' 또는 '얼마나'라 는 뜻으로 수량이나 시간 등의 정도를 말합니다.

회화

A モノレールを利用すると時間はどのくらいかかりますか。

모노레-루오 리요-스루또 지깐와 도노구라이 가까리마스까

모노레일을 이용하면 시간이 얼마나 걸리나요?

B 約13分かかります。

야꾸쥬-산분 가까리마스

약 13분 걸립니다.

単語 モノレール 모노레일 利用 이용

관련 표현

■ 내비게이션을 사용하면 빨리 도착한다.

ナビを利用すると早く着く。

나비오 리요-스루또 하야꾸 쯔꾸

■ 집에서 회사까지 약 15분 걸립니다.

自宅から会社まで約15分かかります。

지타꾸까라 가이샤마데 야꾸쥬-고훈 가까리마스

▶ 일본어는 외래어를 주로 줄여서 표현합니다. '내비게이션(ナビゲーション)'은 ナビ라고 하고 특히 자동차용 내비게이션은 カーナビ라고 합니다.

Part 06 교통

공항에서 택시를 타고 왔습니다

空港からタクシーに乗って来ました。

구-꼬-까라 타쿠시-니 놋떼끼마시다

▶ 일본어로 교통수단을 이용하여 온다는 표현은 ~に乗って来る를 사용합니다. 이때 해당되는 교통수단에 조사 に가 사용됩니다.

회화

A 思ったより早く到着しましたね。

오못따요리 하야꾸 도챠꾸시마시다네

생각보다 빨리 도착하셨네요.

B はい。空港からタクシーに乗って来ました。

하이 구-꼬-까라 타쿠시-니 놋떼끼마시다

네. 공항에서 택시를 타고 왔습니다.

単語 乗って来る (탈것을) 타고 오다

관련 표현

■ 생각보다 간단하군요.

思ったより簡単ですね。

오못따요리 간딴데스네

■ 스쿠터를 타고 왔습니다.

スクーターに乗って来ました。

스쿠-타-니 놋떼끼마시다

▶ 思ったより는 어떤 상태나 상황이 예상했던 것보다 다른 것을 나타낼 때에 사용합니다. 이 때는 비교를 나타내는 ~より가 함께 사용됩니다.

여기에서 버스를 타면 얼마나 걸려요?

ここからバスでどのくらいかかりますか。

고꼬까라 바스데 도노구라이 가까리마스까

▶ 어떤 상태의 정도를 질문할 때에 사용되는 표현은 どのくらい이며 동일한 뜻으로 ど
れくらい도 사용될 수 있음을 알아두시기 바랍니다.

회화

A ここからバスでどのくらいかかりますか。
고꼬까라 바스데 도노구라이 가까리마스까
여기에서 버스를 타면 얼마나 걸려요?

B さほどかかりません。
사호도 가까리마센
별로 걸리지 않습니다.

単語 有名 유명 嫌い 싫음, 마음에 들지 않음

관련 표현

■ 이 가게는 별로 유명하지 않다.
この店はさほど有名でない。
고노 미세와 사호도 유-메-데나이

■ 그 정도로 싫지는 않다.
それほど嫌いではない。
소레호도 기라이데와나이

▶ '그다지 ~하지 않다'라는 표현인 さほど~ではない는 말은 주위의 평가나 소문 등에 비해 부
정적인 표현을 할 때에 사용되며 동일한 뜻으로 それほど~ではない가 있습니다.

저는 버스를 타고 출퇴근합니다
私はバスで出退勤します。
와따시와 바스데 슛타이낀시마스

▶ 일본어에서 어떤 도구적인 표현을 사용할 때에는 조사 ~で를 사용하며 한국어로는 '~로'라고 해석합니다.

회화

A 私はバスで出退勤します。
와따시와 바스데 슛타이낀시마스
저는 버스를 타고 출퇴근합니다.

B 朝の通勤ラッシュを避けるのにもバスがいいですね。
아사노 쯔−낀랏슈오 사께루노니모 바스가 이−데스네
아침 통근혼잡을 피하는 것에도 버스가 좋겠네요.

単語 出退勤 출퇴근 ラッシュ 혼잡 避ける 피하다

관련 표현

■ 저는 걸어서 출퇴근합니다.
私は歩いて出退勤します。
와따시와 아루이떼 슛따이낀시마스

■ 사람들이 붐비는 곳은 피하고 싶어요.
人ごみの多いところは避けたいです。
히또고미노 오−이도꼬로와 사께따이데스

▶ 동사에 ~のに를 함께 사용하면 '(동사)하기 위해서'라는 뜻으로 그 의미가 바뀌게 됩니다.

이 주변에 주차장은 있나요?
この周辺に駐車場はありますか。
고노 슈-헨니 쥬-샤죠-와 아리마스까

▶ 어떤 주변 지역을 가리키는 말은 周辺을 사용하지만 흔히 대명사와 함께 사용할 때에는 ~辺으로 사용할 수 있습니다.

회화

A この周辺に駐車場はありますか。
고노 슈-헨니 쥬-샤죠-와 아리마스까
이 주변에 주차장은 있나요?

B 駅の裏通りにいくつかあります。
에끼노 우라도-리니 이꾸쯔까 아리마스
역 뒷길에 몇 개 있습니다.

単語 周辺 주변 駐車場 주차장 裏通り 뒷길

관련 표현

■ 이 주변 안경점이 있습니까?
この辺に眼鏡屋さんがありますか。
고노 헨니 메가네야상가 아리마스까

■ 커피숍은 이 앞길에 몇 개 있습니다.
コーヒーショップはこの表通りにいくつかあります。
고-히-숍뿌와 고노 오모떼도-리니 이꾸쯔까 아리마스

▶ ~屋さん은 '~를 파는 가게'입니다. 가게의 주요 판매 품목과 함께 사용합니다. '안경 가게'는 眼鏡屋さん입니다.

저는 차를 타면 멀미를 해요
私は車酔いをします。
와따시와 구루마요이오 시마스

▶ 일본어에서 차량을 가리키는 말은 車입니다. 자동차의 의미를 가질 때에는 보통 くるま라고 말하며 한자어 어원인 경우에는 しゃ를 사용합니다.

회화

A 私は車酔いをします。
와따시와 구루마요이오 시마스
저는 차를 타면 멀미를 해요.

B 酔い止めの薬がありますよ。
요이도메노 구수리가 아리마스요
멀미약이 있어요.

単語　車酔い 자동차 멀미　酔い止め 멀미약

관련 표현

■ 뱃멀미가 심해요.
船酔いがひどいです。
후나요이가 히도이데스

■ 제가 두통약을 가지고 있어요.
私が頭痛薬を持っていますよ。
와따시가 즈추-야꾸오 못떼이마스요

▶ 酔い는 술이나 약 등에 '취함'이라는 뜻이지만 탈것과 함께 사용할 경우에는 '멀미'라는 뜻입니다.

당신은 어떤 항공편을 타시나요?
あなたはどの航空便に乗りますか。

아나따와 도노 고-꾸-빈니 노리마스까

▶ 일본어로 항공편을 탑승하다는 표현은 航空便に乗る라고 하며 항공기와 같은 탈 것에는 모두 に의 조사를 사용한다는 것을 알아두시기 바랍니다.

회화

A あなたはどの航空便に乗りますか。

아나따와 도노 고-꾸-빈니 노리마스까

당신은 어떤 항공편을 타시나요?

B 料金の安い航空便を探しているところです。

료-낀노 야스이 고-꾸-빈오 사가시떼이루도꼬로데스

요금이 저렴한 항공편을 찾고 있는 중입니다.

単語 航空便 항공편 料金 요금 探す 찾다

관련 표현

■ 모두 즐길 수 있는 피서지를 찾고 있는 중입니다.
みんなで楽しめる避暑地を探しているところです。

민나데 다노시메루 히쇼찌오 사가시떼이루도꼬로데스

■ 구직활동을 하고 있는 중입니다.
就職活動をしているところです。

슈-쇼꾸까쯔도-오 시떼이루도꼬로데스

▶ ~しているところ는 '~하고 있는 중'이라는 뜻으로 현재 동작을 하고 있는 상황을 나타내는 관용적인 표현입니다.

도쿄로 가는 항공편이 취소됐어요

東京に行く航空便は キャンセルになりました。

도-꾜-니 이꾸 고-꾸-빈와 캰세루니 나리마시다

▶ 어떤 예정되었던 일정이 취소될 때 사용하는 표현은 キャンセル입니다. 다음 문장 표현들을 통해 좀 더 자세히 알아보겠습니다.

회화

A 台風が近づいてきましたね。

타이후-가 찌까즈이떼 끼마시다네

태풍이 다가오고 있군요.

B そうなんです。

소-난데스

東京に行く航空便はキャンセルになりました。

도-꾜-니 이꾸 고-꾸-빈와 캰세루니 나리마시다

그렇습니다. 도쿄로 가는 항공편이 취소됐어요.

単語 台風 태풍 近づいてくる 다가오다, 가까워지다

관련 표현

■ 장마가 다가오고 있군요.

梅雨が近づいてきましたね。

츠유가 찌까즈이떼 끼마시다네

■ 가고 싶었던 콘서트가 취소되었다.

行きたかったコンサートがキャンセルになった。

이끼따깟따 콘사-토가 캰세루니낫따

▶ 동사의 과거형에 붙여서 사용하는 ~たかった는 동작의 행위를 하고 싶었다는 의지의 표현 입니다.

저는 교통카드를 사용합니다

私は交通カードを利用します。

와따시와 고-츠-카-도오 리요-시마스

▶ 일본에서도 충전식 교통카드를 사용하고 있으며 일본의 교통카드는 **スイカカード**라 고 말하는 것을 알아두시기 바랍니다.

회화

A 私は交通カードを利用します。

와따시와 고-츠-카-도오 리요-시마스

저는 교통카드를 사용합니다.

B 日本ではスイカカードが便利ですよね。

니혼데와 스이까카-도가 벤리데스요네

일본에서는 스이카 카드가 편리하죠.

単語 利用 이용, 사용 便利 편리

관련 표현

■ 저는 다른 카드를 이용하고 있습니다.

私は別のカードを利用しています。

와따시와 베즈노 카-도오 리요-시떼이마스

■ 가족도 신청할 수 있어서 편리합니다.

家族も申し込みができて便利です。

가조꾸모 모-시꼬미가 데끼떼 벤리데스

▶ 일본에서 사용되는 교통카드인 **スイカカード**(Suica Card)는 가차역 등에서 구입 가능하며 금액을 충전하는 충전식으로 편의점 등에서도 사용 가능합니다.

교통카드 충전해야 돼요

スイカカードをチャージしなければ
なりません。

스이카카-도오 챠-지시나께레바 나리마센

▶ 일본에서는 '충전'을 말할 때 **チャージする**라는 표현을 자주 사용합니다. 동일한 뜻으로 **充電する**라는 표현도 있습니다.

A **スイカカードをチャージしなければなりません。**
스이카카-도오 챠-지시나께레바 나리마센
교통카드 충전해야 돼요.

B **チャージはパソコンでできますよ。**
챠-지와 파소콘데 데끼마스요
충전은 컴퓨터로 할 수 있어요.

単語 チャージする 충전하다 方法 방법 情報 정보

관련 표현

■ 충전에는 여러 가지 방법이 있다.

チャージにはいろんな方法がある。
챠-지니와 이론나 호-호-가 아루

■ 컴퓨터로 정보를 얻다.

パソコンで情報を得る。
파소콘데 죠-호-오 에루

▶ 컴퓨터는 パソコン이라고 하며 이는 Personal Computer에서 온 말이며, 노트북은 ノートパソコン이라고 합니다.

음주운전은 위험합니다
飲酒運転は危険です。
인슈-운뗀와 기껜데스

▶ 일본의 안내문 등에서 위험을 알릴 때에 사용하는 말은 危険です입니다. 특히 안내 방송 등에서 자주 듣게 됩니다.

회화

A 飲酒運転は危険です。代行を呼びましょう。
인슈-운뗀와 기껜데스 다이꼬-오 요비마쇼-
음주운전은 위험합니다. 대리운전을 부르시죠.

B もちろん、そうするつもりです。
모찌론 소우스루쯔모리데스
물론입니다. 그렇게 할 생각입니다.

単語 飲酒運転 음주운전 危険 위험 代行 대리운전 呼ぶ 부르다

관련 표현

■ 도움을 청합시다.
助けを呼びましょう。
다스께오 요비마쇼-

■ 혼자서 여행할 생각입니다.
一人で旅行するつもりです。
히또리데 료꼬-스루쯔모리데스

▶ 어떤 동작이나 행위를 나타내는 말과 함께 ~するつもりです를 사용하는 경우에는 '~할 예정이다'라는 뜻을 나타내게 됩니다. 이는 말하는 사람의 의지가 담긴 표현입니다.

운전할 때 문자 보내는 것은 위험합니다
運転中にメールを送るのは危険です。
운뗀츄-니 메-루오 오꾸루노와 기껜데스

▶ 한국에서는 휴대전화의 메시지를 일반적으로 '문자'라고 말하지만 일본에서는 メール이라 하고 사진이 포함되어 있는 문자는 写メール이라고 합니다.

회화

A 運転中にメールを送るのは危険です。
운뗀츄-니 메-루오 오꾸루노와 기껜데스
운전할 때 문자 보내는 것은 위험합니다.

B 運転中の携帯の使用は罰せられます。
운뗀츄-노 게-따이노 시요-와 밧세라레마스
운전 중 휴대폰 사용은 처벌됩니다.

単語 罰せられる 처벌받다 成功 성공 失敗 실패

관련 표현

■ 담배를 함부로 버리는 것은 위험합니다.
タバコのポイ捨ては危険です。
다바코노 포이스떼와 기껜데스

■ 성공하기는커녕 오히려 실패만 하고 있다.
成功するどころか失敗ばかりしている。
세-꼬-스루도꼬로까 싯빠이바까리시떼이루

▶ ~どころか…는 '~하기는커녕 오히려 …하다'라는 뜻으로 앞의 상황과 뒤의 상황이 반대되는 경우를 표현할 때에 쓰입니다.

주차장은 어디로 들어가야 하나요?
駐車場はどこから入りますか。
쥬-샤죠-와 도꼬까라 하이리마스까

▶ 어떤 장소의 입장을 말할 때 한국어로는 '~로 들어가다'라고 하지만 일본어에서는 どこから入る라고 하며 장소에 조사 から를 사용합니다.

회화

A 駐車場はどこから入りますか。
쥬-샤죠-와 도꼬까라 하이리마스까
주차장은 어디로 들어가야 하나요?

B この建物の東口に駐車場の入り口があります。
고노 다떼모노노 히가시구찌니 쥬-샤죠-노 이리구찌가 아리마스
이 건물의 동쪽 출입구에 주차장 입구가 있습니다.

単語 入る 들어가다 入り口 입구

관련 표현

■ 타이어의 공기는 어디로 넣습니까?
タイヤの空気はどこから入れますか。
타이야노 구-끼와 도꼬까라 이레마스까

■ 역의 서쪽 출입구에서 만나기로 합시다.
駅の西口で待ち合わせしましょう。
에끼노 니시구찌데 마찌아와세시마쇼-

▶ 한국에서는 지하철 등의 출입구에 번호를 붙여 사용하지만 일본에서는 방향을 나타내는 말에 출입구 번호를 붙이는 경우가 많습니다. 특히 '서쪽 출구: 西口'나 '서쪽 출구-34: 西口-34' 등으로 표시합니다.

저희 집 근처에 지하철역이 있습니다

私の家の近くに地下鉄の駅があります。

와따시노 이에노 찌까꾸니 찌까테쯔노 에끼가 아리마스

▶ 명사와 명사와 수식어를 함께 사용하는 경우 私の家の近く와 같이 '명사의 명사의 수식어'를 사용합니다.

회화

A 私の家の近くに地下鉄の駅があります。
와따시노 이에노 찌까꾸니 찌까테쯔노 에끼가 아리마스
저희 집 근처에 지하철역이 있습니다.

B 交通の便がいいところですね。
고-츠-노 벤가 이- 도꼬로데스네
교통편이 좋은 곳이네요.

単語 交通の便 교통의 편리 困る 곤란하다

관련 표현

■ 본가의 근처에 큰 공장이 있습니다.
実家の近くに大きな工場があります。
짓까노 찌까꾸니 오-끼나 고-죠-가 아리마스

■ 지하철도 버스도 다녀서 교통편이 불편하지 않다.
地下鉄もバスも走っていて交通の便に困らない。
찌까테쯔모 바스모 하싯떼이떼 고-츠-노 벤니 고마라나이

▶ 実家는 '본가'로, 현재 거주하고 있는 집이 아닌 '부모님이 계시는 집'이나 '고향집'을 의미합니다.

여기서 내리시나요?
ここで降りられますか。
고꼬데 오리라레마스까

▶ '교통수단에서 내리다'라는 표현은 降りる이며, 격식을 갖춘 공손한 표현은 降りられ
る를 사용합니다.

회화

A ここで降りられますか。
고꼬데 오리라레마스까
여기서 내리시나요?

B あのデパートを過ぎて降ろしてください。
아노 데파-토오 스기떼 오로시떼 구다사이
저기 백화점 지나서 내려주세요.

単語   降りる 내리다   デパート 백화점   過ぎる 지나치다

관련 표현

■ 공원 조금 앞에서 내려주세요.
公園の手前で降ろしてください。
고-엔노 데마에데 오로시떼 구다사이

■ 남 보기가 부끄러워요.
世間の手前、恥ずかしいよ。
세켄노 데마에 하즈까시이요

▶ 가까운 거리를 나타내는 표현인 ~の手前는 손으로 뻗을 수 있는 거리를 나타내는 말입니
다.

제가 내릴 때 알려주세요

私が降りるときを教えてください。

와따시가 오리루 도끼오 오시에떼 구다사이

▶ 상대방에게 어떤 것을 가르쳐줄 것을 요청할 때는 ~を教えてください라고 합니다.

회화

A 私が降りるときを教えてください。
와따시가 오리루 도끼오 오시에떼 구다사이
제가 내릴 때 알려주세요.

B ここから五つ目の駅になります。
고꼬까라 이쯔쯔메노 에끼니 나리마스
여기에서 다섯 번째 역입니다.

単語 教える 가르치다 五つ目 다섯 번째

관련 표현

■ 개찰구를 알려주세요.
改札口を教えてください。
가이사쯔구찌오 오시에떼 구다사이

■ 앞으로 2개 역이면 도착합니다.
あと二駅で着きます。
아또 후따에끼데 쯔끼마스

▶ 전철이나 지하철 등의 교통수단을 이용할 때에 남은 정류장의 수를 말할 때에는 〈숫자 + 駅〉를 관용적으로 사용합니다.

새치기하지 마세요

割り込まないでください。

와리꼬마나이데 구다사이

▶ 어떤 순서와 질서가 있는 곳에 끼어드는 경우를 割り込む라고 하며 사람이나 사물 등이 중간에 들어오는 현상을 나타냅니다.

회화

A 危険です。割り込まないでください。

기껜데스 와리꼬마나이데 구다사이

위험합니다. 새치기하지 마세요.

B 焦って、思わず割り込んでしまいました。

아셋떼 오모와즈 와리꼰데시마이마시다

서두르다 보니 뜻하지 않게 새치기해버렸습니다.

単語 割り込む 새치기하다 焦る 서두르다

관련 표현

■ 무심코 웃음을 터뜨렸습니다.

思わず笑い出しました。

오모와즈 와라이다시마시다

■ 시간도 잊고 생각지도 않게 이야기에 열중했다.

時間を忘れて、つい話し込んだ。

지깐오 와스레떼 쯔이 하나시꼰다

▶ 말하는 사람의 의지나 생각에 상관없이 어떤 행동을 한다는 표현을 사용할 때 思わず를 함께 사용합니다.

어제 교통사고 났어요
昨日交通事故が起きました。
기노- 고-츠-지꼬가 오끼마시다

▶ 어떤 상황이 발생하다는 표현을 사용할 때에 ~が起きる라는 말을 쓰며, 의도하지 않은 상황이 뜻하지 않게 일어나는 경우에 사용합니다.

회화

A 昨日交通事故が起きました。
기노- 고-츠-지꼬가 오끼마시다
어제 교통사고 났어요.

B 誰も大した怪我がなくて幸いです。
다레모 다이시따 게가가 나꾸떼 사이와이데스
누구도 큰 부상이 없어서 다행입니다.

単語 交通事故 교통사고 怪我 부상 幸いだ 다행스럽다

관련 표현

■ 사고에 휘말렸다.
事故に巻き込まれた。
지꼬니 마끼꼬마레따

■ 부상자가 있어서 구급차로 실려갔다.
怪我人が出て救急車で運ばれた。
게가닌가 데떼 규-뀨-샤데 하꼬바레따

▶ 巻き込む는 사람 등의 어떤 대상을 '휘말리게 하다'라는 뜻으로, 주로 수동형 巻き込まれる로 사용됩니다.

우선 보험회사에 연락해야겠어요

まず保険会社に電話しなければなりません。

마즈 호껜가이샤니 뎅와시나께레바 나리마센

▶ 어떤 상황에서 우선적인 내용을 말하고자 할 때에 **まず**라는 표현을 사용합니다. 자주 사용되는 표현이므로 잘 익혀서 상황에 맞게 사용해보시기 바랍니다.

회화

A 事故に遭ったらまず保険会社に

지꼬니 앗따라 마즈 호껜가이샤니

電話しなければなりません。

뎅와시나께레바 나리마센

사고가 나면 우선 보험회사에 연락해야겠어요.

B 電話番号を控えておいたほうがいいですね。

뎅와방고-오 히까에떼 오이따호-가 이-데스네

전화번호를 메모하는 게 좋겠네요.

単語 事故に遭う 사고를 당하다　控える 메모해두다

관련 표현

■ 병원에 가면 우선 접수를 하지 않으면 안 된다.

病院に行ったらまず受け付けをしなければならない。

뵤-인니 잇따라 마즈 우께쯔께오 시나께레바나라나이

■ 주소를 메모해두다.

住所を控えておく。

쥬-쇼오 히까에떼 오꾸

▶ '해야 한다' 또는 '하지 않으면 안 된다'는 ~しなければならない를 사용합니다.

Day 151 여기는 자주 길이 막히는 곳입니다

ここはよく道が混むところです。

Day 152 자동차로 출근하세요?

車で出勤されますか。

Day 153 길을 잃어버렸어요

道に迷いました。

Day 154 저는 길치예요

私は方向音痴です。

Day 155 저는 이곳을 잘 몰라요

私はここをよく知りません。

Day 156 공항까지는 어떻게 가면 되나요?

空港までどうやって行ったらいいですか。

Day 157 이대로 곧장 가시면 돼요

このまま真っ直ぐ行かれたらいいですよ。

Day 158 이 앞에서 유턴해주실래요?

ここの前でUターンしてもらえますか。

Day 159 다음 신호등 앞에서 세워주세요

次の信号の前で止めてください。

Day 160 공항 리무진버스는 어디서 탈 수 있나요?

空港リムジンバスはどこで乗れますか。

Day 161 시간에 맞출 수 있을지 모르겠어요

時間に間に合うかわかりません。

Day 162 모노레일을 이용하면 시간이 얼마나 걸리나요?

モノレールを利用すると時間はどのくらいかかりますか。

Day 163 공항에서 택시를 타고 왔습니다

空港からタクシーに乗って来ました。

Day 164 여기에서 버스를 타면 얼마나 걸려요?

ここからバスでどのくらいかかりますか。

Day 165 저는 버스를 타고 출퇴근합니다

私はバスで出退勤します。

Day 166 이 주변에 주차장은 있나요?

この周辺に駐車場はありますか。

Day 167 저는 차를 타면 멀미를 해요

私は車酔いをします。

Day 168 당신은 어떤 항공편을 타시나요?

あなたはどの航空便に乗りますか。

Day 169 도쿄로 가는 항공편이 취소됐어요

東京に行く航空便はキャンセルになりました。

Day 170 저는 교통카드를 사용합니다

私は交通カードを利用します。

Day 171 교통카드 충전해야 돼요

スイカカードをチャージしなければなりません。

Day 172 음주운전은 위험합니다

飲酒運転は危険です。

Day 173 운전할 때 문자 보내는 것은 위험합니다

運転中にメールを送るのは危険です。

Day 174 주차장은 어디로 들어가야 하나요?

駐車場はどこから入りますか。

Part 06

교통

213

Day 175 저희 집 근처에 지하철역이
있습니다

私の家の近くに地下鉄の駅

があります。

....

Day 176 여기서 내리시나요?

ここで降りられますか。

....

Day 177 제가 내릴 때 알려주세요

私が降りるときを教えてくだ

さい。

....

Day 178 새치기하지 마세요

割り込まないでください。

....

Day 179 어제 교통사고 났어요

昨日交通事故が起きまし

た。

....

Day 180 우선 보험회사에 연락해야겠
어요

まず保険会社に電話しなけ

ればなりません。

....

Part | *07*

감정

걱정하지 마세요

心配しないでください。
しん ぱい

신빠이시나이데 구다사이

▶ 어떤 상황에 대한 근심이나 걱정을 心配라고 합니다. 특히 상대방을 위로하는 표현
  인 心配しないでください를 자주 사용합니다.
  しんぱい

회화

A 一人で残業ですか。
  ひと り　 ざんぎょう

  히또리데 잔교-데스까

  혼자서 야근하세요?

B 心配しないでください。すぐ終わって帰れそうです。
  しん ぱい　　　　　　　　　　　　　　 お　　　　　 かえ

  신빠이시나이데 구다사이 수구 오왓떼 가에레소-데스

  걱정하지 마세요. 곧 끝나고 갈 수 있을 것 같아요.

単語　残業 잔업, 야근　心配 걱정　すぐ 곧, 바로　終わる 마치다
　　　　 ざんぎょう　　　　　　しんぱい　　　　　　　　　　　　 お

관련 표현

■ 걱정할 것까지도 없어요.
  心配するまでもありません。
  しんぱい

  신빠이스루마데모 아리마센

■ 걱정할 것까지 없다.
  心配するに至らない。
  しんぱい　　　　 いた

  신빠이스루니 이따라나이

▶ ~するまでもない는 '~할 것까지도 없다'는 뜻으로 사용되며 동일한 표현으로 ~するに至ら
  ない가 있습니다

DAY 182

긴장하지 마세요

緊張しないでください。

긴쬬-시나이데 구다사이

▶ 상대방에게 어떠한 행동을 하지 않을 것을 말하는 표현은 ~しないでください으로 '~ 하지 마세요'라는 뜻입니다.

회화

A 明日会議で発表しないといけないんです。
아시따 가이기데 핫뾰-시나이또 이께나인데스
내일 회의에서 발표를 해야 해요.

B 大丈夫です。そんなに緊張しないでください。
다이죠-부데스 손나니 긴쬬-시나이데 구다사이
괜찮아요. 그렇게 긴장하지 마세요.

単語 会議 회의 発表 발표 緊張する 긴장하다

관련 표현

■ 이것을 내일까지 끝내지 않으면 안 돼요.

これを明日までに終わらせないといけないよ。
고레오 아시따마데니 오와라세나이또 이께나이요

■ 그렇게 강요하지 마세요.

そんなに押し付けないでください。
손나니 오시쯔께나이데 구다사이

▶ 말하는 사람 또는 행동의 주체자가 어떤 것을 '~하지 않으면 안 된다'는 표현은 ~しなけれ
ばならない를 사용합니다.

열받아 죽겠어요
頭^{あたま}にきてしかたがないです。

아따마니 끼떼시까따가나이데스

▶ 일본어의 관용적인 표현으로 '화가 나다'라는 뜻의 頭^{あたま}に来^くる가 있습니다. 다음 문장 표현들을 통해 좀 더 자세히 알아보겠습니다.

회화

A 聞^ききたくないことを耳^{みみ}にしたので

끼끼따꾸나이 고또오 미미니시따노데

頭^{あたま}にきてしかたがないです。

아따마니 끼떼시까따가나이데스

듣고 싶지 않은 것을 들어서 열 받아 죽겠어요.

B 早^{はや}く忘^{わす}れられるといいですね。

하야꾸 와스레라레루또 이-데스네

빨리 잊어버릴 수 있으면 좋겠네요.

単語 耳^{みみ}にする 듣다 頭^{あたま}に来^くる 화나다

관련 표현

■ 이상한 소문을 듣다.
変^{へん}な噂^{うわさ}を耳^{みみ}にする。
헨나 우와사오 미미니스루

■ 화가 나서 참을 수 없다.
腹^{はら}が立^たってしょうがない。
하라가 닷떼 쇼-가나이

▶ 어떤 상황에 대해 '어쩔 수가 없다'라는 뜻으로 사용되는 표현은 しかたがない이며 스스로 조절되지 않는다는 의미를 포함하고 있습니다. 비슷한 표현으로 しょうがない가 있습니다.

DAY 184

화내지 마세요

怒らないでください。

오꼬라나이데 구다사이

▶ 화를 내고 있는 당사자에게 직접적으로 '화를 내지 마'라고 말하는 표현입니다. 다음 문장 표현들을 통해 좀 더 자세히 알아보겠습니다.

회화

A 部下をそんなに怒らないでください。

부까오 손나니 오꼬라나이데 구다사이

부하에게 그렇게 화내지 마세요.

B 怒っているのではなくて注意しているんだよ。

오꼿떼이루노데와나꾸떼 츄-이시떼이룬다요

화를 내고 있는 것이 아니라 주의를 주고 있는 거라고.

単語 部下 부하 怒る 화내다 注意する 주의 주다

관련 표현

■ 아이에게 그렇게 화내지 마세요.

子供をそんなに怒らないでください。

고도모오 손나니 오꼬라나이데 구다사이

■ 싫은 것이 아니라 왠지 신경 쓰입니다.

嫌いなのではなく何故か気になるんです。

기라이나노데와나꾸 나제까 기니나룬데스

▶ 앞의 내용을 부정하고자 할 때 쓰는 표현인 ~ではなく는 '~아니라'라는 뜻입니다.

멘붕이에요

パニックです。
파닉꾸데스

▶ 당황하여 어쩌지를 못하는 상황을 나타내는 표현은 パニック입니다. 다음 문장 표현들을 통해 좀 더 자세히 알아보겠습니다.

회화

A さっきのバスに携帯を置いたまま降りたみたいで、
삿끼노 바스니 게-따이오 오이따마마 오리타미따이데

パニックです。
파닉꾸데스
조금 전 버스에 핸드폰을 두고 내린 것 같아서 멘붕이에요.

B 私の携帯で電話してみませんか。
와따시노 게-따이데 뎅와시떼미마센까
저의 핸드폰으로 전화해보시겠습니까?

単語 置いたまま 둔 채로 / パニック 패닉, 멘붕상태

관련 표현

■ 머릿속이 하얗습니다. (멘붕입니다)
頭の中が真っ白です。
아타마노 나까가 맛시로데스

■ 지금 어떤 것도 생각할 수 없어.
今何も考えられない。
이마 나니모 간가에라레나이

▶ 어떤 형상이 매우 뚜렷한 것을 강조할 때 사용하는 말은 真이며 발음은 ま이지만 뒤에 따르는 단어의 발음에 따라 변화합니다. 예를 들어 '새하얀-真っ白' 또는 '한가운데-真ん中'와 같이 변화합니다.

DAY 186

집착하지 않을게요

執着しないようにします。
しゅうちゃく

슈-챠꾸시나이요우니시마스

▶ 상대방 또는 본인이 '어떤 행동을 하지 않도록'이라는 표현은 ~しないようにを 사용하며, 주의 또는 당부를 하거나 본인의 의지를 표현합니다.

회화

A さっきから何を一生懸命探しているの。
　　　　　　なに　いっしょうけんめい さが

삿끼까라 나니오 잇쇼-껜메- 사가시떼이루노

좀전부터 뭘 열심히 찾고 있어?

B イアリングを落としたみたいで。
　　　　　　　　 お

이아링구오 오토시따미따이데

もう執着しないようにします。
　　 しゅうちゃく

모우 슈-챠꾸시나이요우니시마스

귀걸이를 떨어뜨린 것 같은데 더 이상 집착하지 않을게요.

単語 落とす 떨어뜨리다　執着する 집착하다
　　　 おと　　　　　　　 しゅうちゃく

관련 표현

■ 하나에 집착하면 주위가 보이지 않게 된다.
一つのことに執着すると周りが見えなくなる。
ひと　　　　 しゅうちゃく　　　まわ　　 み

히또쯔노 고또니 슈-챠쿠스루또 마와리가 미에나꾸나루

■ 상식적으로 되지 않아도 좋은 경우가 있다.
常識にとらわれなくてもいい場合がある。
じょうしき　　　　　　　　　　ば あい

쬬-시끼니 도라와레나꾸떼모 이-바아이가 아루

▶ 一生懸命는 어떤 것에 대해 '매우 열심히' 또는 '최선을 다하다'입니다. 매우 강한 의지가
　いっしょうけんめい
담긴 표현입니다.

그런 말이 어디 있어요

そんな言葉どこにありますか。

손나 고또바 도꼬니 아리마스까

▶ 어떤 상황이나 내용이 터무니 없음을 말할 때 쓰는 표현은 どこにありますか입니다. 본래 どこにありますか는 '어디에 있습니까?'라는 뜻입니다.

회화

A 親の顔を見たくないなんて、
오야노 가오오 미따꾸나이난떼

そんな言葉どこにありますか。
손나 고또바 도꼬니 아리마스까

부모의 얼굴을 보고 싶지 않다니 그런 말이 어디 있어요.

B 彼は正気ではなかったんでしょう。
가레와 쇼-끼데와 나깟딴데쇼-

그는 제정신이 아니었던 것 같아요.

単語 正気 제정신 愛 사랑

관련 표현

■ 사랑을 믿지 않는다는 그런 말이 어디 있어요.
愛を信じないなんて、そんな言葉どこにありますか。
아이오 신지나이난떼 손나 고또바 도꼬니 아리마스까

■ 그녀는 틀림없이 몸상태가 안 좋았던 것 같죠?
彼女はきっと具合が悪かったのでしょう。
가노죠와 낏또 구아이가 와루깟따노데쇼-

▶ 어떤 상황이나 내용에 대해 말하는 사람의 확신이 있을 때에 쓰는 표현인 きっと는 '반드시' 또는 '틀림없이'라는 뜻입니다.

DAY 188

요즘 너무 힘들어요
最近とても疲れます。
사이낀 도떼모 쯔까레마스

▶ 어떤 내용을 강조하는 표현은 とても이며 '매우' 또는 '아주'라는 뜻입니다.

회화

A 暑さのせいか最近とても疲れます。
아쯔사노세이까 사이낀 도떼모 쯔까레마스
더위 때문인가 요즘 너무 힘들어요.

B 栄養のあるもの食べてよく休んでください。
에-요-노 아루모노 다베떼 요꾸 야순데 구다사이
영양이 있는 것을 먹고 잘 쉬세요.

単語 暑さ 더위 疲れる 피곤하다 栄養 영양 休む 휴식

관련 표현

■ 감기 때문인가 목이 아파.
風邪のせいか喉が痛い。
가제노세이까 노도가 이따이

■ 영양 균형을 취하는 것이 좋아.
栄養のバランスを取るといい。
에-요-노 바란스오 도루또 이-

▶ 말하는 사람의 추측하는 상황을 전달할 때에 쓰이는 표현은 ~のせいか입니다. 뜻은 '~ 때문인지'입니다.

되는 일이 하나도 없어요

うまくいくことが一つもありません。

우마꾸 이꾸 고또가 히토쯔모 아리마센

▶ 어떤 부정적인 상황을 강조적으로 표현하는 一つもも는 '하나도'라는 뜻이지만 뒤에 부정적인 의미를 가지는 말이 함께 사용되어 강하게 부정합니다.

회화

A 最近うまくいくことが一つもありません。
사이낀 우마꾸 이꾸 고또가 히토쯔모 아리마센
최근 되는 일이 하나도 없어요.

B そのうちいい事がありますよ。
소노우찌 이- 고또가 아리마스요
머지않아 좋은 일이 있을 거예요.

単語 うまくいく 잘되다 そのうち 머지않아

관련 표현

■ 하늘에 구름이 하나도 없다.
空に雲がひとつもない。
소라니 구모가 히토쯔모나이

■ 머지않아 비가 내리기 시작했다.
そのうち雨が降り出した。
소노우찌 아메가 후리다시따

▶ 어느 특정하지 않은 가까운 시간을 말할 때에 사용하는 そのうち는 '가까운 시일 안에' 또는 '때가 되면'이라는 뜻입니다.

DAY 190

더는 못 참겠어요
これ以上我慢できません。
고레이죠- 가만데끼마센

▶ 일본어의 관용적인 표현으로 '이것 이상'이라는 뜻인 これ以上와 부정적인 표현을 함께 사용할 경우 부정의 뜻이 강조된다는 것을 알아두시기 바랍니다.

회화

A 騒音がひどくてこれ以上我慢できません。
소-온가 히도꾸떼 고레이죠- 가만데끼마센
소음이 심해서 더는 못 참겠어요.

B 申告したらいいですよ。
신꼬꾸시따라 이-데스요
신고하면 괜찮아요.

単語 騒音 소음　我慢する 참다　申告する 신고하다

관련 표현

■ 더 이상 인내할 수 없어요.
これ以上忍耐できません。
고레이죠- 닌따이데끼마센

■ 참는 데도 한계가 있다.
我慢にも限界がある。
가만니모 겐까이가 아루

▶ 행동의 주체자가 스스로를 '통제하여 참는다'는 의미로 사용하는 말에는 我慢과 忍耐가 있습니다.

이럴 줄 알았으면 왜 그랬어요?

こうなるとわかっていたんだったら、 どうしてそうしたの。

고-나루또 와깟떼이딴닷따라 도-시떼 소-시따노

▶ 이미 알려진 내용이나 상황을 인용할 때 쓰는 표현인 ~だったら는 '~이었으면'이라 는 뜻입니다.

회화

A こうなるとわかっていたんだったら、
고-나루또 와깟떼이딴닷따라

どうしてそうしたの。
도-시떼 소-시따노
이럴 줄 알았으면 왜 그랬어요?

B 私にもわからないんです。
와따시니모 와까라나인데스
저도 모르겠어요.

単語 嘘 거짓말 間違い 실수 正す 바로잡다

관련 표현

■ 그가 그런 것을 했다니 거짓말 같아.
彼がそんなことをしたなんて嘘みたい。
까레가 손나 고또오 시타난떼 우소미따이

■ 틀린 것을 알았으면서 왜 고치지 않았어?
間違いがわかっていたんだったら、どうして正さなかっ たの。
마찌가이가 와깟떼이딴닷따라 도-시떼 다다사나깟따노

▶ 嘘는 '거짓말'로 상대방의 말을 믿기 힘들 때 '진짜야?' 또는 '정말이야?'라는 의미입니다.

DAY 192

왜 그렇게 의기소침하세요?

どうしてそんなに意気消沈
しているんですか。

도-시떼 손나니 이끼쇼-친시떼이룬데스까

▶ どうしてそんなには '왜 그렇게'라는 뜻으로 상대방에게 상황에 대한 질문을 할 때 사용합니다.

회화

A どうしてそんなに意気消沈しているんですか。

도-시떼 손나니 이끼쇼-친시떼이룬데스까

왜 그렇게 의기소침하세요?

B 実は今月の成績が悪かったんです。

지쯔와 곤게쯔노 세-세끼가 와루깟딴데스

사실은 이번 달 성적이 나빴어요.

単語 意気消沈 의기소침　実は 사실은　成績 성적

관련 표현

■ 사실은 아버지가 입원하셨습니다.

実は父が入院したんです。

지쯔와 찌찌가 뉴-인시딴데스

■ 왜 그렇게 풀이 죽어 있어요?

どうしてそんなに落ち込んでいるんですか。

도우시떼 손나니 오찌꼰데 이룬데스까

▶ 実は는 '사실은' 또는 '실제로는'이라는 뜻으로 상대방이 모르는 사실을 전달할 때 사용합니다.

그녀가 울고 있으니 좀 달래봐요
彼女が泣いているのでちょっと慰めてみて。

가노죠가 나이떼이루노데 촛또 나구사메데 미떼

▶ 사람의 감정이나 마음 상태를 위로할 때에 쓰는 말은 慰める로 '위로하다' 또는 '달래다'라는 뜻이 있습니다.

회화

A 彼女が泣いているのでちょっと慰めてみて。

가노죠가 나이떼이루노데 촛또 나구사메데 미떼

그녀가 울고 있으니 좀 달래봐요.

B 泣きたいだけ泣かせたらいいかもしれません。

나끼따이다께 나까세따라 이-까모 시레마센

울고 싶은 만큼 울도록 하는 것이 좋을지 몰라요.

単語 泣く 울다 慰める 위로하다, 달래다

관련 표현

■ 그가 화를 내고 있으니 이야기를 들어봐주세요.

彼が怒っているので話を聞いてみてください。

가레가 오곳떼이루노데 하나시오 끼-떼 미떼 구다사이

■ 놀고 싶은 만큼 놀게 하면 만족하겠죠.

遊びたいだけ遊ばせたら気が済むでしょう。

아소비따이다께 아소바세따라 기가 스무데쇼-

▶ 동작이나 행위의 주체가 하고 싶은 만큼이라는 의미를 표현할 때 ~たいだけ를 사용합니다.

DAY 194

눈치가 없어요

気が利きません。

기가 기끼마센

▶ 어떤 사람에게 '눈치가 있다' 또는 '센스가 있다'는 표현을 할 때에 気が利く라는 관용적인 표현을 사용합니다.

회화

A 清水さんはあまり気が利きません。

시미즈상와 아마리 기가 기끼마센

시미즈 씨는 너무 눈치가 없어요.

B 気付いたことは教えてあげたほうが

기즈이따 고또와 오시에떼 아게따 호-가

後々役に立ちますよ。

노치노치 야꾸니 다찌마스요

눈치 챈 것은 알려주는 쪽이 나중에 도움이 됩니다.

単語 気が利く 눈치 있다　気付く 눈치 채다

관련 표현

■ 그는 전혀 그 자리의 상황을 눈치 못 채요.

彼は全くその場の空気が読めません。

가레와 맛따꾸 소노바노 구-끼가 요메마센

■ 장래의 일을 생각해서 내 집을 구입했다.

後々のことを考えてマイホームを購入した。

노찌노찌노 고또오 강가에떼 마이호-무오 고-뉴-시따.

▶ 관용적 표현인 空気を読む는 '공기를 읽다'가 아니라 '상황을 파악하다'입니다.

여자들 앞에서는 말을 잘 못해요

女性の前では、うまく話せません。

죠-세-노 마에데와 우마꾸 하나세마센

▶ 어떤 행동이나 능력의 정도를 표현할 때 사용하는 **うまく**는 '잘' 또는 '솜씨 좋게'라는 뜻입니다.

회화

A 女性の前では、うまく話せません。
죠-세-노 마에데와 우마꾸 하나세마센
여자들 앞에서는 말을 잘 못해요.

B 私もそうでしたが今はだいぶ慣れました。
와따시모 소-데시다가 이마와 다이부 나레마시다
저도 그랬지만 지금은 많이 익숙해졌어요.

単語 女性 여성 だいぶ 상당히 慣れる 익숙하다

관련 표현

■ 저는 요리를 잘 못합니다.
私はうまく料理ができません。
와따시와 우마꾸 료-리가데끼마센

■ 해보았지만 생각처럼 안 된다.
やってはみたが思った通りにいかない。
얏떼와 미따가 오못따 도-리니 이까나이

▶ 관용적 표현인 **うまく~できない**는 어떤 행동이나 능력이 생각만큼 되지 않을 때에 사용하는 표현입니다.

DAY
196

부럽습니다
羨ましいです。
우라야마시-데스

▶ 상대방이나 어떤 내용에 대한 부러움을 표현할 때에 羨ましい라는 말을 사용합니다.
다음 문장 표현들을 통해 좀 더 자세히 알아보겠습니다.

회화

A 何でも上手にこなす田中さんが羨ましいです。
난데모 죠-즈니 고나스 다나까상가 우라야마시-데스
무엇이든지 잘하는 다나카 씨가 부럽습니다.

B そんな田中さんにも欠点があるものです。
손나 다나까상니모 겟뗀가 아루모노데스
그런 다나카 씨에게도 결점이 있습니다.

単語 こなす 해내다 羨ましい 부럽다 欠点 결점

관련 표현

■ 사람을 부럽다고 생각하면 질투심이 생긴다.
人を羨ましく思うと嫉妬心が湧く。
히또오 우라야마시꾸 오모우또 싯또신가 와꾸

■ 누구에게든지 장점과 단점이 있다.
誰にでも長所と短所がある。
다레니데모 쵸-쇼또 단쇼가 아루

▶ 한자어의 유래를 가지는 말들은 한국어와 일본어가 비슷한 어휘가 많습니다만, 한국어의
'장점'과 '단점'의 경우 일본어로는 長所와 短所로 사용되므로 한자의 차이가 있음을 잘 알
아두시기 바랍니다.

많이 보고 싶어요
とても会いたいです。
도떼모 아이따이데스

▶ '사람을 만나다'는 일본어로 会う라고 합니다. 동일한 발음으로 다양한 한자와 뜻이 있으니 꼭 기억해두시기 바랍니다.

회화

A 故郷の幼なじみにとても会いたいです。
고쿄-노 오사나나지미니 도떼모 아이따이데스
고향 친구가 많이 보고 싶어요.

B 楽しい思い出があるんですね。
다노시- 오모이데가 아룬데스네
즐거운 추억이 있군요.

単語 故郷 고향 幼なじみ 고향친구

관련 표현

■ 남자 친구가 너무 보고 싶어서 전화를 걸어보았습니다.
彼にとても会いたくて電話をかけてみました。
가레니 돗떼모 아이따꾸떼 뎅와오 가께떼미마시다

■ 추억 이야기를 꽃 피웠다.
思い出話に花が咲いた。
오모이데바나시니 하나까 사이따

▶ 친교에 관련된 다양한 표현을 익혀봅니다.

DAY 198

기분이 내키면 갈게요

気が向いたら行きます。

기가 무이따라 이끼마스

▶ 気が向く는 '마음이 내키다'라는 뜻으로 사용되는 표현입니다. 다음 문장 표현들을 통해 좀 더 자세히 알아보겠습니다.

회화

A 明日松本さんの誕生会が
아시따 마쯔모또상노 단죠-까이가

あるんですけど行かれますか。
아룬데스께도 이까레마스까

내일 마츠모토 씨의 생일파티가 있습니다만 가실래요?

B んー。気が向いたら行きます。
응- 기가 무이따라 이끼마스

음… 기분이 내키면 갈게요.

単語 誕生会 생일파티 気が向く 끌리다

관련 표현

■ 마음이 가는 대로 여행을 떠나다.
気の向くままに旅に出る。
기노 무꾸마마니 다비니 데루

■ 별로 마음이 없어서 집에서 한발짝도 나가지 않았습니다.
あまり気が乗らなくて家から一歩も出ませんでした。
아마리 기가 노라나꾸떼 우찌까라 잇뽀모 데마셍데시다

▶ 気が向いたら行く는 지금은 마음이 없지만 나중에 내키면 가겠다는 뜻으로 가벼운 부정의 견입니다.

드디어 납득이 되네요

ついに納得がいきました。

쯔이니 낫또꾸가 이끼마시다

▶ 어떤 내용이나 상황이 납득된다는 표현은 納得がいく라는 관용적인 표현을 씁니다.
동일한 표현으로 納得する도 있음을 알아두시기 바랍니다.

회화

A どうしてそうなるのか悩んできましたが、

도-시떼 소-나루노까 나얀데끼마시다가

ついに納得がいきました。

쯔이니 낫또꾸가이끼마시다

어째서 그렇게 되는지 고민을 했습니다만 드디어 납득이 되네요.

B それはすっきりしましたね。

소레와 슷끼리시마시다네

그럼 개운하시겠네요.

単語 納得する 납득하다 すっきりする 개운하다

관련 표현

■ 마침내 끝까지 해냈다.

ついに最後までやり遂げた。

쯔이니 사이고마데 야리토게다

■ 납득이 되지 않은 채 진행할 수 없다.

納得いかないまま進めない。

낫또꾸이까나이마마 스스메나이

▶ ~ないままは 형용명사적으로 사용되어 '~않은 상태로' 또는 '~않은 채로'라는 뜻으로 사용됩니다.

DAY 200

기분은 좀 좋아졌나요?
気分は少し良くなりましたか。
기분와 스꼬시 요꾸나리마시다까

▶ 상대방의 컨디션과 상태를 질문하는 말로 다양한 표현 방법이 있으므로 자주 사용되는 표현들을 잘 익혀서 상황에 맞게 사용해보시기 바랍니다.

회화

A さっきは顔色が悪いようでしたが
삿끼와 가오이로가 와루이요-데시따가

気分は少し良くなりましたか。
기분와 스꼬시 요꾸나리마시다까

조금 전에는 안색이 안 좋았던 것 같은데 기분은 좀 좋아졌나요?

B 薬を飲んで、随分良くなりました。
구스리오 논데 주이분 요꾸나리마시다

약을 먹고 많이 좋아졌습니다.

単語 顔色が悪い 안색이 안 좋다 随分 많이

관련 표현

■ 몸 상태가 그대로 얼굴에 나타난다.
体調がそのまま顔に出る。
타이쵸-가 소노마마 가오니 데루

■ 운동을 해서 아주 몸이 편해졌습니다.
運動をして随分体が楽になりました。
운도-오시떼 주이분 가라다가 라꾸니 나리마시다

▶ 楽になる는 '편해지다'라는 뜻으로 몸의 컨디션이나 심리적인 상태를 표현할 때 사용됩니다.

기분 전환 좀 하려고요

ちょっと気分転換しようと思って。
き ぶん てん かん　　　　　　　　　おも

촛또 기분텐깐시요-또 오못떼

▶ 말하는 사람의 의지를 표현하는 ~しようとは '~하려고'라는 뜻입니다.

회화

A 鈴木さん、パーマをかけたんですね。
스즈끼상 파-마오 가께딴데스네

스즈키 씨 파마를 하셨군요.

B はい。ちょっと気分転換しようと思って。
하이 촛또 기분텐깐시요-또 오못떼

네. 기분 전환 좀 하려고요.

単語 パーマをかける 파마를 하다 気分転換 기분전환

관련 표현

■ 가끔 스트레이트 파마를 합니다.
時々ストレートパーマをかけます。
도끼도끼 스토레-토파-마오 가께마스

■ 기분전환으로 게임센터에 가보지 않겠습니까?
気分転換にゲーセンに行ってみませんか。
기분텐깐니 게-센니 잇떼 미마센까

▶ '게임센터'는 ゲームセンター이지만 ゲーセン으로 줄여서 부릅니다.

DAY 202

댁에 초대를 받게 되어 기쁩니다

お宅に招待されて嬉しいです。

오타꾸니 쇼-타이사레떼 우레시-데스

▶ 말하는 사람이 어떤 상황으로 기쁘다는 표현을 할 때 ~て嬉しい라고 합니다. 자주 사용되는 표현들을 잘 익혀서 상황에 맞게 사용해보시기 바랍니다.

회화

A お宅に招待されて嬉しいです。

오타꾸니 쇼-타이사레떼 우레시-데스

댁에 초대를 받게 되어 기쁩니다.

B なんのお構いもできませんが、

난노 오까마이모 데끼마센가

ゆっくりしていってください。

윳꾸리시떼 잇떼구다사이

특별한 대접도 못 해드리지만, 느긋하게 계시기 바랍니다.

単語 招待する 초대하다 お構い 손님 대접

관련 표현

■ 파티에 초대받다.

パーティーにお呼ばれする。

파-티니 오요바레스루

■ 걱정하지 마십시오.(손님대접 하지 않아도 됩니다)

どうぞお構いなく。

도-조 오까마이나꾸

▶ どうぞお構いなく는 상대방에게 자신에 대한 특별한 배려가 필요하지 않음을 나타내는 매우 정중하고 공손한 표현입니다.

웃음을 참을 수가 없었어요

笑いをこらえることができませんでした。

와라이오 고라에루 고또가 데끼마센데시다

▶ 일본어로 웃기다는 표현은 可笑しい입니다. 참고로 재미있다는 표현은 面白い입니다.

회화

A 昨夜のものまね王座決定戦、見ましたか。

유-베노 모노마네오-자겟떼-센 미마시다까

어젯밤 흉내 내기 왕좌결정전 봤어요?

B 見ました。とてもおかしくて

미마시다 도떼모 오까시꾸떼

笑いをこらえることができませんでした。

와라이오 고라에루 고또가 데끼마센데시다

봤어요. 너무 웃겨서 웃음을 참을 수가 없었어요.

単語 ものまね 흉내 내기 笑い 웃음

관련 표현

■ 한번 웃음이 터지면 멈출 수 없게 된다.

一度笑い出すと止まらなくなる。

이찌도 와라이다스또 도마라나꾸나루

■ 지금 딸은 젓가락이 굴러도 재미있을 나이 대입니다.

今、娘は箸が転んでもおかしい年頃です。

이마 무스메와 하시가 고론데모 오까시- 토시고로데스

▶ 箸が転んでもおかしい年頃는 '젓가락이 굴러도 재미있을 나이 대'로, 10대 후반의 소녀입니다.

DAY 204

너무 기뻐서 꿈인가 싶었어요

とてもうれしくて夢のようでした。

도떼모 우레시꾸떼 유메노요-데시다

▶ 한국어와 마찬가지로 어떤 믿기지 않은 상황을 은유적으로 표현할 때 '꿈과 같다'는 표현을 사용하며, 夢のよう라고 합니다.

회화

A 昨日嵐のコンサートに行ってきたんですって。

기노- 아라시노 콘사-토니 잇떼끼딴데슷떼

어제 아라시 콘서트에 다녀왔다고요?

B はい。とてもうれしくて夢のようでした。

하이 도떼모 우레시꾸떼 유메노요-데시다

네. 너무 기뻐서 꿈인가 싶었어요.

単語 夢のよう 꿈만 같은　俳優 배우

관련 표현

■ 배우를 딱 만나서 꿈만 같았다.

俳優にばったり会って夢のようでした。

하이유-니 밧따리 앗떼 유메노요-데시다

■ 그는 꿈만 같은 이야기만 하고 있다.

彼は夢のような話ばかりしている。

가레와 유메노요-나 하나시바까리시떼이루

▶ ばったり는 갑자기 떨어지거나 쓰러지는 모양, 뜻밖에 마주치는 모양, 갑자기 끊어지는 모양 등을 나타내는 말로 '딱' 또는 '뚝'으로 해석할 수 있습니다.

당신이 있어서 정말 행복해요

あなたがいてくれて、とても幸せです。

아나따가 이떼꾸레떼 도떼모 시아와세데스

▶ 말하는 사람이 행복함을 표현하는 일본어는 幸せです입니다. 영화나 드라마와 같은 곳에서 자주 들을 수 있는 표현이므로 잘 알아두시기 바랍니다.

회화

A 私は夫に「あなたがいてくれて、とても幸せです。」

와따시와 옷또니 아나따가 이떼꾸레떼 도떼모 시아와세데스또

とよく言います。

요꾸 이-마스

저는 남편에게 "당신이 있어서 정말 행복해요."라고 잘 말합니다.

B ラブラブですね。

라부라부데스네

서로 사랑하시는군요.

単語 夫 남편 幸せ 행복 ラブラブ 서로 사랑함 妻 아내

관련 표현

■ 아내가 있어서 아주 행복해요.

妻がいてくれて、とても幸せです。

쯔마가 이떼꾸레떼 도떼모 시아와세데스

■ 당신이 있어서 매우 도움이 됩니다.

あなたがいてくれて、とても助かります。

아나따가 이떼꾸레떼 도떼모 다스까리마스

▶ 일본어는 내 가족과 타인의 가족을 지칭하는 말이 다릅니다. '내 아내'는 妻, '남의 부인'은 奥さん 또는 奥様입니다.

DAY 206

저도 동감입니다
私も同感です。
와따시모 도-깐데스

▶ 상대방의 의견이나 상황 등에 동의하는 표현 방법입니다. 다음 문장 표현들을 통해 좀 더 자세히 알아보겠습니다.

회화

A **今度の会議は野外で行ったらどうでしょうか。**
곤도노 가이기와 야가이데 오꼬낫따라 도-데쇼-까
다음 회의는 야외에서 하는 것은 어떨까요?

B **私も同感です。**
와따시모 도-깐데스
저도 동감입니다.

単語 野外 야외 同感 동감 次長 차장 意見 의견 同意 동의

관련 표현

■ 차장님에게 동의할 수 없는 것도 있다.
次長に同感できないこともある。
지쵸-니 도-깐데끼나이 고또모 아루

■ 나도 당신의 의견에 동의합니다.
私もあなたの意見に同意します。
와따시모 아나따노 이껜니 도-이시마스

▶ 일본에서는 한국어의 부장님, 과장님 등의 직책명과 '님'을 함께 사용하지 않으므로 次長이라는 말에 존칭어 さん 또는 様를 붙이지 않습니다.

감정통제를 잘 못해요

かんじょう
感情のコントロールがうまくできません。

간죠-노 콘토로-루가 우마꾸데끼마센

▶ 어떤 것이 마음대로 잘 되지 않을 때에 쓰는 표현은 ~がうまくできません입니다. 관련 문장을 통해 표현 방법을 상황에 맞게 사용해보시기 바랍니다.

회화

むす こ   はん こう き
A 息子は反抗期で
무스꼬와 한꼬-끼데

かんじょう
感情のコントロールがうまくできません。
간죠-노 콘토로-루가 우마꾸데끼마센

아들이 반항기여서 감정통제를 잘 못해요.

お   つ
B じきに落ち着きますよ。
지끼니 오치쯔끼마스요

곧 안정될 거예요.

単語   はんこうき
反抗期 반항기 じきに 곧 起伏 기복

관련 표현

■ 감정 기복이 심하다.
かんじょう   き ふく   はげ
感情の起伏が激しい。
간죠-노 기후꾸가 하게시-

■ 마음이 안정될 때까지 기다려줄게.
き も   お   つ   ま
気持ちが落ち着くまで待ってあげる。
기모치가 오치쯔꾸마데 맛떼아게루

▶ 気持ち는 마음이나 감정과 같은 심리적인 것을 말하며, 気分은 컨디션이나 신체적인 느낌에 대한 것을 주로 의미합니다.

DAY 208

그때의 감동은 언어로 표현할 방법이 없습니다

その時の感動は言葉では言い表せません。

소노 도끼노 간도-와 고또바데와 이-아라와세마센

▶ 어떤 것을 '말로 표현하다'는 言い表す과 같이 사용합니다. 매우 격식 있는 표현이므로 관련 표현을 통해 표현 방법을 알아두시기 바랍니다.

회화

A 初めてのミュージカルはどうでしたか。

하지메떼노 뮤-지카루와 도-데시따까

첫 뮤지컬 어땠나요?

B その時の感動は言葉では言い表せません。

소노 도끼노 간도-와 고또바데와 이-아라와세마센

그때의 감동은 언어로 표현할 방법이 없습니다.

単語 ミュージカル 뮤지컬 言葉 말 言い表す 말로 표현하다

관련 표현

■ 말로 표현할 수 없을 정도로 감동했다.

言葉に言い表せないくらい感動した。

고또바니 이-아라와세나이구라이 간도-시따

■ 뭐라고 말할 수 없는 이상한 마음이 되었다.

なんとも言いようのない不思議な気持ちにさせられた。

난또모 이-요-노나이 후시기나 기모치니사세라레따

▶ ~なんとも言いようのない는 '뭐라고 말할 수 없는'이라는 뜻으로 구체적인 설명이 불가능할 때 사용합니다.

일반적으로 감정이 풍부한 사람들은 나쁠 수가 없습니다
一般的に感情の豊かな人たちは、
悪い人ではありません。

잇반떼끼니 간죠-노 유타까나 히또따찌와 와루이히또데와 아리마센

▶ 한국어와 마찬가지로 일본어에서도 감정이 풍부하다는 표현은 感情の豊か라는 표현을 씁니다. 다음 문장 표현들을 통해 좀 더 자세히 알아보겠습니다.

회화

A 喜怒哀楽がはっきりしていますね。

기도아이라꾸가 핫끼리시떼이마스네

희로애락이 확실하시네요.

B 一般的に感情の豊かな人たちは、

잇반떼끼니 간죠-노 유타까나 히또따찌와

悪い人ではありません。

와루이히또데와 아리마센

일반적으로 감정이 풍부한 사람들은 나쁠 수가 없습니다.

単語 はっきりする 확실하다 豊かな 풍부하다

관련 표현

■ 풍요로운 마음의 육성이 필요하다.
豊かな心の育成が求められる。

유타까나 고꼬로노 이꾸세-가 모또메라레루

■ 그는 희로애락이 없어서 알기 힘들다.
彼はあまり喜怒哀楽がなくて、わかりづらい。

가레와 아마리 기도아이라꾸가나꾸떼 와까리즈라이

▶ ~づらい는 동사와 함께 사용하여 해당 동사의 어려움을 나타냅니다.

DAY 210

이제 화해할까요?

もう仲直_{なか なお}りしようよ。

모- 나까나오리시요-요

▶ 상대방에게 화해를 요청할 때에 말하는 방법으로 다양한 표현 방법이 있으므로 자주
사용되는 표현들을 잘 익혀서 상황에 맞게 사용해보시기 바랍니다.

회화

A ハナちゃん、まだ怒_{おこ}ってるの。もう仲直_{なか なお}りしようよ。

하나짱 마다 오꼿떼루노 모- 나까나오리시요-요

하나야, 아직 화났어? 이제 화해할까요?

B そうだね。私_{わたし}も悪_{わる}かったと思_{おも}ってる。

소-다네 와따시모 와루깟따또 오못떼루

그렇네요. 나도 잘못했다고 생각해.

単語 仲直_{なかなお}りする 화해하다 元_{もと}の鞘_{さや} 화해하다

관련 표현

■ 남자 친구와 화해하다.

彼_{かれ}と元_{もと}の鞘_{さや}に収_{おさ}まる。

가레또 모또노 사야니 오사마루

■ 여자 친구와 화해하다.

彼女_{かのじょ}とよりを戻_{もど}す。

가노죠또 요리오 모도스

▶ 元_{もと}の鞘_{さや}に収_{おさ}まる는 '원래의 칼집/붓두껍에 넣다'라는 뜻으로, 싸운 뒤에 원래의 상태로 돌아간다는 의미에서 '화해하다'가 됩니다.

Day 181 걱정하지 마세요
心配しないでください。

Day 182 긴장하지 마세요
緊張しないでください。

Day 183 열받아 죽겠어요
頭にきてしかたがないです。

Day 184 화내지 마세요
怒らないでください。

Day 185 멘붕이에요
パニックです。

Day 186 집착하지 않을게요
執着しないようにします。

Day 187 그런 말이 어디 있어요
そんな言葉どこにありますか。

Day 188 요즘 너무 힘들어요
最近とても疲れます。

Day 189 되는 일이 하나도 없어요
うまくいくことが一つもありません。

Day 190 더는 못 참겠어요
これ以上我慢できません。

Day 191 이럴 줄 알았으면 왜 그랬어요?
こうなるとわかっていたんだったら、どうしてそうしたの。

Day 192 왜 그렇게 의기소침하세요?
どうしてそんなに意気消沈しているんですか。

Day 193 그녀가 울고 있으니 좀 달래봐요
彼女が泣いているのでちょっと慰めてみて。

Day 194 눈치가 없어요
気が利きません。

Day 195 여자들 앞에서는 말을 잘 못해요
女性の前では、うまく話せません。

Day 196 부럽습니다
羨ましいです。

Day 197 많이 보고 싶어요

とても会いたいです。

Day 198 기분이 내키면 갈게요

気が向いたら行きます。

Day 199 드디어 납득이 되네요

ついに納得がいきました。

Day 200 기분은 좀 좋아졌나요?

気分は少し良くなりましたか。

Day 201 기분 전환 좀 하려고요

ちょっと気分転換しようと思って。

Day 202 댁에 초대를 받게 되어 기쁩니다

お宅に招待されて嬉しいです。

Day 203 웃음을 참을 수가 없었어요

笑いをこらえることができませんでした。

Day 204 너무 기뻐서 꿈인가 싶었어요

とてもうれしくて夢のようでした。

Day 205 당신이 있어서 정말 행복해요

あなたがいてくれて、とても幸せです。

Day 206 저도 동감입니다

私も同感です。

Day 207 감정통제를 잘 못해요

感情のコントロールがうまくできません。

Day 208 그때의 감동은 언어로 표현할 방법이 없습니다

その時の感動は言葉では言い表せません。

Day 209 일반적으로 감정이 풍부한 사람들은 나쁠 수가 없습니다

一般的に感情の豊かな人たちは、悪い人ではありません。

Day 210 이제 화해할까요?

もう仲直りしようよ。

Part | *08*

관계

DAY 211

어떻게 된 일이죠?

どうなってるの。

도- 낫떼루노

▶ 친하거나 편한 상대에게 어떤 일의 상황을 물을 때에 **どうなってるの**라고 하며 공손한 표현은 **どうなってますか**로 쓴다는 것을 알아두시기 바랍니다.

회화

A 宅配が届いていません。どうなってるの。

타꾸하이가 도도이떼 이마센 도- 낫떼루노

택배가 도착하지 않았어요. 어떻게 된 일이죠?

B 宅配が混雑していて今日の午後になるそうです。

타꾸하이가 곤자쯔시떼이떼 교-노 고고니 나루소-데스

택배가 혼잡해서 오늘 오후에 도착할 것 같아요.

単語 宅配 택배 届く 도착하다 混雑 혼잡

관련 표현

■ 전화 한 통 하지 않다니 어떻게 된 일이죠?

電話一本よこさないなんて、どうなってるの。

뎅와 잇뽄 요꼬사나이난떼 도- 낫떼루노

■ 무슨 일인지 설명해주세요.

どういうことなのか説明してください。

도- 유- 고또나노까 세쯔메-시떼 구다사이

▶ '전화 한 통'은 일본어로 電話一本이라고 합니다.

그 일은 없었던 일로 해요

そのことは無かったことにしましょう。

소노 고또와 나깟따고또니시마쇼-

▶ 어떤 화제나 내용에 대해서 없었던 것으로 하자는 표현은 なかったことにする이며 자주 사용되는 표현이므로 상황에 맞게 사용해보시기 바랍니다.

회화

A 話がだんだん複雑になってきたわ。
하나시가 단단 후꾸자쯔니 낫떼끼따와
이야기가 점점 복잡해졌어.

B そのことは無かったことにしましょう。
소노 고또와 나깟따고또니시마쇼-
그 일은 없었던 일로 해요.

単語 複雑 복잡 水に流す 잊어버리다, 없었던 것으로 하다

관련 표현

■ 서로 잊어버려요.
お互い水に流そうよ。
오따가이 미주니 나가소-요

■ 없던 일로 하자.

チャラにしよう。
챠라니시요-

▶ 어떤 사실이나 상황을 없었던 것처럼 잊어버리자는 표현으로 水に流す라는 말을 사용합니다. 지난 일을 없었던 것으로 하고 일체의 탓을 하지 않는다는 의미입니다.

내기하실까요?

賭けをしましょうか。

가께오 시마쇼-까

▶ 상대방에게 내기를 제안하는 표현은 賭けをする라고 하며, '내기를 하다'는 동사형
은 賭ける로 사용한다는 것을 알아두기 바랍니다.

회화

A サッカーの試合、どっちが勝つか賭けをしましょうか。
삿카-노시아이 돗찌가 가쯔까 가께오 시마쇼-까
축구 시합 어디가 이길지 내기하실까요?

B おもしろそうですね。負けませんよ。
오모시로소-데스네 마께마센요
재미있을 것 같군요. 지지 않을 거예요.

単語 勝つ 이기다 賭け 내기 負ける 지다

관련 표현

■ 내기에 정신없다.
賭け事に夢中になる。
가께고또니 무츄-니나루

■ 쓸모없는 일에 돈은 걸지 않아.
無駄なことにお金を賭けない。
무다나 고또니 오까네오 가께나이

▶ 어떤 불필요하거나 헛된 일 등을 말할 때 쓰는 표현은 無駄なこと가 있습니다. 이는 어떤 노
력에 비해 효과나 결과가 없는 것을 의미합니다.

우리 사이에 별말씀을

私たちの間で、そんな…

와따시따찌노 아이다데 손나

▶ 사람이나 사물 등의 사이를 나타내는 말은 ~の間를 사용합니다. 물리적이거나 시간 적인 사이를 나타낼 때에도 사용합니다.

회화

A いつも助けてもらうばかりで申し訳ないね。

이쯔모 다스께떼 모라우바까리데 모-시와께나이네

항상 도움을 받기만 해서 미안해.

B なに言ってるの。私たちの間で、そんな…。

나니 잇떼루노 와따시따찌노 아이다데 손나

뭘 말하는 거야. 우리 사이에 별말씀을.

単語 助ける 돕다, 거들다 申し訳ない 죄송하다, 송구하다

관련 표현

■ 항상 받기만 해서 송구합니다.

いつも頂いてばかりで恐縮です。

이쯔모 이따다이떼바까리데 교-슈꾸데스

■ 우리들 사이는 영원합니다.

私たちの仲は永遠です。

와따시따찌노 나까와 에-엔데스

▶ ~してもらうばかりは '~받기만 하다'라는 뜻이 있습니다. 이는 '어떤 동작을 받는다'는 ~して もらう와 다른 것은 없다는 의미의 '~만'이라는 뜻을 가지는 ばかり가 결합된 공손하고 격식 있는 표현입니다.

DAY 215

당신 말대로 할게요

あなたの言う通りにします。

아나따노 유-도-리니시마스

▶ '말하는 사람이 말한 대로'라는 표현은 言う通り입니다. 이는 상대방의 말이나 본인의 말을 모두 가리킬 수 있음을 알아두시기 바랍니다.

회화

A 私には判断が難しいので、あなたの言う通りにします。

와따시니와 한단가 무즈까시-노데 아나따노 유-도-리니시마스

저는 판단하기 힘드니 당신 말대로 할게요.

B では結果が出たらまたお知らせします。

데와 겟까가 데따라 마따 오시라세시마스

그럼 결과가 나오면 다시 알려드릴게요.

単語 言う通り 말하는 대로 結果 결과 お知らせ 알림

관련 표현

■ 아이는 부모가 말하는 대로 한다.

子供は親の言う通りにする。

고도모와 오야노 유- 도-리니스루

■ 사장이 하라는 대로 하고 있다.

社長の言いなりになっている。

샤쵸-노 이-나리니낫떼이루

▶ 言いなり는 '말하는 대로' 또는 '시키는 대로'라는 뜻으로 사용됩니다. 이는 '말하다'라는 言い와 '~되는 것'이라는 뜻을 가지는 なり가 결합되어 이루어진 말입니다.

우리 아주 친해요

私_{わたし}たち、とても親_{した}しいんです。

와따시따찌 도떼모 시따시인데스

▶ ~たち는 사람을 가리키는 단어와 함께 사용되어 복수의 의미를 표현합니다. 예를 들어 '우리들'이라는 말은 私たち 또는 私達로 사용합니다.

회화

A 鈴木_{すずき}さんと田中_{たなか}さん、いつも一緒_{いっしょ}に帰_{かえ}るんですね。

스즈끼상또 다나까상 이쯔모 잇쇼니 가에룬데스네

스즈키 씨와 다나카 씨는 항상 함께 돌아가시네요.

B 私_{わたし}たち、とても親_{した}しいんです。

와따시따찌 도떼모 시따시인데스

우리 아주 친해요.

単語 一緒_{いっしょ}に 함께, 같이　親_{した}しい 친한, 가까운

관련 표현

■ 친한 사이에도 예의는 있다.
　親_{した}しき仲_{なか}にも礼儀_{れいぎ}あり。

시따시끼 나까니모 레-기아리

■ 친한 친구와 싸웠다.
　親_{した}しい友人_{ゆうじん}と喧嘩_{けんか}した。

시따시이 유-진또 겐까시따

▶ 인간관계의 '사이'를 표현하는 일본어는 仲_{なか}를 사용합니다만 흔히 초급단계에서 일본어를 공부하시는 분들 중 빈번하게 '中(なか)'와 혼동하는 경우가 있으므로 주의하시기 바랍니다.

DAY 217

당연한 것이라고 생각해요

当然のことだと思います。

도-젠노 고또다또 오모이마스

▶ 어떤 사실이나 내용이 '당연하다'는 뜻으로 사용되는 말은 当然이라는 표현을 쓰며 동일한 표현으로는 当たり前가 있습니다.

회화

A バスでお年寄りに席を譲るのは

바스데 오토시요리니 세키오 유즈루노와

当然のことだと思います。

도-젠노 고또다또 오모이마스

버스에서 노인에게 자리를 양보하는 것은 당연한 것이라고 생각해요.

B 実践するのは簡単じゃないですよね。

짓센스루노와 간딴쟈 나이데스요네

실천하는 것은 간단한 것이 아닙니다.

単語 席を譲る 양보하다 当然 당연

관련 표현

■ 당연한 것이지만 저는 일본이 좋습니다.

当然のことですが私は日本が好きです。

도-젠노 고또데스가 와따시와 니혼가 스끼데스

■ 당연하다는 듯이 1일 3식 식사를 한다.

当たり前のように1日三食食事をする。

아따리마에노요-니 이찌니찌 산쇼꾸 쇼꾸지오 스루

▶ '~이 아니다'라는 뜻은 ~じゃない로 표현합니다. じゃ는 では와 같은 말로 사용되므로 ~ではない가 동일한 뜻을 가집니다.

아마 좀 늦을 것 같아요
たぶん少し遅れそうです。
다분 스꼬시 오꾸레소-데스

▶ 일상 생활에서 상대방과의 약속 등에 늦을 경우에 사전에 양해를 구하는 표현으로 사용됩니다. 다음 문장 표현들을 통해 좀 더 자세히 알아보겠습니다.

회화

A 公演が始まる時間ですけど
고-엔가 하지마루 지깐데스께도

山田さんはまだ来られませんね。
야마다상와 마다 고라레마센네

공연이 시작할 시간입니다만 야마다 씨는 아직 안 왔네요.

B たぶん少し遅れそうです。
다분 스꼬시 오꾸레소-데스

아마 좀 늦을 것 같아요.

単語 始まる 시작하다 遅れる 늦다, 지각하다

관련 표현

■ 야마다 씨는 늦게 옵니다.
山田さんは遅れて来ます。
야마다상와 오꾸레떼 끼마스

■ 지금 그쪽으로 가고 있습니다만 좀 늦을 것 같습니다.
今、向かっていますが少し遅れそうです。
이마 무깟떼이마스가 스꼬시 오꾸레소-데스

▶ たぶん은 일반적으로 양의 정도와 함께 사용하는 경우 '많은'이나 '큰'이라는 뜻이지만 추측 의 말과 함께 사용할 때에는 '아마도'라는 뜻이 됩니다.

DAY 219

그 사람은 고집이 센 사람이군요
あの人は我が強い人ですね。
아노 히또와 가가 쯔요이 히또데스네

▶ 어떤 사람이 고집이 세다는 표현을 할 때에는 我が強い라는 표현을 사용합니다. 다음 문장 표현들을 통해 좀 더 자세히 알아보겠습니다.

회화

A あの人は我が強い人ですね。
아노 히또와 가가 쯔요이 히또데스네
그 사람은 고집이 센 사람이군요.

B そうなんです。自分の考えを絶対に曲げませんよ。
소-난데스 지분노 강가에오 젯따이니 마게마센요
그렇습니다. 자기의 생각을 절대 굽히지 않아요.

単語 我が強い 고집이 세다 曲げない 굽히지 않다

관련 표현

■ 그는 고집쟁이라 난처합니다.
彼は強情っぱりで困ります。
가레와 고-죠빠리데 고마리마스

■ 자기주장이 강해서 친구들이 싫어해.
自己主張が強いので友達が嫌がる。
지꼬슈쵸-가 쯔요이노데 도모다찌가 이야가루

▶ 위의 표현 중 自分은 '자기 자신'이라는 뜻으로 사용되지만 회화에서는 私와 같이 자신을 지칭하는 말로 사용되는 경우도 있습니다.

회사에서 당신하고 맞지 않는 사람이 있나요?

会社であなたと合わない人がいますか。

가이샤데 아나따또 아와나이 히또가 이마스까

▶ 어떤 사람과 어울리는 정도를 말할 때에는 合う 표현을 사용하며 이는 그 사람과 성격이나 성향이 맞는다는 의미를 말한다는 것을 알아두시기 바랍니다.

회화

A 会社であなたと合わない人がいますか。

가이샤데 아나따또 아와나이 히또가 이마스까

회사에서 당신하고 맞지 않는 사람이 있나요?

B ええ。性格が合いません。

에- 세-까꾸가 아이마셍

네. 성격이 맞지 않습니다.

単語 会社 회사 合わない 맞지 않다 性格 성격

관련 표현

■ 최근 살이 쪄서 반지가 맞지 않게 되었다.

最近太って指輪が合わなくなった。

사이낀 후똣떼 유비와가 아와나꾸낫따

■ 여자 친구와는 성격이 맞아서 결혼하기로 결단했다.

彼女とは性格が合うので結婚に踏み切った。

가노죠-또와 세이까꾸가 아우노데 겟꼰니 후미낏따

▶ 踏み切る는 '땅을 밟다'라는 踏む와 '끊다'라는 切る가 결합된 형태로 '땅을 딛고 나간다' 즉 '결단하다'라는 뜻입니다.

DAY 221

과찬의 말씀입니다
身に余るお言葉です。
미니 아마루 오고또바데스

▶ 상대방에게 칭찬의 말을 들었을 때 매우 격식 있고 공손하게 겸손함을 나타내는 방법이므로 자주 사용됩니다. 다음 문장 표현들을 통해 좀 더 자세히 알아보겠습니다.

회화

A 松元さんのおかげで店が大繁盛です。
마쯔모또상노 오까게데 미세가 다이한쬬-데스
마츠모토 씨 덕분에 가게가 아주 잘되고 있습니다.

B 身に余るお言葉です。
미니 아마루 오고또바데스
과찬의 말씀입니다.

単語　大繁盛 아주 잘됨　身に余る 과분하다

관련 표현

■ 사장님으로부터 과분할 정도의 중요한 역할을 받았다.
社長から身に余る大役をいただいた。
샤쬬-까라 미니 아마루 다이야꾸오 이따다이따

■ 과분할 정도로 행복했어요.
身に余るほど幸せでした。
미니 아무루호도 시아와세데시다

▶ 身に余る는 자신에게는 남음이 있다는 표현으로, '과분하다'는 뜻입니다.

오늘은 당신이 살 차례입니다

今日はあなたがおごる番です。

교-와 아나까가 오고루반데스

▶ 인간 관계에서 음식을 함께 먹는 것은 친분을 쌓을 수 있는 좋은 교류방법 중의 하나입니다. 가볍게 식사를 제안하는 방법으로 사용할 수 있습니다.

회화

A 今日はあなたがおごる番です。

교-와 아나따가 오고루반데스

오늘은 당신이 살 차례입니다.

B そう思って財布を厚くしてきました。

소- 오못떼 사이후오 아쯔꾸시떼끼마시다

그럴 거로 생각하고 지갑을 두껍게 하고 왔습니다.

単語 おごる 한턱 내다 番 순서 財布 지갑

관련 표현

■ 오늘의 사회진행은 저의 차례입니다.

今日の司会進行は私の番です。

교-노 시까이신꼬-와 와따시노 반데스

■ 오늘은 내가 청소 당번입니다.

今日は私が掃除当番です。

교-와 와따시가 소-지도-방데스

▶ 어떤 순서 중에서 '차례'를 나타내는 말은 番이라는 말을 사용하며, 해당되는 순서를 말할 때에는 当番이라는 표현을 사용합니다.

DAY 223

오늘은 제가 살게요

今日は私がおごります。

교-와 와따시가 오고리마스

▶ 앞에서 공부한 표현과 같이 상대방에게 가볍게 식사 등의 자리를 제안하는 방법으로
사용할 수 있으므로 표현들을 잘 익혀서 상황에 맞게 사용해보시기 바랍니다.

회화

A 今日は私がおごります。

교-와 와따시가 오고리마스

오늘은 제가 살게요.

B 本田さん、いつになく気前がいいですね。

혼다상 이쯔니나꾸 기마에가 이-데스네

혼다 씨 평소와는 다르게 선심을 쓰시네요.

単語 いつになく 평소와 달리 気前がいい 선심을 보이다

관련 표현

■ 평소와 다르게 조용히 하고 있다.

いつになく静かにしている。

이쯔니나꾸 시즈까니시데 이루

■ 상대방이 호기롭게 투자해주었다.

相手方が気前よく投資してくれた。

아이떼가따가 기마에요꾸 토-시시떼 꾸레따

▶ いつになく는 평소와는 다르다는 뜻으로 사용됩니다. いつ는 '언제'라는 뜻이 있지만 이와
같이 숙어적으로 사용하면 이례적인 상황에 쓰는 표현입니다.

제가 책임질게요

私が責任とります。

와따시가 세끼닌 도리마스

▶ 상대방에게 본인이 책임을 지겠다는 의지를 표현하는 방법으로 비즈니스 등과 같이 책임이 요구되는 상황에서 자주 사용되는 표현임을 알아두시기 바랍니다.

회화

A 私が責任とります。
와따시가 세끼닌 도리마스
제가 책임질게요.

B では、この件に関しては田中さんにお任せします。
데와 고노 켄니 간시떼와 다나까상니 오마까세시마스
그럼 이 건에 대해서는 다나카 씨에게 맡기겠습니다.

単語 責任をとる 책임을 지다 任せる 맡기다

관련 표현

■ 책임을 지고 일을 그만두다.
責任を取って仕事を辞める。
세끼닌오 돗떼 시고또오 야메루

■ 이 건에 대해서는 다음에 논의합시다.
この件に関しては次回話し合いましょう。
고노 켄니 간시떼와 지까이 하나시아이마쇼-

▶ 責任を取る는 '책임을 지다'라는 뜻으로, 비슷한 의미로 責任を負う가 있습니다만, 일반적으로는 責任を取る를 더 많이 사용합니다.

DAY 225

우리 솔직하게 이야기할까요?

私たち本音で話しませんか。

와따시따찌 혼네데 하나시마센까

▶ 상대방에게 솔직한 이야기를 제안하는 표현으로 **本音で話す**를 사용합니다. 다음 문장 표현들을 통해 좀 더 자세히 알아보겠습니다.

회화

A 私たち本音で話しませんか。

와따시따찌 혼네데 하나시마센까

우리 솔직하게 이야기할까요?

B ええ。私も打ち明けたいことがたくさんあります。

에- 와따시모 우찌아게따이 고또가 다꾸상 아리마스

네. 저도 솔직하게 이야기하고 싶은 것이 많이 있습니다.

単語 本音 본심 打ち明ける 숨김없이 이야기하다

관련 표현

■ 사람에게는 본심과 표면적 모습이 있다.

人には本音と建前がある。

히또니와 혼네또 다떼마에가 아루

■ 속에 있는 것을 모두 꺼내서 이야기하자.

腹を割って話そう。

하라오 왓떼 하나소

▶ 일본어의 표현 중 본심을 말하는 **本音**와 표면상의 원칙을 말하는 **建前**가 있습니다. 한국어의 '속'과 '겉'을 말하는 표현이라는 것을 알아두시기 바랍니다.

거의 일본인이 다 되었네요

ほとんど日本人になりましたね。

호똔도 니혼진니 나리마시다네

▶ 어떤 정도나 상황이 완성에 가까워졌음을 의미하는 말은 ほとんど라는 표현을 사용합니다. 다음 문장 표현들을 통해 좀 더 자세히 알아보겠습니다.

회화

A 朝は味噌汁に納豆が一番です。
아사와 미소시루니 낫또-가 이찌방데스
아침에는 된장국에 낫또가 최고입니다.

B ほとんど日本人になりましたね。
호똔도 니혼진니 나리마시다네
거의 일본인이 다 되었네요.

単語 味噌汁 된장국 納豆 낫또 ほとんど 대부분

관련 표현

■ 거의 써버렸습니다.

ほとんど使ってしまいました。
호똔도 쯔깟떼시마이마시다

■ 대부분의 기업이 불경기입니다.

ほとんどの企業が不景気です。
호똔도노 기교-가 후께이끼데스

▶ 어떤 동작을 완료하는 것을 표현하는 말은 ~してしまい입니다. 동작이 완료됨을 강조하는 표현입니다.

DAY 227

저는 아직 인연을 만나지 못했어요
私はまだ縁がありません。

와따시와 마다 엔가 아리마센

▶ 일본어에서는 '인연'을 縁이라고 합니다. 사람과의 인연이나 상태와의 인연 등을 말할 때에 자주 사용됩니다.

회화

A 鈴木さん結婚されるんですね。

스즈끼상 겟꼰사레룬데스네

私はまだ縁がありません。

와따시와 마다 엔가 아리마센

스즈키 씨 결혼하시는군요. 저는 아직 인연을 만나지 못했어요.

B 運命の人にいつ出会うかわかりませんよ。

운메-노 히또니 이쯔 데아우까 와까리마센요

운명의 사람을 곧 만날지 몰라요.

単語 運命 운명 出会う 만나다

관련 표현

■ 인연을 연결해주는 것으로 유명한 신사가 있다.
縁結びで有名な神社がある。

엔무스비데 유-메-나 진쟈가 아루

■ 친구와 인연을 끊었다.
友達と縁を切った。

도모다찌도 엔오 깃따

▶ 일본 교토(京都)에 있는 유명한 사찰인 清水寺에는 인연을 연결해주는 신을 모시고 있는 곳이 있어 특히 연인들이 많이 찾으며 인연이 오래갈 수 있도록 일본 부적인 お守り를 사기도 합니다.

처음이자 마지막으로 부탁하는 거예요

最初で最後のお願いです。
<small>さい　しょ　　　さい　ご　　　　　　ねが</small>

사이쇼데 사이고노 오네가이데스

▶ 상대방에게 완곡한 부탁을 하는 표현으로 자주 사용되는 표현들을 잘 익혀서 상황에 맞게 사용해보시기 바랍니다.

회화

A 最初で最後のお願いです。
<small>さい　しょ　　さい　ご　　　　　ねが</small>

사이쇼데 사이고노 오네가이데스

처음이자 마지막으로 부탁하는거예요.

B そう言われると断れないな。
<small>い　　　　　　　ことわ</small>

소-이와레루또 고또와레나이나

그렇게 말하면 거절할 수가 없죠.

単語 最初 최초　最後 최후　お願い 부탁, 요청

관련 표현

■ 일생에 한 번의 부탁입니다.
一生に一度のお願いです。
<small>いっしょう　いち　ど　　　　　ねが</small>

잇쇼-니 이찌도노 오네가이데스

■ 이것이 처음이자 마지막 찬스입니다.
これが最初で最後のチャンスです。
<small>さいしょ　　さい　ご</small>

고레가 사이쇼데 사이고노 챤스데스

▶ 一生に一度는 '일생의 한 번'이라는 뜻으로, 이와 비슷한 표현인 最初で最後도 '단 한 번' 이라고 완곡하게 말할 때 사용합니다.

DAY 229

괜찮으시다면 친구 하실까요?

よかったら友達になりませんか。

요깟따라 도모다찌니 나리마센까

▶ 상대방에게 친구가 되자는 뜻을 표현하는 방법으로 '괜찮으시다면'이라는 よかった
ら를 사용하여 부드럽게 사용해봅시다.

회화

A 田中さん、私たち歳も近いし、

다나까상 와따시따찌 토시모 찌까이시

よかったら友達になりませんか。

요깟따라 도모다찌니 나리마센까

다나카 씨 우리 나이도 비슷하니 괜찮으시다면 친구 하실까요?

B もちろん。友達が出来て嬉しいです。

모찌론 도모다찌가 데끼떼 우레시-데스

물론입니다. 친구가 생겨서 기쁩니다.

単語 よかったら 괜찮다면 友達が出来る 친구가 생기다

관련 표현

■ 괜찮으시다면 식사하러 가지 않으시겠습니까?

よかったら食事に行きませんか。

요깟따라 쇼꾸지니 이끼마센까

■ 저에게 여동생이 생긴 것 같아 기쁩니다.

私に妹ができたようで嬉しいです。

와따시니 이모-또가 데끼다요-데 우레시-데스

▶ 위의 표현 중 歳が近는 '나이가 가깝다'라는 표현으로, '나이가 비슷하다'라는 뜻으로 사용
됩니다.

우리 잘 어울리나요?
私たち、よく似合いますか。
와따시따찌 요꾸 니아이마스까

▶ 사람이나 사물 등이 서로 어울린다는 표현을 할 때에는 似合う라는 말을 사용합니다. 자주 사용되는 표현이므로 상황에 맞게 사용해보시기 바랍니다.

회화

A 私たち、よく似合いますか。
와따시따찌 요꾸 니아이마스까
우리 잘 어울리나요?

B ええ。美男美女でとてもお似合いですよ。
에- 비난비죠데 도떼모 오니아이데스요
네. 미남미녀로 아주 잘 어울립니다.

単語 似合う 어울리다 美男 미남 美女 미녀

관련 표현

■ 기모노를 입어봤습니다만 어울립니까?
着物を着てみたんですけど似合いますか。
기모노오 끼떼미딴데스께도 니아이마스까

■ 부모 자식 간인데 그다지 닮지 않았네요.
親子なのにあまり似てないですね。
오야꼬나노니 아마리 니떼나인데스네

▶ 着物는 옷이나 의복을 나타내는 말로도 사용되지만 일본 전통의상인 '기모노'를 가리킬 때도 쓰입니다.

처음 만났지만 그렇게 어색하지 않았어요

初めて会ったのに、そんなに不自然ではなかったです。

하지메떼 앗따노니 손나니 후시젠데와 나깟따데스

▶ 어떤 상황을 설명할 때에 そんなに를 사용하면 '그렇게'라는 강조의 의미를 가집니다. 다음 문장 표현들을 통해 좀 더 자세히 알아보겠습니다.

회화

A 二人は面識があったの。

후따리와 멘시끼가 앗따노

두 분은 만난 적이 있어요?

B いいえ。初めて会ったのに、

이-에 하지메떼 앗따노니

そんなに不自然ではなかったです。

손나니 후시젠데와 나깟따데스

아뇨. 처음 만났지만 그렇게 어색하지 않았어요.

単語 不自然だ 부자연스러운 手紙 편지

관련 표현

■ 만난 적이 없는 사람에게 편지를 쓰다.

面識のない人へ手紙を書く。

멘시끼노나이 히또에 데까미오 가꾸

■ 어색한 대화가 계속된다.

ぎこちない会話が続く。

기고찌나이 가이와가 쯔즈꾸

▶ 한국어와 일본어는 한자어를 사용하는 단어가 많으며 한자어권의 영향으로 동일한 한자어 단어도 많이 있습니다만 한국어의 '편지'를 나타내는 일본어 단어는 手紙입니다.

첫눈에 반했어요

一目惚れしました。
ひと め ぼ

히또메보레시마시다

▶ 어떤 사람이나 사물과 같은 대상이 아주 마음에 들 때 사용하는 표현입니다. 다음 문장 표현들을 통해 좀 더 자세히 알아보겠습니다.

회화

A 私は彼女に一目惚れしました。
わたし かのじょ ひと め ぼ

와따시와 가노죠니 히또메보레시마시다

저는 여자 친구에게 첫눈에 반했어요.

B なかなか人を見る目がありますね。
ひと み め

나까나까 히또오 미루메가 아리마스네

상당히 사람을 보는 눈이 있네요.

単語 一目惚れ 한눈에 반하다 見る目がある 보는 눈이 있다
ひと め ぼ   み め

관련 표현

■ 첫눈에 반해서 가방을 샀습니다.

一目惚れで鞄を買いました。
ひと め ぼ   かばん か

히또메보레데 가방오 가이마시다

■ 나는 단 음식을 너무 좋아해.

私は甘い物に目がない。
わたし あま もの め

와따시와 아마이 모노니 메가나이

▶ 一目惚れ는 '한눈에 반하다'라는 뜻으로 사용되며 一目는 잠깐 보는 것을 말합니다. 매우
  ひと め ぼ   ひと め
  마음에 드는 것을 은유적으로 표현하는 말입니다.

제 이상형입니다
私の理想の人です。

와따시노 리소-노 히또데스

▶ 어떤 사람이 ~형의 사람이라는 속성을 말할 때에 ~型の人이라는 표현을 사용합니다. 다음 문장 표현들을 통해 좀 더 자세히 알아보겠습니다.

회화

A 山田さんは私の理想の人です。

야마다상와 와따시노 리소-노 히또데스

야마다 씨는 제 이상형입니다.

B 明るくてユーモアのある人が好きなんですね。

아까루꾸떼 유-모아노 아루 히또가 스끼난데스네

밝고 유머감각이 있는 사람을 좋아하시는군요.

単語 理想 이상형 明るい 밝은

관련 표현

■ 그는 내가 좋아하는 타입입니다.
彼は私の好みのタイプです。

가레와 와따시노 고노미노 타이푸데스

■ 키가 크고 긴 머리의 여성이 이상형입니다.
背が高くてロングヘアの女性が理想です。

세가 다까꾸떼 롱구헤아노 죠세-가 리소-데스

▶ 마음에 드는 사람을 말할 때 '이상형'이라는 뜻의 理想라고 하지만 보통 '좋아하는 타입'이라는 好みのタイプ라고도 합니다.

당신은 마음 따뜻한 분이시네요
あなたは心温かい方ですね。
아나따와 고꼬로아따따까이 가따데스네

▶ 상대방의 성품이나 성향을 칭찬하는 표현입니다. 이때 '사람'을 말하는 人와 '분'이라는 말의 方는 상대방과의 나의 친근함의 정도에 따라 사용합니다.

회화

A 捨て犬を見ると可哀わい想で、
스떼이누오 미루또 가와이소-데

ときどき餌をあげています。
도끼도끼 에사오 아게께이마스
버려진 개를 보면 불쌍해서 가끔 먹이를 주고 있습니다.

B あなたは心温かい方ですね。
아나따와 고꼬로아따따까이 가따데스네
당신은 마음 따뜻한 분이시네요.

単語 可哀想 불쌍한 餌 먹이

관련 표현

■ 따뜻한 음료를 내오겠습니다.
温かい飲み物お出しします。
아따따까이 노미모노 오다시시마스

■ 마음이 차가운 사람은 되고 싶지 않다.
心の冷たい人間にはなりたくない。
고꼬로노 쯔메따이 닌겐니와 나리따구나이

▶ 사물의 온도를 나타내는 말인 '따뜻하다'의 温かい와 '차갑다'의 冷たい는 사람의 성품을 은유적으로 표현할 때도 자주 사용하는 말입니다.

우리 사귀고 있습니다

私_{たし}たち、付_つき合_あってます。

와따시따찌 쯔끼앗떼마스

▶ 付き合_あう는 일반적으로는 '함께 ~하다' 또는 상대방의 행동에 '함께 참여하다'라는 의미로 사용되고, 남녀간에는 '사귀다'라는 뜻으로 사용됩니다.

회화

A あれ、ペアリングしてるね。
아레 페아링구시떼루네
어머 커플반지를 하고 있네요.

B 実_{じつ}は私_{わたし}たち付_つき合_あってます。
지쯔와 와따시따찌 쯔끼앗떼마스
사실은 우리 사귀고 있습니다.

単語 ペアリング 커플 반지 付_つきあう 사귀다

관련 표현

■ 교제 중입니다.
交際中_{こうさいちゅう}です。
고-사이츄데스

■ 커플룩은 좀 부끄러워.

ペアルックはちょっと恥_はずかしい。
페아룩쿠와 춋또 하즈까시-

▶ 일본에서는 커플을 말할 때에 カップル라는 말을 사용하지만, 한국에서 말하는 커플 반지 등은 カップルリング라고 하지 않고 한 쌍이라는 표현을 사용하여 ペアリング라고 합니다.

저의 첫사랑입니다
私の初恋です。
<ruby>私<rt>わたし</rt></ruby>の<ruby>初恋<rt>はつこい</rt></ruby>です。
와따시노 하쯔코이데스

▶ 첫사랑은 <ruby>初恋<rt>はつこい</rt></ruby>라는 단어를 사용합니다. 한국어와는 다르게 표현하는 것이므로 잘 알아두시기 바랍니다.

회화

A 木村君、この写真の彼女はすごい美人だね。
<ruby>木村君<rt>きむらくん</rt></ruby>、この<ruby>写真<rt>しゃしん</rt></ruby>の<ruby>彼女<rt>かのじょ</rt></ruby>はすごい<ruby>美人<rt>びじん</rt></ruby>だね。
기무라군 고노 샤신노 가노죠와 스고이 비진다네
기무라 군 이 사진의 여자는 아주 미인이네.

B その人は、私の初恋です。
その<ruby>人<rt>ひと</rt></ruby>は、<ruby>私<rt>わたし</rt></ruby>の<ruby>初恋<rt>はつこい</rt></ruby>です。
소노 히또와 와따시노 하쯔코이데스
그 사람은 저의 첫사랑입니다.

単語 <ruby>写真<rt>しゃしん</rt></ruby> 사진 <ruby>美人<rt>びじん</rt></ruby> 미인 <ruby>初恋<rt>はつこい</rt></ruby> 첫사랑

관련 표현

■ 첫사랑과 재회했다.
<ruby>初恋<rt>はつこい</rt></ruby>の<ruby>人<rt>ひと</rt></ruby>に<ruby>再会<rt>さいかい</rt></ruby>した。
하쯔코이노 히또니 사이까이시따

■ 첫사랑에서 결혼까지 이르렀다.
<ruby>初恋<rt>はつこい</rt></ruby>を<ruby>貫<rt>つらぬ</rt></ruby>いて<ruby>結婚<rt>けっこん</rt></ruby>に<ruby>至<rt>いた</rt></ruby>った。
하쯔코이오 쯔라누이떼 겟꼰니 이땃다

▶ 일본에서는 木村君과 같이 사람의 성에 ~さん보다는 아랫사람에게 사용하는 ~<ruby>君<rt>くん</rt></ruby>을 붙여 사용하는 경우가 많습니다. 보통 남자에게 사용하나 직장에서는 상사가 여자 부하직원에게 붙여서 사용하는 경우도 있습니다.

마음에 끌리시는 분이 있으세요?
心に惹かれる方はいますか。
고꼬로니 히까레루 가따와 이마스까

▶ 心に惹かれる는 이성뿐만 아니라 매우 마음에 드는 물건 등에 대한 호감을 나타내는 말입니다.

회화

A 心に惹かれる方はいますか。
고꼬로니 히까레루 가따와 이마스까
마음에 끌리시는 분이 있으세요?

B いるにはいるんですけど、告白できないでいます。
이루니와 이룬데스께도 고꾸하꾸데끼나데 이마스
있기는 있습니다만 고백도 못 하고 있습니다.

単語 心に惹かれる 마음에 끌리다 告白 고백

관련 표현

■ 그의 친절함에 끌린다.
彼の優しさに惹かれる。
가레노 야사시사니 히까레루

■ 신문을 읽기는 읽지만 금방 잊어버린다.
新聞を読むには読むが、すぐ忘れる。
신분오 요무니와 요무가 스구 와스레루

▶ ~には~が는 동일한 동사를 함께 사용하여 '~하기는 ~하지만'이라는 뜻으로, 실제로는 동사와 다른 결과를 말할 때에 사용되는 표현입니다.

우리의 비밀을 말하지 마세요
私たちの秘密を言わないでください。
와따시따찌노 히미쯔오 이와나이데 구다사이

▶ 상대방에게 말하지 않을 것을 당부할 때에 쓰는 말은 言わないでください입니다. 자주 사용되므로 상황에 맞게 사용해보시기 바랍니다.

회화

A 私たちの秘密を言わないでください。
와따시따찌노 히미쯔오 이와나이데 구다사이
우리의 비밀을 말하지 마세요.

B 誰にも言いません。約束は守ります。
다레니모 이-마센 야꾸소꾸와 마모리마스
누구에게도 말하지 않아요. 약속은 지킵니다.

単語 秘密 비밀 約束 약속 守る 지키다

관련 표현

■ 비밀이 들켜버렸습니다.
秘密がばれてしまいました。
히미쯔가 바레떼시마이마시다

■ 누구도 멈출 수 없습니다.
誰にも止められません。
다레니모 도메라레마센

▶ 誰にも~ない는 '누구도 ~할 수 없다'는 뜻으로 사용합니다. 보통 어떤 동작이나 행위를 할 수 없음을 나타내는 말입니다.

DAY 239

헤어짐이 없는 만남은 없어요

別れのない出会いはありません。

와까레노나이 데아이와 아리마센

▶ 상반되는 의미를 함께 사용하여 한쪽의 내용을 강조할 때에 쓰는 표현을 알아봅시다.

회화

A 私たち別れたんです。
와따시따찌 와까레딴데스
우리들 헤어졌어요.

B 別れのない出会いはありません。元気出してください。
와까레노나이 데아이와 아리마센 겐끼다시떼 구다사이
헤어짐이 없는 만남은 없어요. 힘내세요.

単語 別れ 이별 出会い 만남 元気を出す 힘을 내다

관련 표현

■ 실패 없이 성공은 없다.
失敗なくして成功はない。
싯빠이나꾸시데 세-꼬-와나이

■ 아이들로부터 힘을 얻다.
子供たちに元気をもらう。
고도모다찌니 겡끼오 모라우

▶ 위의 내용 중 ~のない…はありません은 '~가 없는 …는 없다'라는 뜻으로 사용되며 일반적으로 강조하고자 하는 뒤의 말의 부정적인 표현을 앞에 사용하여 뒷말을 강조할 때 사용합니다.

인연이 아닌가 봐요
縁がないようです。
엔가 나이요-데스

▶ 어떤 사항이나 내용에 대한 부정적인 추측의 표현을 사용할 때에는 ~ないよう를 사용합니다. 다음 문장 표현들을 통해 좀 더 자세히 알아보겠습니다.

회화

A 合コンで知り合った男性と何度か
고-콘데 시리앗따 단세-또 난도까

会ったのですが縁がないようです。
앗따노데스가 엔가 나이요-데스

미팅에서 알게 된 남성과 몇 번 만났지만 인연이 아닌가 봐요.

B また次の出会いがありますよ。
마따 쯔기노 데아이가 아리마스요

또 다음 만남이 있을 거예요.

単語 合コン 미팅 縁がない 인연이 없다

관련 표현

■ 겨울 스포츠와는 인연이 없다.

ウィンタースポーツには縁がない。
윈타-스포-츠니와 엔가나이

■ 왠지 나는 연애에 인연이 없습니다.
なぜか私って恋愛に縁遠いんです。
나제까 와따싯떼 렌아이니 엔도-인데스

▶ 위의 표현 중 合コン은 미팅이나 소개팅을 말하는 것으로 소개 당사자가 있는 경우가 있지만 불특정 다수를 대상으로 모임을 개최하는 곳도 있습니다.

Day 211 어떻게 된 일이죠?

どうなってるの。

· ·

Day 212 그 일은 없었던 일로 해요

そのことは無かったことにしましょう。

· ·

Day 213 내기하실까요?

賭けをしましょうか。

· ·

Day 214 우리 사이에 별말씀을

私たちの間で、そんな…

· ·

Day 215 당신 말대로 할게요

あなたの言う通りにします。

· ·

Day 216 우리 아주 친해요

私たち、とても親しいんです。

· ·

Day 217 당연한 것이라고 생각해요

当然のことだと思います。

· ·

Day 218 아마 좀 늦을 것 같아요

たぶん少し遅れそうです。

· ·

Day 219 그 사람은 고집이 센 사람이군요

あの人は我が強い人ですね。

· ·

Day 220 회사에서 당신하고 맞지 않는 사람이 있나요?

会社であなたと合わない人がいますか。

· ·

Day 221 과찬의 말씀입니다

身に余るお言葉です。

· ·

Day 222 오늘은 당신이 살 차례입니다

今日はあなたがおごる番です。

· ·

Day 223 오늘은 제가 살게요

今日は私がおごります。

· ·

Day 224 제가 책임질게요

私が責任とります。

· ·

Day 225 우리 솔직하게 이야기할까요?

私たち本音で話しませんか。

· ·

Day 226 거의 일본인이 다 되었네요

ほとんど日本人になりましたね。

· ·

Part 08

단계

Day 227 저는 아직 인연을 만나지 못했어요

私はまだ縁がありません。

Day 228 처음이자 마지막으로 부탁하는 거예요

最初で最後のお願いです。

Day 229 괜찮으시다면 친구 하실까요?

よかったら友達になりませんか。

Day 230 우리 잘 어울리나요?

私たち、よく似合いますか。

Day 231 처음 만났지만 그렇게 어색하지 않았어요

初めて会ったのに、そんなに不自然ではなかったです。

Day 232 첫눈에 반했어요

一目惚れしました。

Day 233 제 이상형입니다

私の理想の人です。

Day 234 당신은 마음 따뜻한 분이시네요

あなたは心温かい方ですね。

Day 235 우리 사귀고 있습니다

私たち、付き合ってます。

Day 236 저의 첫사랑입니다

私の初恋です。

Day 237 마음에 끌리시는 분이 있으세요?

心に惹かれる方はいますか。

Day 238 우리의 비밀을 말하지 마세요

私たちの秘密を言わないでください。

Day 239 헤어짐이 없는 만남은 없어요

別れのない出会いはありません。

Day 240 인연이 아닌가 봐요

縁がないようです。

Part 09

비즈니스

질문 하나 드릴게요
ひとつ質問します。
히토쯔 시쯔몬시마스

▶ 상대방에게 질문 의사를 직접적으로 표현하는 방법으로 ひとつ를 붙여서 화제를 전환할 때에도 사용할 수 있습니다.

회화

A 山口さん、ひとつ質問します。転職を希望しますか。
야마구찌상 히토쯔 시쯔몬시마스 덴쇼쿠오 기보-시마스까
야마구치 씨 질문 하나 드릴게요. 전직을 희망하세요?

B いいえ。今の仕事に満足しています。
이-에 이마노 시고또니 만조꾸시떼이마스
아뇨. 지금 일에 만족하고 있어요.

単語 質問 질문 希望 희망 満足する 만족하다

관련 표현

■ 하나 여쭤볼게요.
ひとつお尋ねします。
히토쯔 오다즈네시마스

■ 지금의 월급에는 만족할 수 없습니다.
今の給料では満足できません。
이마노 규-료-데와 만조꾸데끼마센

▶ 상대방에게 '질문하다'라는 표현은 質問する, 伺う, 尋ねる 등이 있습니다. 특히 伺う와 尋ねる는 상대방을 배려하는 격식 있는 표현입니다.

어디에서 일하시나요?

どちらでお仕事されてますか。

도찌라데 오시고또사레떼마스까

▶ 상대방의 근무지를 질문하는 방법으로 '어디에서'라는 뜻의 **どちらで**를 함께 사용하면 근무지가 위치한 지역을 질문하는 것임을 알아두시기 바랍니다.

회화

A 鈴木さんはどちらでお仕事されてますか。
스즈끼상와 도찌라데 오시고또사레떼마스까

스즈키 씨는 어디에서 일하시나요?

B 私の勤務先は渋谷にあります。
와따시노 긴무사끼와 시부야니 아리마스

저의 근무지는 시부야에 있습니다.

単語 勤務先 근무처 伺う 질문하다, 방문하다

관련 표현

■ 근무처에 방문하겠습니다.
勤務先にお伺いします。
긴무사끼니 오우까가이시마스

■ 직업은 야구감독이어서 거의 운동장에 있습니다.
仕事は野球監督なのでほとんどグラウンドにいます。
시고또와 야큐-깐또꾸나노데 호똔도 구라운도니 이마스

▶ 일본은 직업뿐 아니라 직종도 다양해서 '회사가 어디십니까?'라는 표현보다는 본문과 같이 '어디 쪽에서 일하십니까?'라고 질문하는 경우가 많습니다.

어떤 업종에서 일하시나요?

どのような業種でお仕事されてますか。

도노요-나 교-슈데 오시고또사레떼마스까

▶ 상대방에게 직업에 대해 질문하면서 '어떤'이라는 **どのような**를 함께 사용하면 구체적인 업무에 대한 내용을 질문하는 것입니다.

회화

A どのような業種でお仕事されてますか。
도노요-나 교-슈데 오시고또사레떼마스까
어떤 업종에서 일하시나요?

B 父の跡を継いで建築業を営んでいます。
찌찌노 아또오 쯔이데 겐치꾸교-오 이또난데 이마스
아버지의 뒤를 이어서 건축업을 하고 있습니다.

単語 業種 업종 建築業 건축업 代々 대대로

관련 표현

■ 우리 집은 대대로 농업을 하고 있습니다.
家は代々農業を営んでいます。
우찌와 다이다이 노-교-오 이또난데 이마스

■ 저는 아내와 학원을 경영하고 있습니다.
私は妻と塾を経営しています。
와따시와 쯔마또 쥬쿠오 게-에-시떼이마스

▶ 跡を継ぐ는 '발자국을 따르다'라는 말이지만 은유적인 표현으로 사용되어 '뒤를 잇다' 또는 '가업을 잇다'라는 뜻으로 사용됩니다. 참고로 후계자를 말할 때에는 跡継ぎ를 사용합니다.

지금 전화받을 수 있어요?

今、電話に出られますか。

이마 뎅와니 데라레마스까

▶ '전화를 받다'를 일본에서는 電話に出る라고 합니다. 다음 문장 표현들을 통해 좀 더 자세히 알아보겠습니다.

회화

A 田中さん、今、電話に出られますか。

다나까상 이마 뎅와니 데라레마스까

다나카 씨 지금 전화받을 수 있어요?

B すみません。会議が終わり次第、掛けなおします。

스미마셍 가이기가 오와리시다이 가께나오시마스

미안합니다. 회의가 끝나는 대로 다시 전화하겠습니다.

単語 電話に出る 전화를 받다 掛けなおす 다시 걸다

관련 표현

■ 다나카는 통화 중이어서 전화를 받을 수 없습니다.

田中は通話中で電話に出れません。

다나까와 추-와츄-데 뎅와니 데레마셍

■ 맡겨주시는 대로 곧장 보관하겠습니다.

お預かり次第、すぐ保管します。

오아즈까리시다이 스구호깐시마스

▶ ~次第는 동사의 연체형에 붙어서 '~하는 즉시' 또는 '~하자마자'라는 뜻으로 사용됩니다.

지금 전화받기가 힘들어요

今電話を取るのが難しいです。

이마 뎅와오 도루노가 무즈까시-데스

▶ '전화를 받는다'는 표현은 電話に出る와 電話を取る가 있습니다. 각각 사용되는 조사가 다르다는 것을 알아두시기 바랍니다.

회화

A 鈴木さん、電話が鳴っていますよ。
　스즈끼상 뎅와가 낫떼이마스요
　스즈키 씨 전화가 울리고 있어요.

B すみません。今電話を取るのが難しいです。
　스미마센 이마 뎅와오 도루노가 무즈까시-데스
　미안합니다. 지금 전화받기가 힘들어요.

単語　難しい 어렵다, 곤란하다　電話が鳴る 전화가 울리다

관련 표현

■ 지금 손을 뗄 수가 없어요.
　今、手が離せません。
　이마 데가 하나세마센

■ 바쁘기 때문에 전화를 끊었다.
　忙しいので電話を切った。
　이소가시-노데 뎅와오 깃따

▶ 手を離す는 '손을 떼다'라는 의미로 어떤 일이나 동작을 그만두다는 의미로 사용합니다. 은 유적인 표현 방법이므로 자주 사용되는 표현들을 잘 익혀서 상황에 맞게 사용해보시기 바랍니다.

바빠서 쉴 시간이 없어요
忙しくて休む時間がありません。
이소가시꾸떼 야스무 지깐가 아리마센

▶ 바쁜 이유로 어떻게 되었다는 표현을 사용할 때에 忙しくて를 사용합니다. 다음 문장 표현들을 통해 좀 더 자세히 알아보겠습니다.

회화

A さっきあくびをしていましたね。
삿끼 아꾸비오 시떼 이마시다네
좀전에 하품을 하시더군요.

B あ、バレました。最近忙しくて休む時間がありません。
아 바레마시다 사이낀 이소가시꾸떼 야스무 지깐가 아리마센
아 들렸어요? 요즘 바빠서 쉴 시간이 없어요.

単語 あくび 하품 休む 쉬다, 휴식하다

관련 표현

■ 하품이 멈추질 않는다.
あくびが止まらない。
아꾸비가 도마라나이

■ 들키지 않도록 숨겨두자.
バレないように隠しておこう。
바레나이요-니 가꾸시떼오꼬-

▶ ~ておこう는 '~해두자'는 뜻으로 친근한 사이에서 어떤 것을 함께하자는 청유형으로 사용됩니다. 보다 공손한 표현은 ~ておきましょう입니다.

내일부터 휴가예요
明日から休暇です。
아시따까라 규-까데스

▶ '휴가'는 休暇라고 합니다. 일반적으로 회화에서는 '쉬다'라는 뜻의 休み라는 표현도 '휴가'를 말한다는 것을 알아두시기 바랍니다.

회화

A 明日から休暇です。
아시따까라 규-까데스
내일부터 휴가예요.

B 仕事のことは忘れて、十分くつろいでください。
시고또노 고또와 와스레떼 쥬-분 구쯔로이데 구다사이
일은 잊고 충분히 편안하게 쉬세요.

単語 くつろぐ 편안히 지내다 楽しむ 즐기다

관련 표현

■ 내일부터 신혼여행입니다.
明日からハネムーンです。
아시따까라 하네무-운데스

■ 충분히 즐기고 오세요.
十分に楽しんできてください。
쥬-분니 다노신데 끼떼 구다사이

▶ 상대방에게 '즐겁게 지내고 오라'는 뜻으로 사용하는 楽しんできてください는 직장 동료나 친근한 사이에서 자주 사용하는 표현입니다. 상대방에게 즐거운 시간을 보내라는 뜻입니다.

돌아오면 전달해드릴게요
戻りましたら伝達しておきます。

모도리마시따라 덴따쯔시떼 오끼마스

▶ 부재중인 사람을 대신하여 물건을 받아주거나 전화를 받아둘 때에 자주 사용하는 표현입니다. 다음 문장 표현들을 통해 좀 더 자세히 알아보겠습니다.

회화

A 部長さんにこの書類を渡してほしいのですが。

부쵸-상니 고노 쇼루이오 와따시떼 호시-노데스가

부장님께 이 서류를 전달해주시길 바랍니다만.

B かしこまりました。戻りましたら伝達しておきます。

가시꼬마리마시다 모도리마시따라 덴따쯔시떼 오끼마스

알겠습니다. 돌아오면 전달해드릴게요.

単語 書類 서류 戻る 돌아오다 伝達 전달

관련 표현

■ 지금 외출 중입니다.
只今外出中です。

다다이마 가이슈-쯔-데스

■ 돌아오면 이쪽에서 전화를 드리겠습니다.
戻りましたら、こちらからお電話差し上げます。

모도리마시따라 고찌라까라 오뎅와사시아게마스

▶ 일반적으로 직책에는 존칭어를 붙이지 않지만, 회화에서 본인과 직접 업무 관계가 없는 직책을 공손히 부를 때는 部長さん과 같이 さん 또는 様를 붙입니다.

회의자료 준비 다 되었나요?

会議の資料は準備できましたか。

가이기노 시료-와 쥰비데끼마시다까

▶ 어떤 상황의 준비 완료를 묻는 질문은 準備できましたか이며 이때 상태의 완료를 질문하므로 과거형으로 표현합니다.

회화

A 山田さん、会議の資料は準備できましたか。

야마다상 가이기노 시료-와 쥰비데끼마시다까

야마다 씨 회의자료 준비 다 되었나요?

B はい。確認していただけますか。

하이 가꾸닌시떼 이따다께마스까

네. 확인해주시겠습니까?

単語 準備する 준비하다 確認する 확인하다

관련 표현

■ 출국 준비는 되셨습니까?
出国の準備はできましたか。
슛꼬꾸노 쥰비와 데끼마시다까

■ 출국 수속은 끝내셨습니까?
出国の手続きは済みましたか。
슛꼬꾸노 데쯔즈끼와 스미마시다까

▶ 일본에서 관공서나 공항 등과 같은 곳에서 업무를 볼 때에 흔히 접할 수 있는 말이 手続き입니다. 이는 '수속'이나 '절차'라는 뜻으로 사용되며 형식이 필요한 곳의 업무 흐름을 나타내는 표현입니다.

원래의 계획이 앞당겨졌어요

本来の計画が繰り上がりました。

혼라이노 게-까꾸가 구리아가리마시다

▶ 예정되었던 일이나 계획이 일정보다 앞당겨질 때에 쓰는 표현은 繰り上がる를 사용합니다. 다음 문장 표현들을 통해 좀 더 자세히 알아보겠습니다.

회화

A 鈴木さん、来月のイベントなんだけど。

스즈끼상 라이게쯔노 이벤또난다께도

스즈키 씨 다음 달 이벤트 말인데요.

B あ、その件ですが、本来の計画が繰り上がりました。

아 소노겐데스가 혼라이노 게-까꾸가 구리아가리마시다

아, 그 건입니다만 원래의 계획이 앞당겨졌어요.

単語 計画 계획 繰り上がる 일정을 앞당기다

관련 표현

■ 다음 달의 사내 운동회의 건 말인데요.
来月の社内運動会の件なんだけど。
라이게쯔노 샤나이운도-까이노 껜난다께도

■ 계획을 연기했습니다.
計画を延ばしました。
게-까꾸오 노바시마시다

▶ 비즈니스 또는 각종 공지문 등에서 ~の件이라는 표현을 자주 볼 수 있습니다. 이는 '~의 건'이라는 뜻으로 어떤 내용의 제목이나 주제 등을 정리하여 쓰는 표현입니다.

이번에 이직하려고 해요

今度移籍しようと思います。

곤도 이세끼시요-또 오모이마스

▶ 어떤 행동을 하려고 생각한다는 표현을 할 때 ~しようと思う라는 말을 사용합니다. 의지를 표현하는 ~しよう와 생각한다는 ~と思う가 결합된 형태입니다.

회화

A 私、今度移籍しようと思います。
와따시 곤도 이세끼시요-또 오모이마스
저 이번에 이직하려고 해요.

B そうなんだ。希望のところに入れるといいね。
소-난다 기보-노 도꼬로니 하이레루또 이-네
그렇구나. 희망하는 곳에 들어가면 좋겠네.

単語 移籍 이적, 이직 希望 희망

관련 표현

■ 최근 신입사원의 이직율이 높아졌다.
最近、新入社員の離職率が高まった。
사이낀 신뉴-샤인노 리쇼꾸리쯔가 다카맛따

■ 희망하던 대학에 합격했다.
希望していた大学に合格した。
기보시떼이따 다이가꾸니 고-까꾸시따

▶ 회사나 근무처 등을 옮길 때는 移籍을 사용하며, 회화에서는 직접적으로 '회사를 옮기다'라는 말인 会社を移る라는 표현도 사용합니다.

요즘은 경제가 불경기입니다

最近は経済が不景気です。
さい きん けい ざい ふ けい き

사이낀와 게-자이가 후께-끼데스

▶ 경제 상황이 안 좋다는 표현으로 '불경기'는 不景気라고 하며 동일한 표현으로 景気
が悪い라고도 할 수 있습니다.

회화

A 最近は経済が不景気です。
さい きん けい ざい ふ けい き

사이낀와 게-자이가 후께-끼데스

요즘은 경제가 불경기입니다.

B なにかいい方法があるといいのですが。
ほう ほう

나니까 이- 호-호-가 아루또 이-노데스가

어떤 좋은 방법이 있으면 좋겠습니다만.

単語 経済 경제 不景気 불경기 比べる 비교하다
けいざい   ふ けい き   くら

관련 표현

■ 나는 남편에 비교해서 월급이 적다.
私は夫に比べ給料が安い。
わたし おっと くら きゅうりょう やす

와따시와 옷또니 구라베 규-료가 야스이

■ 기분이 처진다.
気分がダウンする。
き ぶん

기분가 다운스루

▶ 부정적인 의미를 담고 있는 표현을 살펴봅시다.

기대가 크면 실망이 큰 법이에요

期待が大きいと失望が大きいものです。

기따이가 오-끼-또 시쯔보-가 오-끼-모노데스

▶ 어떤 사실이나 내용에 대한 상대 비교를 통해 강조하는 표현입니다. 자주 사용되는 표현들을 잘 익혀서 상황에 맞게 사용해보시기 바랍니다.

회화

A 先日社内で表彰されたので給料が上がるかも。
센지쯔 샤나이데 효-쇼-사레따노데 규-료가 아가루까모

일전에 사내에서 표창을 받았으니 월급이 오를지 모르겠네.

B 期待が大きいと失望が大きいものです。
기따이가 오-끼-또 시쯔보-가 오-끼-모노데스

기대가 크면 실망이 큰 법이에요.

単語 表彰 표창 期待 기대 失望 실망

관련 표현

■ 기대가 어긋나서 실망했다.
期待が外れてがっかりした。
기따이가 하즈레떼 갓까리시따

■ 실망에서 재기하다.
失望から立ち直る。
시쯔보-까라 다찌나오루

▶ 期待が外れる는 '기대가 빗나가다'라는 뜻으로 반대 표현은 期待が当たる입니다. 아울러 추첨 등에서 당첨 여부를 표현할 때에도 당첨(当たり)과 낙첨(外れ)을 사용합니다.

좋은 소식 기다릴게요
いい知らせを待っています。
이- 시라세오 맛떼이마스

▶ 어떤 소식이나 합격 여부 등과 같은 정보를 기다릴 때 자주 사용하는 표현입니다. 다음 문장 표현들을 통해 좀 더 자세히 알아보겠습니다.

회화

A 昨日初めてお見合いをしたんです。
기노- 하지메떼 오미아이오시딴데스
어제 처음으로 맞선을 봤어요.

B そうなんですね。いい知らせを待っています。
소-난데스네 이- 시라세오 맛떼이마스
그렇군요. 좋은 소식 기다릴게요.

単語 お見合い 맞선 知らせ 소식 待つ 기다리다

관련 표현

■ 합격 통지를 받았다.
合格の知らせをもらった。
고-까꾸노 시라세오 모랏따

■ 중요한 소식을 기다리지 못하고 떠나버렸다.
大事な知らせを待たずに去ってしまった。
다이지나 시라세오 마따즈니 삿떼시맛따

▶ 소식이나 알림 등은 知らせ라는 표현을 사용합니다. 특히 공고문 등의 제목으로 알림이라고 할 때는 お知らせ라고 합니다.

최선을 다해보겠습니다
最善を尽くしてみます。
사이젠오 쯔꾸시떼미마스

▶ 말하는 사람의 의지를 나타내는 격식 있는 표현입니다. 각종 광고나 비즈니스 관련 문서 등에서 자주 사용되는 표현들을 상황에 맞게 사용해보시기 바랍니다.

회화

A 明日の会議に必要な資料、間に合うかな。
아시따노 가이기니 히쯔요-나 시료- 마니아우까나
내일 회의에 필요한 자료 시간에 맞출 수 있어요?

B 最善を尽くしてみます。
사이젠오 쯔꾸시떼미마스
최선을 다해보겠습니다.

単語 必要な 필요한 最善 최선 尽くす 애쓰다

관련 표현

■ 간신히 시간에 맞추었다.
ぎりぎり間に合った。
기리기리 마니앗따

■ 최선을 다하겠습니다.
ベストを尽くします。
베스토오 쯔꾸시마스

▶ ぎりぎり는 '한도'를 나타내는 切り를 겹쳐서 '한계점에 다다르는 모양' 즉 '빠듯함'의 상황을 표현하는 말입니다.

DAY 256

계속 생각했는데 아직 결정 못 했어요

ずっと考えたのですが、まだ決定できません。

줏또 강가에따노데스가 마다 겟떼-데끼마센

▶ 어떤 동작이나 상태가 지속적으로 계속되는 모양을 나타내는 표현은 ずっと를 사용합니다. 자주 사용되는 표현들을 상황에 맞게 사용해보시기 바랍니다.

회화

A ずっと考えたのですが、まだ決定できません。
줏또 강가에따노데스가 마다 겟떼-데끼마센
계속 생각했는데 아직 결정 못 했어요.

B もう一度一緒に考えてみましょう。
모- 이찌도 잇쇼니 강가에떼 미마쇼-
다시 한번 같이 생각해봅시다.

単語 ずっと 계속 決定する 결정

관련 표현

■ 다이어트를 했습니다만 아직 살이 안 빠져요.

ダイエットしたのですが、まだ痩せません。
다이엣또시따노데스가 마다 야세마센

■ 다시 한번 처음부터 시도해봅시다.
もう一度最初からトライしてみましょう。
모- 이찌도 사이쇼까라 토라이시떼미마쇼-

▶ トライする는 '시도하다'라는 뜻으로 회화에서는 영어와 する를 함께 붙여서 사용하는 경우가 많이 있습니다. '도전하다'는 チャレンジする입니다.

297 •

그때 가서 다시 이야기해요

その時になってまた話しましょう。

소노 도끼니 낫떼 마따 하나시마쇼-

▶ 상대방과 의견을 조율할 때에 쓰는 표현으로 현재에 동의하지 않거나 논의가 필요하지 않다고 생각할 때 우회적으로 의사를 표시하는 방법입니다.

회화

A 来月の出張のことなんですが。
라이게쯔노 슛쬬-노 고또난데스가
다음 달 출장 말인데요.

B その時になってまた話しましょう。
소노 도끼니 낫떼 마따 하나시마쇼-
그때 가서 다시 이야기해요.

単語 出張 출장 実感 실감 後悔 후회

관련 표현

■ 그때가 되면 실감하겠죠.
その時になったら実感するでしょう。
소노 도끼니낫따라 짓깐스루데쇼-

■ 지금이 되어서 후회한다.
今になって後悔する。
이마니 낫떼 고-까이스루

▶ 시간을 나타내는 말과 ~になって를 함께 사용하면 '(그 시간이) 되어서'라는 뜻이며, 기간을 한정하는 표현으로 사용할 수 있습니다. 상황에 대한 결과의 시점을 강조할 때 자주 사용되는 표현입니다.

제가 어디까지 이야기했죠?
私がどこまで話しましたか。
와따시가 도꼬마데 하나시마시다까

▶ 대화 도중에 상대방에게 이전 화제에 대해 확인을 할 때에 쓰는 표현으로 자주 사용
되는 표현이므로 잘 익혀서 상황에 맞게 사용해보시기 바랍니다.

회화

A 途中で電話が切れてしまって。
도츄-데 뎅와가 기레떼시맛떼
私がどこまで話しましたか。
와따시가 도꼬마데 하나시마시다까
도중에 전화가 끊어져버려서. 제가 어디까지 이야기했죠?

B いったん全部聞きましたよ。
잇딴 젠부 끼끼마시다요
일단 전부 들었습니다.

単語 どこまで 어디까지 いったん 일단

관련 표현

■ 이 이야기는 한없이 계속된다.
この話はどこまでも続く。
고노 하나시와 도꼬마데모 쯔즈꾸

■ 일단 이것으로 끝내시죠.
いったんこれで終わりにしよう。
잇딴 고레데 오와리니시요-

▶ 대화나 회의 등이 길어질 때에 도중에 정리할 필요가 있는 경우 사용하는 표현으로 '일단 이
것으로'라는 뜻의 いったんこれで 또는 '일단 여기까지'라는 いったんここまで가 자주 사용
됩니다.

회사에서 해고되었어요

会社から解雇されました。

가이샤까라 가이꼬사레마시다

▶ '해고되다'는 ~から解雇される입니다. 이때 사용되는 조사는 ~から라는 것을 알아 두시기 바랍니다.

회화

A 田中さん最近見かけませんけど。

다나까상 사이낀 미까레메센께도

다나카 씨가 최근에 보이지 않습니다만.

B 実は田中さん会社から解雇されました。

지쯔와 다나까상 가이샤까라 가이꼬사레마시다

사실은 다나카 씨 회사에서 해고되었어요.

単語 　見かける 눈에 띄다　解雇する 해고하다　実績 실적

관련 표현

■ 공중전화를 그다지 보지 못하게 되었다.
　　公衆電話をあまり見かけなくなった。

고-슈-뎅와오 마마리 미까께나꾸낫따

■ 실적이 좋지 않으면 일방적으로 해고한다.
　　実績が悪いと一方的に解雇する。

짓세끼가 와루이또 잇뽀-데끼니 가이꼬스루

▶ '해고가 되다'는 解雇される라고 합니다. 아울러 은유적인 표현인 首になる는 목이 되는 것이 아니라 '해고되다'라는 뜻으로 자주 사용됩니다.

저희는 맞벌이입니다

私たちは共働きです。

와따시다찌와 도모바따라끼데스

▶ '맞벌이'의 일본어 표현은 共働き입니다. '함께 일하기'라는 뜻으로 자주 사용되는 표현이므로 잘 익혀서 상황에 맞게 사용해보시기 바랍니다.

회화

A 私たちは共働きです。
와따시다찌와 도모바따라끼데스
저희는 맞벌이입니다.

B 家事分担をうまくやると少し楽に過ごせるわよ。
가지노분딴오 우마꾸야루또 스꼬시 라꾸니 스고세루와요
가사분담을 잘하면 좀 편하게 지낼 수 있어요.

単語 共働き 맞벌이 家事分担 가사분담 楽に 편하게, 쉽게

관련 표현

■ 맞벌이가 늘고 있다.
共働きが増えている。
도보바따라끼가 후에떼이루

■ 노후는 조금이라도 편하게 지내고 싶다.
老後を少しでも楽に過ごしたい。
로-고오 스꼬시데모 라꾸니 스고시따이

▶ うまくやる는 '잘하면'이라는 뜻으로 사용되는데 이와 동일한 표현은 うまくする가 있습니다. 이는 '앞에서 지시하는 것을 잘하면'이라는 가정적인 표현입니다.

프리랜서 작가로 활동하고 있습니다

フリーランスの作家として活動しています。

후리-란스노 삿까또시떼 가쯔도-시떼이마스

▶ 직책이나 자격 등을 말할 때 쓰는 표현은 ~として를 사용하며 '~으로서'라는 뜻입니다. 다음 문장 표현들을 통해 좀 더 자세히 알아보겠습니다.

회화

A 私はフリーランスの作家とし活動しています。
와따시와 후리-란스노 삿까또시떼 가쯔도-시떼이마스
저는 프리랜서 작가로 활동하고 있습니다.

B 時間の自由が効きますよね。
지깐노 지유-가 끼끼마스요네
시간의 자유가 효과적이겠네요.

単語 作家 작가 活動する 활동하다 効く 효과가 있다

관련 표현

■ 파트타임으로 일하고 있다.

フリーターとして働いている。

후리-타-또시떼 하따라이떼이루

■ 시간에 속박되지 않다.
時間に束縛されない。

지깐니 소꾸바꾸사레나이

▶ 이미 한국에서도 잘 알려진 **フリーター**는 **フリーアルバイター**의 줄임말로 정식 직원으로 취직하지 않고 임시직의 아르바이트를 하면서 생계를 유지하는 사람을 부르는 말입니다.

이 일은 사람을 힘들게 합니다
この仕事は手を焼きます。
고노 시고또와 떼오 야끼마스

▶ 어떤 일이나 상황 등이 힘들 때 사용하는 표현입니다. 상황에 따라 다양한 표현이 있으므로 자주 사용되는 표현들을 상황에 맞게 사용해보시기 바랍니다.

회화

A この仕事は手を焼きます。
고노 시고또와 떼오 야끼마스
이 일은 사람을 힘들게 합니다.

B こんな仕事、初めてです。
곤나 시고또 하지메떼데스
이런 일은 처음입니다.

単語 手を焼く 고생하다 説得する 설득하다

관련 표현

■ 저 사람은 만만치 않습니다.
あの人は手ごわいです。
아노 히또와 데고와이데스

■ 설득하는 데 조금 고생했습니다.
説得するのに一苦労しました。
셋또꾸스루노니 히또구로-시마시타

▶ 手を焼く는 '애쓰다' 또는 '매우 힘들다'라는 뜻으로 사용되며, 이 말은 손을 말하는 手와 어떤 것을 굽는다는 뜻의 焼く가 결합되어 손을 못 댈 정도로 애를 쓴다는 말을 은유적으로 나타내는 표현입니다.

슬럼프에 빠졌어요
スランプに陥りました。

스람푸니 오찌이리마시다

▶ 본인이나 타인의 몸의 컨디션이나 성적 등이 부진할 때 사용하는 표현입니다. 다음 문장 표현들을 통해 좀 더 자세히 알아보겠습니다.

<blockquote>회화</blockquote>

A スランプに陥りました。

스람푸니 오찌이리마시다

슬럼프에 빠졌어요.

B 大丈夫。スランプ脱出する方法を探してみましょう。

다이죠-부 스람푸닷슈쯔스루 호-호-오 사가시떼미마쇼-

괜찮아요. 슬럼프 탈출하는 방법을 찾아봅시다.

<blockquote>単語</blockquote> スランプ 슬럼프 陥る 빠지다

<blockquote>관련 표현</blockquote>

■ 요즘 슬럼프 경향입니다.
最近スランプ気味です。

사이낀 스람푸기미데스

■ 상태를 회복하다.
調子を取り戻す。

쵸-시오 도리모도스

▶ 어떤 상태나 상황을 나타내는 말에 붙여서 사용되는 ~気味는 '~경향' 또는 '~기색'이라는 의미이며, 단정적인 표현이 아니라 말하는 사람의 주관적인 추정을 나타내는 표현입니다.

업무 스트레스가 심해요
業務のストレスがひどいです。
교-무노 스토레스가 히도이데스

▶ 어떤 것을 원인으로 하는 스트레스가 심하다고 할 때에는 ~のストレスがひどい라고
합니다.

회화

A 近頃、業務のストレスがひどいです。
찌까고로 교-무노 스토레스가 히도이데스
최근 업무 스트레스가 심해요.

B ストレスを発散しないと体を壊しますよ。
스토레스오 핫산시나이또 가라다오 고와시마스요
스트레스를 발산하지 않으면 몸이 망가집니다.

単語 近頃 요즘 業務 업무 溜まる 쌓이다

관련 표현

■ 업무가 밀리다.
業務が滞る。
교-무가 도도꼬-루

■ 스트레스가 쌓이면 병이 된다.
ストレスが溜まると病気になる。
스토레스가 다마루또 뵤-끼니나루

▶ 病気になる는 '병이 된다'는 표현으로 한국어 표현인 '병에 걸리다'와는 다르게 말합니다.

스트레스로 폭발하기 직전이에요
ストレスで爆発寸前です。
스토레스데 바꾸하쯔순젠데스

▶ 어떤 상황이나 상태를 설명할 때에 ~寸前이라는 표현을 사용하면 '~직전'이라는 뜻입니다. 다음 문장 표현들을 통해 좀 더 자세히 알아보겠습니다.

회화

A ストレスで爆発寸前です。
스토레스데 바꾸하쯔순젠데스
스트레스로 폭발하기 직전이에요.

B あなたに合うストレス解消法を紹介します。
아나따니 아우 스토레스가이쇼-호-오 쇼-까이시마스
당신에게 맞는 스트레스 해소법을 소개하겠습니다.

単語 紹介する 소개하다 イライラ 화가 난 상태

관련 표현

■ 이젠 한계입니다.
もう限界です。
모- 겐까이데스

■ 초조해하는 것이 점점 심해지다.
イライラが募る。
이라이라가 쯔노루

▶ イライラ는 초조한 상태를 나타내는 말로, 사람의 심리 상태가 불안하거나 화가 나서 스스로 통제하기 힘든 상황을 표현할 때에 쓰는 말입니다.

이 일은 그만두는 게 좋겠어요
この仕事は辞めたほうがよさそうです。
고노 시고또와 야메따호-가 요사소-데스

▶ 어떤 내용에 대해 자신의 주관적인 생각을 전달할 때에 ~ほうがよさそう라는 표현을 사용합니다. 이는 '~것이 좋을 것 같아'라는 뜻입니다.

회화

A 私からすると、この仕事は辞めたほうがよさそうです。
와따시까라스루또 고노 시고또와 야메따호-가 요사소-데스
제가 볼 때 이 일은 그만두는 게 좋겠어요.

B あまり得るものがなさそうですね。
아마리 에루모노가 나사소데스네
그다지 얻을 것이 없을 듯합니다.

単語 噂 소문 口にする 말하다

관련 표현

■ 그 소문은 말하지 않는 것이 좋을 듯합니다.
あの噂は口にしないほうがよさそうです。
아노 우와사와 구찌니시나이호-가 요사소-데스

■ 그다지 이익이 되지 않는다.
あまり利益にならない。
아마리 리에끼니 나라나이

▶ 口にしない는 입에 올리지 않는다는 뜻으로 '말하지 않는다'는 의미입니다.

시차 적응이 안 됐어요
時差に適応できません。
지사니 데끼오-데끼마센

▶ 장거리 여행이나 출장 등으로 시차의 불편함을 말하는 표현입니다. 다음 표현들을 통해 좀 더 자세히 알아보겠습니다.

회화

A 昨日アメリカから帰ってきたばかりで
기노- 아메리까까라 가엣떼 끼따바까리데

時差に適応できません。
지사니 데끼오-데끼마센

어제 미국에서 돌아와서 시차 적응이 안 됐어요.

B 日光を浴びるといいらしいですよ。
닛꼬-오 아비루또 이-라시-데스요

햇볕을 쬐어주는 게 좋다네요.

単語 時差 시차　適応 적응

관련 표현

■ 외국 생활에 재빠르게 적응하다.
海外の生活にいち早く適応する。
가이가이노 세-까쯔니 이찌하야꾸 데끼오-스루

■ 시차병은 현지 생활 리듬에 몸을 맞추는 것이 좋다.
時差ボケは現地の生活リズムに体を合わせるとよい。
지사보께와 겐찌노 세이가쯔리즈무니 가라다오 아와세루또 요이

▶ 時差ボケ는 '시차장애'입니다. ボケ는 지각이 둔해지거나 인지력이 떨어진 것을 말합니다.

핸드폰 자동로밍 방법 알고 있어요?

携帯の自動ローミングの方法を知ってますか。

게-따이노 지도-로-밍구노 호-호-오 싯떼마스까

▶ 상대방에게 어떤 내용이나 사실을 알고 있는지 질문할 때 ~を知ってますか라고 말합니다.

회화

A 携帯の自動ローミングの方法を知ってますか。

게-따이노 지도-로-밍구노 호-호-오 싯떼마스까

핸드폰 자동로밍 방법 알고 있어요?

B ネットで調べたらわかるかも。

넷또데 시라베따라 와까루까모

인터넷으로 알아보면 알 수 있을 거야.

単語 ローミング 로밍 調べる 조사하다 国際電話 국제전화

관련 표현

■ 국제전화 거는 방법을 알고 있습니까?

国際電話のかけ方を知っていますか。

고꾸사이뎅와노 가께가따오 싯떼이마스까

■ 인터넷에서 검색하면 금방 알 수 있어요.

ネットで検索したらすぐにわかるよ。

넷또데 겐사꾸시따라 스구 와까루요

▶ 위의 표현 중 ~わかるかも는 '~ 알 수 있을 거야'로 해석됩니다. 여기에서 かも는 동사 뒤에 붙여서 약간의 의문을 포함하는 '~ 거야'라는 의미로 사용됩니다.

주량이 어떻게 되세요?

お酒はどのくらい飲まれますか。

오사께와 도노구라이 노마레마스까

▶ 양의 정도를 물을 때는 どのくらい를 사용하며 '어느 정도'라는 의미입니다. 다음 문장 표현들을 통해 좀 더 자세히 알아보겠습니다.

회화

A お酒はどのくらい飲まれますか。

오사께와 도노구라이 노마레마스까

주량이 어떻게 되세요?

B せいぜい飲んでもビール一杯です。

세-제-　논데모 비-루 잇빠이데스

기껏 마셔도 맥주 한 잔 정도입니다.

単語
せいぜい 기껏해서　ビール 맥주

관련 표현

■ 맥주 한 잔으로 얼굴이 빨개진다.

ビール一杯で顔が赤くなる。

비-루잇빠이데 가오가 아까꾸나루

■ 기껏 모아도 10명 정도겠죠.

せいぜい集まっても10人くらいでしょう。

세-제-　아쯔맛떼모 쥬-닌구라이데쇼-

▶ せいぜい는 의지의 표현과 사용하면 '힘 닿는 대로, 가능한 한'이라는 뜻이며, 부정적인 내용과 사용하면 '겨우, 고작'이라는 뜻입니다.

술이 세서 술고래입니다
酒に強くて大酒家です。
사께니 쯔요꾸떼 다이슈까데스

▶ '술이 세다'라는 일본어는 酒に強い으로 술에 강하다는 표현입니다. 이때 조사는 に를 사용한다는 것을 알아두시기 바랍니다.

회화

A 田中さんは酒に強くて大酒家です。
다나까상와 사께니 쯔요꾸떼 다이슈까데스
다나카 씨는 술이 세서 술고래입니다.

B そうは見えないな。
소-와 미에나이나
그렇게 안 보이는데.

単語 酒に強い 술이 세다 大酒家 술고래

관련 표현

■ 다나카 씨는 애주가로 불리고 있다.
田中さんは酒豪と呼ばれている。
다나까상와 슈고-또 요바레떼이루

■ 아버지는 술을 좋아한다.
父が酒好きだ。
찌찌가 사께즈끼다

▶ 주위의 사람들로부터 어떠한 평가를 받고 있다고 할 때 쓰는 표현은 ~と呼ばれている가 있으며 이는 '~로 불린다'는 뜻입니다.

Day 241 질문 하나 드릴게요
ひとつ質問します。

Day 242 어디에서 일하시나요?
どちらでお仕事されてますか。

Day 243 어떤 업종에서 일하시나요?
どのような業種でお仕事されてますか。

Day 244 지금 전화받을 수 있어요?
今、電話に出られますか。

Day 245 지금 전화받기가 힘들어요
今電話を取るのが難しいです。

Day 246 바빠서 쉴 시간이 없어요
忙しくて休む時間がありません。

Day 247 내일부터 휴가예요
明日から休暇です。

Day 248 돌아오면 전달해드릴게요
戻りましたら伝達しておきます。

Day 249 회의자료 준비 다 되었나요?
会議の資料は準備できましたか。

Day 250 원래의 계획이 앞당겨졌어요
本来の計画が繰り上がりました。

Day 251 이번에 이직하려고 해요
今度移籍しようと思います。

Day 252 요즘은 경제가 불경기입니다
最近は経済が不景気です。

Day 253 기대가 크면 실망이 큰 법이에요
期待が大きいと失望が大きいものです。

Day 254 좋은 소식 기다릴게요
いい知らせを待っています。

Day 255 최선을 다해보겠습니다
最善を尽くしてみます。

Day 256 계속 생각했는데 아직 결정 못 했어요

ずっと考えたのですが、まだ決定できません。

Day 257 그때 가서 다시 이야기해요

その時になってまた話しましょう。

Day 258 제가 어디까지 이야기했죠?

私がどこまで話しましたか。

Day 259 회사에서 해고되었어요

会社から解雇されました。

Day 260 저희는 맞벌이입니다

私たちは共働きです。

Day 261 프리랜서 작가로 활동하고 있습니다

フリーランスの作家として活動しています。

Day 262 이 일은 사람을 힘들게 합니다

この仕事は手を焼きます。

Day 263 슬럼프에 빠졌어요

スランプに陥りました。

Day 264 업무 스트레스가 심해요

業務のストレスがひどいです。

Day 265 스트레스로 폭발하기 직전이에요

ストレスで爆発寸前です。

Day 266 이 일은 그만두는 게 좋겠어요

この仕事は辞めたほうがよさそうです。

Day 267 시차 적응이 안 됐어요

時差に適応できません。

Day 268 핸드폰 자동로밍 방법 알고 있어요?

携帯の自動ローミングの方法を知ってますか。

Day 269 주량이 어떻게 되세요?

お酒はどのくらい飲まれますか。

Day 270 술이 세서 술고래입니다

酒に強くて大酒家です。

Part 10

제안/권유

선착순이에요
先着順です。
センチャクジュン
센챠꾸쥰데스

▶ 어떤 세일이나 식당 등에서 자주 볼 수 있는 표현으로 '선착순'으로 진행됨을 의미하는 표현입니다. 다음 문장들을 통해 좀 더 자세히 알아보겠습니다.

회화

A 先生の診察は先着順です。
센세-노 신사쯔와 센챠꾸쥰 데스
선생님의 진찰은 선착순입니다.

B しまった。もう少し早く来ればよかった。
시맛따 모- 스꼬시 하야꾸 구레바 요깟따
아차, 조금 더 일찍 왔으면 좋았겠다.

単語 診察 진찰 先着順 선착순 しまった 아뿔싸 終了する 종료하다

Part 10 제안/권유

관련 표현

■ 선착 열 분으로 종료하였습니다.
先着10名様で終了しました。
센챠꾸 쥬-메-사마데 슈-료-시마시다

■ 아차, 또 틀렸다.

しまった、また間違えた。
시맛따 마따 마찌가에따

▶ しまった는 동사와 함께 사용하는 경우에는 동사가 의미하는 행동이 완료되었음을 표현하지만, 단독으로 사용할 경우에는 감탄사로 '아차' 또는 '큰일이군'과 같이 어떤 상황에 아쉬워하거나 화가 났을 때에 사용하는 표현입니다.

산책하실까요?
散歩しましょうか。
산뽀시마쇼-까

▶ 상대방에게 어떤 행동을 함께할 것을 제안할 때에 ~しましょうか라는 표현을 사용합니다. 다음 문장 표현들을 통해 좀 더 자세히 알아보겠습니다.

회화

A ちょっと散歩しましょうか。
촛또 산뽀시마쇼-까
잠시 산책하실까요?

B お天気もいいし晴れ晴れしますね。
오뗀끼모 이-시 하레바레시마스네
날씨도 좋고 화창하군요.

単語 晴れ晴れする 화창하다 いまいち 어정쩡한 優れない 시원찮음

관련 표현

■ 날씨가 어정쩡하게 좋지 않다.
天気がいまいち優れない。
뗀끼가 이마이찌 수구레나이

■ 명랑한 얼굴로 인사한다.
晴れ晴れした顔で挨拶する。
하레바레시따 가오데 아이사쯔스루

▶ 일본어 단어 중 동일한 표현을 중복으로 사용하여 의미를 배가하는 단어들이 있습니다. 그 중 晴れ晴れ는 날씨 등이 '맑다'는 晴れ를 중복으로 사용하여 날씨나 사람의 성격 등을 말할 때 '상쾌한' 또는 '유쾌한'의 의미로 사용합니다.

도와드릴게요
お手伝<ruby>伝<rt>て</rt></ruby>いします。
오떼쯔다이시마스

▶ 상대방에게 도움을 주겠다는 의사를 표시하는 방법으로 다양한 표현이 있으므로 자주 사용되는 표현들을 잘 익혀서 상황에 맞게 사용해보시기 바랍니다.

회화

A 引<ruby><rt>ひ</rt></ruby>っ越<ruby><rt>こ</rt></ruby>しの準備<ruby><rt>じゅんび</rt></ruby>、お手伝<ruby><rt>てつだ</rt></ruby>いします。
힛꼬시노 쥰비 오떼쯔다이시마스
이사 준비 도와드릴게요.

B ありがとう。なかなか片付<ruby><rt>かたづ</rt></ruby>かなくて困<ruby><rt>こま</rt></ruby>っています。
아리가또- 나까나까 가따즈까나꾸떼 고맛떼이마스
고맙습니다. 좀처럼 정리가 안 되어서 난감해요.

単語 引<ruby><rt>ひ</rt></ruby>っ越<ruby><rt>こ</rt></ruby> 이사 なかなか 좀처럼 片<ruby><rt>かた</rt></ruby>づく 정리

관련 표현

■ 도와드릴까요?
手<ruby><rt>て</rt></ruby>を貸<ruby><rt>か</rt></ruby>しましょうか。
데오 가시마쇼-까

■ 좀처럼 쉽지 않다.
なかなか容易<ruby><rt>ようい</rt></ruby>でない。
나까나까 요-이데나이

▶ 手<ruby><rt>て</rt></ruby>を貸<ruby><rt>か</rt></ruby>す는 손을 빌려준다는 의미로 말하는 사람이 상대방에게 '도와주다'라는 뜻입니다. 반대로 상대방에게 도움을 받는다는 표현은 手<ruby><rt>て</rt></ruby>を貸<ruby><rt>か</rt></ruby>りる가 있는데 이는 도와주는 주체가 상대방일 때에 쓰는 말입니다.

제가 좀 볼게요
私がちょっと見てみます。
와따시가 촛또 미떼미마스

▶ 말하는 사람이 대신하여 행동하면서 사용하는 표현입니다. 다음 표현들을 통해 좀 더 자세히 알아보겠습니다.

회화

A 鍵が開かないんですけど。
까기가 아까나인데스께도
열쇠가 열리지 않는데.

B 私がちょっと見てみます。
와따시가 촛또 미떼미마스
제가 좀 볼게요.

単語 鍵をかける 열쇠를 잠그다 叩く 두드리다

관련 표현

■ 열쇠가 잠기지 않습니다.
鍵がかからないんです。
까기가 가까라나인데스

■ 좀 두드려보겠습니다.
ちょっと叩いてみます。
촛또 다따이떼미마스

▶ 위의 표현 중 見てみます라는 표현은 보는 것이 아닌 '시도해보다'라는 관용적인 표현입니다.

저에게 시간을 주세요

私に時間をください。
와따시니 지깐오 구다사이

▶ 상대방에게 어떤 일을 해결하거나 생각할 수 있는 시간을 요청할 때에 사용하는 표현입니다. 다음 문장 표현들을 통해 좀 더 자세히 알아보겠습니다.

회화

A もう少し私に時間をください。
모- 스꼬시 와따시니 지깐오 구다사이
좀만 더 저에게 시간을 주세요.

B わかりました。健闘を祈ります。
와까리마시다 겐또-오 이노리마스
알겠습니다. 건투를 빕니다.

単語 時間をもらう 시간을 얻다 健闘を祈る 건투를 빌다

관련 표현

■ 시간을 받아서 여유 있게 지내다.
時間をもらってゆっくり過ごす。
지깐오 모랏떼 윳꾸리 스고스

■ 건투를 칭찬하다.
健闘を称える。
겐또-오 다따에루

▶ ~をもらっては '~을 받아서'라는 의미이지만 실제로 어떤 대상을 받는 것을 표현할 때도 사용하고 어떤 동작이나 조치를 받았을 때도 사용합니다.

좀 더 생각해볼게요
もう少し考えてみます。
모- 스꼬시 강가에떼미마스

▶ 상대방에게 즉답을 하지 않고 좀 더 생각할 시간을 요청할 때에 사용하는 표현입니다. 다음 문장 표현들을 통해 좀 더 자세히 알아보겠습니다.

회화

A もっと色に変化をつけたらどうかな。
못또 이로니 헨까오 쯔께따라 도-까나
좀 더 색에 변화를 주면 어떨까?

B わかりました。もう少し考えてみます。
와까리마시다 모- 스꼬시 강가에떼미마스
알겠습니다. 좀 더 생각해볼게요.

単語 色 색 変化 변화 考え直す 다시 생각하다

관련 표현

■ 좀 다시 생각해보겠습니다.
少し考え直してみます。
스꼬시 강가에나오시떼 미마스

■ 변화를 받아들이다.
変化を受け入れる。
헨까오 우께이레루

▶ 考え直す는 이전의 생각과 달리 '생각을 바꾸다'라는 뜻으로도 사용되고 '다시 생각하다'라는 뜻으로도 사용됩니다. 상황에 따라 다른 의미가 될 수 있습니다.

이것 좀 치워주세요

これちょっと片付けてください。

고레 춋또 가따즈께떼 구다사이

▶ 상대방에게 어떤 물건의 정리를 요청할 때에 사용하는 표현입니다. 다음 문장 표현들을 통해 좀 더 자세히 알아보겠습니다.

회화

A これちょっと片付けてください。

고레 춋또 가따즈께떼 구다사이

이것 좀 치워주세요.

B さっき片付ければよかったのに後回しにしていました。

삿끼 가따즈께레바 요깟따노니 아또마와시니 시떼 이마시다

좀 전에 치웠으면 좋았을 텐데 나중으로 미루어버렸습니다.

単語 片付ける 정리하다 後回しにする 뒤로 미루다

관련 표현

■ 덕분에 빨리 정리했다.

おかげで早く片付いた。

오까게데 하야꾸 가따즈이따

■ 형제간에 언제나 뒷전으로 취급되었다.

兄弟でいつも後回しにされる。

교-다이데 이쯔모 아또마와시니 사레루

▶ 위의 표현 중 ~ばよかった는 '~으면 좋았다'라는 뜻으로 실제와는 달리 과거의 일을 가정하여 표현하는 방법입니다.

추천해주세요

推薦してください。

スイセンシテ クダサイ

▶ 상대방이나 다수에게 어떤 대상을 추천해줄 것을 요청할 때에 사용하는 표현입니다.
다음 문장 표현들을 통해 좀 더 자세히 알아보겠습니다.

회화

A 誰がいいか推薦してください。

다레가 이-까 스이센시떼 구다사이

누가 좋을지 추천해주세요.

B 責任感の強い田中さんがいいと思います。

세끼닌깐가 쯔요이 다나까상가 이-또 오모이마스

책임감이 강한 다나카 씨가 좋다고 생각합니다.

単語 推薦する 추천하다 責任感 책임감

관련 표현

■ 추천입학으로 대학에 합격했다.
推薦入学で大学に合格した。
스이센뉴-가꾸데 다이가꾸니 고-까꾸시따

■ 저의 추천 CD입니다.
私のお勧めのCDです。
와따시노 오스스메노 씨디데스

▶ 어떤 사람이나 대상을 '추천하다'라는 표현은 推薦する를 사용합니다. 비슷한 표현으로 상
대방에게 '권유하다'라는 표현은 勧める가 있으며 명사적으로 사용하는 お勧め는 '추천'이
라는 뜻입니다.

모닝콜 해주세요

モーニングコールしてください。

모-닝구코-루시떼 구다사이

▶ 숙박지의 안내데스크나 동행자에게 아침 기상을 요청할 때 사용하는 표현입니다. 다음 문장 표현들을 통해 좀 더 자세히 알아보겠습니다.

회화

A すみませんがモーニングコールしてください。

스미마셍가 모-닝구코-루시떼 구다사이

미안하지만 모닝콜 해주세요.

B わかりました。心配しないでください。

와까리마시다 신빠이시나이데 구다사이

알겠습니다. 걱정하지 마세요.

単語 実施する 실시하다　高血圧 고혈압

관련 표현

■ 모닝콜서비스를 실시하고 있습니다.

モーニングコールサービスを実施しています。

모-닝구코-루사-비스오 짓시시데이마스

■ 고혈압은 식사를 개선하면 좋다.

高血圧は食事を改善するとよい。

고-게쯔아쯔와 쇼꾸지오 가이젠스루도 요이

▶ 朝が弱い는 '아침이 약하다'가 아니라 '아침에 잘 못 일어난다'는 뜻입니다.

성의를 받아주세요

誠意を受け取ってください。

세-이오 우께돗떼 구다사이

▶ 어떤 물건이나 대상을 '받아들이다'라는 표현은 受け取る가 있으며 동일한 표현으로 貰う가 있습니다. 受け取る라는 표현이 보다 격식 있는 표현입니다.

회화

A 私の誠意を受け取ってください。

와따시노 세-이오 우께돗떼 구다사이

저의 성의를 받아주세요.

B 田中さん、もう十分ですよ。

다나까상 모- 쥬-분데스요

다나카 씨 벌써 충분합니다.

単語 誠意 성의 十分 충분 必ず 반드시 注意する 주의하다

관련 표현

■ 성의는 반드시 상대방에게 전달된다.
誠意は必ず相手に伝わる。

세-이와 가나라츠 아이떼니 쯔따와루

■ 운전에는 충분히 주의해주세요.
運転には十分注意してください。

운뗀니와 쥬-분 츄-이시떼 구다사이

▶ 많은 사람들이 모이는 공공 장소나 각종 안내문에서 ~には十分注意してください라는 표현 을 자주 볼 수 있습니다. 이는 '어떤 내용이나 상황에 대해 충분히 주의하라'는 뜻입니다.

기념으로 사진 찍어요
記念に写真を撮りましょう。
기넨니 샤신오 도리마쇼-

▶ '사진을 찍다'는 写真を撮る라고 합니다. 특히 撮る라는 한자의 발음이 비슷한 단어들이 많으므로 사용되는 한자를 알아두시기 바랍니다.

회화

A 記念に写真を撮りましょう。
기넨니 샤신오 도리마쇼-
기념으로 사진 찍어요.

B 富士山をバックにして撮ると素敵かも。
후지산오 밧꾸니시떼 도루또 스떼끼까모
후지산을 배경으로 해서 찍으면 멋있을 거야.

単語 記念 기념 富士山 후지산 バック 뒤

관련 표현

■ 졸업앨범의 사진을 찍다.
卒業アルバムの写真を撮る。
소쯔교-아루바무노 샤신오 도루

■ 바다를 배경으로 사진을 찍고 싶다.
海を背景に写真を撮りたい。
우미오 하이께-니 샤신오 도리따이

▶ 일본에서 가장 높은 富士山은 그 높이가 3,776미터로 시즈오까현과 야마나시현의 경계에 위치하고 있습니다. '산'이라는 뜻의 일본어는 やま이지만 고유명사로 쓰일 때에는 さん이라고 발음합니다.

핸드폰 좀 꺼주세요
携帯をちょっと切ってください。
게-따이오 촛또 깃떼 구다사이

▶ 공연장이나 시험장 등의 안내방송에서 흔하게 접할 수 있는 표현으로 상대방에게 휴대전화의 사용 자제를 요청하는 표현입니다.

회화

A 携帯をちょっと切ってください。
게-따이오 촛또 깃떼 구다사이
핸드폰 좀 꺼주세요.

B 電源切りますね。
덴겡기리마스네
전원을 끄겠습니다.

単語 電源 전원 切る 끊다, 자르다

관련 표현

■ 이 핸드폰은 어느 분의 것입니까?
この携帯はどなた様のですか。
고노 게-따이와 도나따사마노데스까

■ 핸드폰 전원이 켜지지 않아요.
携帯の電源が入らないよ。
게-따이노 덴겡가 하이라나이요

▶ どなた様는 '어느 분'이라는 뜻으로, 상대방을 모르거나 불특정한 대상을 표현할 때에 쓰는 격식 있는 표현입니다. 일반적으로 누구를 말할 때에는 誰를 사용합니다.

핸드폰을 진동으로 바꾸세요

携帯をマナーモードに<ruby>変<rt>か</rt></ruby>えてください。

<ruby>携帯<rt>けい たい</rt></ruby>

게-따이오 마나-모-도니 가에떼 구다사이

▶ '휴대폰의 진동'을 일본에서는 マナーモード라고 표현합니다. 이는 '매너 모드'라고
할 수 있습니다.

회화

A 携帯をマナーモードに<ruby>変<rt>か</rt></ruby>えてください。

<ruby>携帯<rt>けい たい</rt></ruby>

게-따이오 마나-모-도니 가에떼 구다사이

핸드폰을 진동으로 바꾸세요.

B さっき<ruby>切<rt>き</rt></ruby>り<ruby>替<rt>か</rt></ruby>えておいたので<ruby>心配<rt>しん ぱい</rt></ruby>ないです。

삿끼 기리까에떼 오이따노데 신빠이나이데스

조금 전 바꾸어두었으니 걱정없어요.

単語 マナーモード 진동모드 <ruby>切<rt>き</rt></ruby>り<ruby>替<rt>か</rt></ruby>える 바꾸다

관련 표현

■ 수업이 시작하기 전에 화장실을 다녀오다.

<ruby>授業<rt>じゅぎょう</rt></ruby>が<ruby>始<rt>はじ</rt></ruby>まる<ruby>前<rt>まえ</rt></ruby>にトイレを<ruby>済<rt>す</rt></ruby>ます。

쥬교-가 하지마루마에니 토이레오 스마스

■ 면허 갱신하러 간다.

<ruby>免許<rt>めんきょ</rt></ruby>の<ruby>切<rt>き</rt></ruby>り<ruby>替<rt>か</rt></ruby>えに<ruby>行<rt>い</rt></ruby>く。

멘꾜노 기리까에니 이꾸

▶ トイレを<ruby>済<rt>す</rt></ruby>ます는 '화장실을 다녀오다'입니다. 이는 '화장실'이라는 뜻의 トイレ와 '어떤 일을
끝내다'라는 <ruby>済<rt>す</rt></ruby>ます를 함께 사용하는 표현입니다.

Part 10 제안/권유

그렇게 서두르지 마세요
そんなに急がないでください。
손나니 이소가나이데 구다사이

▶ 서두르는 행동의 자제를 당부하는 표현입니다. 다음 문장 표현들을 통해 좀 더 자세히 알아보겠습니다.

회화

A そんなに急がないでください。
손나니 이소가나이데 구다사이
그렇게 서두르지 마세요.

B そうですね。あと一歩です。
소-데스네 아또 잇뽀데스
그렇군요. 앞으로 조금이네요.

単語 急ぐ 서둘러 あと一歩 조금 모자란

관련 표현

■ 그렇게 재촉하지 마세요.
そんなに急がせないでください。
손나니 이소가세나이데 구다사이

■ 아깝게 우승을 놓치다.
あと一歩のところで優勝を逃す。
아또 잇뽀노 도꼬로데 유-쇼-오 노가스

▶ あと一歩のところ는 다음이라는 あと와 한걸음을 말하는 一歩가 결합되어 한걸음이 모자란 상태를 표현하는 방법입니다. 그 뜻은 '아까운' 또는 '아슬아슬하게'로, 아쉬움을 표현합니다.

융통성이 없는 사람이네요

融通が利かない人ですね。

ゆうずう き ひと

유-즈-가 끼까나이 히또데스네

▶ 융통성이 없다는 표현은 融通が利かない라고 합니다. 다음 문장 표현들을 통해 좀 더 자세히 알아보겠습니다.

회화

A 鈴木さんって会社のマニュアル通りにしか
すずき かいしゃ どお
스즈끼상떼 가이샤노 마뉴아루도-리니시까

動けないんです。
うご
우고께나인데스

스즈키 씨는 회사의 매뉴얼대로만 움직이네요.

B 融通が利かない人ですね。
ゆうずう き ひと
유-즈-가 끼까나이 히또데스네

융통성이 없는 사람이네요.

単語 融通 융통 利く 가능하다
ゆうずう き

관련 표현

■ 찾아보는 것밖에 방법이 없다.

探してみるしか方法がない。
さが ほうほう

사가시떼 미루시까 호-호-가나이

■ 임기응변이 없다.

機転が利かない。
き てん き

기뗀가 끼까나이

▶ 위의 マニュアル通り는 '매뉴얼대로'라는 뜻입니다. 이때 함께 사용하는 ~通り는 앞의 내용
과 동일한 방법 또는 상태로 한정하는 의미입니다.

잔소리하지 마세요

小言を言わないでください。

고고또오 이와나이데 구다사이

▶ '잔소리'는 小言라고 말합니다. 다음 문장 표현들을 통해 좀 더 자세히 알아보겠습니다.

회화

A 小言を言わないでください。

고고또오 이와나이데 구다사이

잔소리하지 마세요.

B ごめん。やる気を失わせてしまったね。

고멘 야루끼오 우시나와세떼시맛따네

미안. 의욕을 잃어버리게 만들었구나.

単語 小言 잔소리 失う 잃다 口うるさい 잔소리

관련 표현

■ 부장님은 잔소리가 많다.

部長は口うるさい。

부쵸-와 구찌우루사이

■ 완전히 의욕을 없앤다.

すっかりやる気をなくす。

숫까리 야루끼오 나꾸스

▶ 口うるさい는 '잔소리가 심하다' 또는 '말이 많다'라는 의미입니다. 이 표현은 '입'을 말하는 口와 '시끄럽다'라는 うるさい가 결합된 것입니다.

잘 생각해보세요

よく考えてみてください。

요꾸 강가에떼미떼 구다사이

▶ 상대방에게 좀 더 생각해 볼 것을 요청하거나 잘못된 사항을 지적할 때에 사용하는
표현입니다. 다음 문장 표현들을 통해 좀 더 자세히 알아보겠습니다.

회화

A 田中さん、よく考えてみてください。

다나까상 요꾸 강가에떼미떼 구다사이

다나카 씨 잘 생각해보세요.

B そうですね。どうも私の考えが浅はかでした。

소-데스네 도-모 와따시노 강가에가 아가하까데시다

그렇군요. 제 생각이 아주 어리석었습니다.

単語 浅はか 어리석음 一番 최우선 考慮する 고려하다

관련 표현

■ 어리석어도 자신이 제일이라고 생각하고 있다.

浅はかにも自分が一番だと思っている。

아사하까니모 지분가 이찌방다또 오못떼이루

■ 좀 더 고려해주시길 바라요.

もっと考慮してほしいですね。

못또 고-료시떼 호시-데스네

▶ 自分が一番은 '자신이 1번'이라는 뜻으로, 자기 중심적이거나 독선적인 상황을 은유적으
로 표현합니다.

편한 곳으로 가세요

楽なところに行ってください。

라꾸나 도꼬로니 잇떼 구다사이

▶ 상대방에게 위치를 안내할 때 사용하는 표현은 ~に行ってください입니다. 다음 문장 표현들을 통해 좀 더 자세히 알아보겠습니다.

회화

A どの席に座れば良いですか。
도노 세끼니 스와레바 요이데스까
어느 자리에 앉으면 좋습니까?

B とりあえず田中さんが楽なところに行ってください。
도리아에즈 다나까상가 라꾸나 도꼬로니 잇떼 구다사이
우선 다나카 씨가 편한 곳으로 가세요.

単語 とりあえず 우선 居心地 편안함

관련 표현

■ 편안한 곳에 가고 싶다.
居心地の良いところへ行きたい。
이고꼬치노 요이 도꼬로에 이끼따이

■ 마음 편할 수 있는 포지션을 희망하다.
気楽にできるポジションを望む。
기라꾸니데끼루 포지숀오 노조무

▶ 위의 표현 중 とりあえず는 어떤 상황에서 순서상의 '우선'을 말할 때에 사용합니다. 이는 모든 상황이 정리된 것을 의미하기보다는 임시 방편의 의미로 자주 사용됩니다.

지금 가도 늦지 않을 거예요

今行っても遅くありません。

이마 잇떼모 오소꾸 아리마셍

▶ 시간이나 타이밍이 늦을 때에 遅い라는 표현을 사용합니다. 다음 문장 표현들을 통해 좀 더 자세히 알아보겠습니다.

회화

A もう閉店まじかだね。

모-헤-뗀마지까다네

벌써 문 닫기 직전이네.

B 今行っても遅くありません。行ってみましょう。

이마 잇떼모 오소꾸 아리마셍 잇떼미마쇼-

지금 가도 늦지 않을 거예요. 가보시죠.

単語 閉店まじか 문 닫기 직전 締め切りまじか 마감 직전

관련 표현

■ 이 나이에 공부를 시작해도 결코 늦지는 않다.

この歳で勉強を始めても遅くはない。

고노토시데 벵꾜-오 하지메떼모 오소꾸와나이

■ 마감 직전이 되었다.

締め切りまじかになった。

시메끼리마지까니 낫따

▶ ~ても는 '~라도'라는 뜻으로 어떤 내용에 한정을 하지 않고 선택할 수 있는 것을 표현할 때에 자주 사용됩니다.

이렇게 하는 것은 어떨까요?

こうするのはどうでしょうか。

고-스루노와 도-데쇼-까

▶ 상대방에게 자신의 의견이나 제안을 말할 때 공손하게 표현하는 방법입니다. 다음 문장 표현들을 통해 좀 더 자세히 알아보겠습니다.

회화

A こうするのはどうでしょうか。
고-스루노와 도-데쇼-까
이렇게 하는 것은 어떨까요?

B 君の考えも一理あるね。
기미노 강가에모 이찌리아루네
자네의 생각도 일리가 있어.

単語 一理ある 일리 있다　辞める 그만두다

관련 표현

■ 이렇게 생각하는 것은 어떨까요?

こう考えるのはどうでしょうか。
고- 깡가에루노와 도-데쇼-까

■ 회사를 그만두는 것에도 일리가 있다.

会社を辞めるのも一理ある。
가이샤오 야메루노모 이찌리 아루

▶ 본문 대화에 나온 표현들을 다양하게 활용해봅시다.

집에 가서 쉬시는 게 좋겠네요

家に帰って休まれたらいいですね。

이에니 가엣떼 야스마레따라 이-데스네

▶ 상대방에게 어떤 행동을 부드럽게 권유할 때에 쓰는 표현은 ~たらいいです입니다.
다음 문장 표현들을 통해 좀 더 자세히 알아보겠습니다.

회화

A 今日朝から熱っぽかったんです。

교- 아사까라 네쯧뽀깟딴데스

오늘 아침부터 열이 나는 것 같아요.

B 早く家に帰って休まれたらいいですね。

하야꾸 이에니 가엣떼 야스마레따라 이-데스네

빨리 집에 가서 쉬시는 게 좋겠네요.

単語　熱っぽい 열이 있음　子供っぽい 아이 같음

관련 표현

■ 그는 나잇살이나 먹고 유치하다.

彼はいい歳をして子供っぽい。

가레와 이-토시오시떼 고도못뽀이

■ 큰 대자로 뒹굴며 쉰다.

大の字に寝転がって休む。

다이노지니 네꼬로갓떼 야스무

▶ いい歳をしては 세상 물정에 익숙하고 사리분별 있는 나이임에도 불구하고 나이에 걸맞은
행동을 하지 못할 때에 쓰는 표현입니다. 따라서 いい歳をして 뒤에는 부정적인 의미가 함
께 사용됩니다.

다음에 또 기회가 있잖아요
次にまた機会があるじゃないですか。
쯔기니 마따 기까이가 아루쟈나이데스까

▶ 次にまた는 '다음에 또'라는 의미로 '다음'이라는 것을 강조할 때에 자주 사용되는 표현입니다.

회화

A 英検1級落としてしまいました。
에-껜 잇뀨-오또시떼 시마이마시다
영어 검정 1급 시험 떨어져버렸습니다.

B 次にまた機会があるじゃないですか。
쯔기니 마따 기까이가 아루쟈나이데스까
다음에 또 기회가 있잖아요.

単語 英検 영어 검정시험 落とす 떨어지다 機会 기회

관련 표현

■ 한자 검증 2급 시험에 통과 못 했어요.
漢検2級に通らなかった。
간껜 니뀨-니 도-라나깟따

■ 또 다음 기회가 있다.
また次のチャンスがある。
마따 쯔기노 챤스가 아루

▶ 어떤 시험이나 절차 등을 '통과하다'라는 의미로 사용되는 ~に通る는 대상이 되는 말에 조사 に를 사용합니다.

지난 일은 이제 잊으세요

過ぎたことは、もう忘れてください。

스기따 고또와 모- 와스레떼 구다사이

▶ 지난 과거나 어떤 내용을 잊는다는 표현은 忘れる를 사용합니다. 다음 문장 표현들을 통해 좀 더 자세히 알아보겠습니다.

회화

A 山田さんにお礼をしないといけないのに。
야마다상니 오레-오 시나이또 이께나이노니
야마다 씨에게 답례를 했어야 했는데…

B 過ぎたことは、もう忘れてください。
스기따 고또와 모- 와스레떼 구다사이
지난 일은 이제 잊으세요.

単語 お礼 답례, 보답　過ぎた 지난　忘れる 잊다, 잊어버리다

관련 표현

■ 답례로 대접하겠습니다.
お礼にご馳走します。
오레-니 고치소-시마스

■ 지난 일로 끙끙거리지 마세요.
過ぎたことでくよくよしないでください。
스기따 고또데 꾸요꾸요시나이데 구다사이

▶ くよくよ는 사소한 일을 걱정하는 모습을 나타내는 표현으로 '끙끙거리는 모양'을 나타냅니다. 의태어에 해당하는 단어입니다.

다음부터 하지 마세요

今度からやめてください。

곤도까라 야메떼 구다사이

▶ 상대방에게 행위나 동작의 중지를 요청하는 말입니다.

회화

A アポを取らずに来るのは今度からやめてください。

아포오 도라즈니 꾸루노와 곤도까라 야메떼 구다사이

약속 없이 오시는 것은 다음부터 하지 마세요.

B 失礼しました。事前にアポを取って来ます。

시쯔레이시마시다 지젠니 아포오 돗떼 끼마스

실례했습니다. 사전에 약속을 하고 오겠습니다.

単語 アポを取る 약속을 하다 事前に 사전에

관련 표현

■ 다음부터 주의하겠습니다.
今度から気を付けます。
곤도까라 끼오쯔께마스

■ 사전에 약속을 정하다.
事前に約束を取り付ける。
지젠니 야꾸소꾸오 도리쯔께루

▶ 앞에서도 이미 몇 차례 소개한 바와 같이 일본사람들은 외래어를 사용할 때 편의상 줄여서 표현하는 경우가 많이 있습니다. 위의 표현 중 アポ는 '약속'을 말하는 영어인 アポイントメント를 줄인 표현입니다.

만약에 제가 잊어버리면 다시 알려주세요

もし私が忘れていたらまた教えてください。

모시 와따시가 와스레떼이따라 마따 오시에떼 구다사이

▶ 상대방에게 어떤 내용이나 상황에 대해 다시 상기시켜줄 것을 요청하는 표현입니다.
다음 표현들을 통해 좀 더 자세히 알아보겠습니다.

회화

A 時間が経つとうっかりしてしまいそう。
지깐가 다쯔또 웃까리시데시마이소-
시간이 지나면 깜빡해버릴 것 같아요.

B もし私が忘れていたらまた教えてください。
모시 와따시가 와스레떼이따라 마따 오시에떼 구다사이
만약에 제가 잊어버리면 다시 알려주세요.

単語 うっかりする 깜빡하다 忘れる 잊다

관련 표현

■ 만약 내가 자고 있으면 깨워주세요.
もし私が寝ていたら起こしてください。
모시 와따시가 네떼이따라 오꼬시떼 꾸다사이

■ 무심코 지하철에서 지나쳐 버렸다.
うっかり地下鉄で乗り過ごした。
웃까리 치까데쯔데 노리스고시따

▶ もし~なら는 '만약 ~하면'이라는 뜻으로 어떤 사실이나 내용을 가정하여 사용하는 표현입니다.

할 말 있으면 말해보세요

言いたいことがあったら言ってみてください。

이-따이 고또가 앗따라 잇떼미떼 구다사이

▶ 상대방에게 의견이나 생각 등을 말할 것을 요청할 때에 사용하는 표현입니다.

회화

A 言いたいことがあったら言ってみてください。
이-따이 고또가 앗따라 잇떼미떼 구다사이
할 말 있으면 말해보세요.

B はい。では言いたいことを言わせてもらいます。
하이 데와 이-따이 고또오 이와세떼 모라이마스
네. 그럼 말하고 싶은 것을 말씀드리겠습니다.

単語 言わせてもらう 말씀드리다

관련 표현

■ 묻고 싶은 것을 여쭤보겠습니다.

聞きたいことを聞かせてもらいます。
끼끼따이 고또오 끼까세떼 모라이마스

■ 묻고 싶은 것이 있으면 물어봐주세요.

聞きたいことがあれば聞いてみてください。
끼끼따이 꼬또가 아레바 끼이떼 미떼 구다사이

▶ ~てもらいます는 어떤 동작을 받는다는 표현이지만 보통 동작의 주체가 대화자 본인인 경우에는 '~하겠습니다'가 됩니다.

할 말이 있으면 손을 들어주세요

言いたいことがあったら
手を挙げてください。

이-따이 고또가 앗따라 데오 아게떼 구다사이

▶ 수업이나 회의 등과 같이 많은 사람들이 의견을 교환할 때에 사용할 수 있는 표현입니다. 다음 문장 표현들을 통해 좀 더 자세히 알아보겠습니다.

회화

A どうしたらいいものか。困ったな。

도-시따라 이-모노까 고맛따나

어찌하면 좋을까. 곤란하네요.

B すみません。

스미마센

言いたいことがあったら手を挙げてください。

이-따이 고또가 앗따라 데오 아게떼 구다사이

죄송합니다. 할 말이 있으면 손을 들어주세요.

単語 手を挙げる 손을 들다, 때리다 思わず 무의식중에

관련 표현

■ 손을 들고 횡단보도를 건너다.
手を挙げて横断歩道を渡る。

데오 아게떼 오-단호도-오 와따루

■ 아이를 생각지도 않게 때려버렸다.
子供に思わず手を挙げてしまった。

고도모니 오모와즈 데오 아게떼시맛따

▶ 手を挙げる는 일반적으로 '손을 들다'라는 뜻으로 사용되지만 한국어의 회화적 표현과 마찬가지로 '손찌검하다' 또는 '때리다'라는 표현으로도 사용됩니다.

힘든 일 있으면 편하게 말하세요

大変なことがあったら気軽に
話してください。

다이헨나 고또가 앗따라 기가루니 하나시떼 구다사이

▶ 발생하지 않은 사실이나 상황이 일어나는 경우를 가정하는 표현은 ことがあったら입니다.

회화

A 初めての仕事なので不安です。
하지메떼노 시고또나노데 후안데스
처음 하는 일이라 불안합니다.

B 大変なことがあったら気軽に話してください。
다이헨나 고또가 앗따라 기가루니 하나시떼 구다사이
힘든 일 있으면 편하게 말하세요.

単語 不安 불안 気軽 부담없이 両親 부모

관련 표현

■ 꼭 가벼운 마음으로 오세요.
ぜひ気軽にお越しください。
제히 기가루니 오꼬시 구다사이

■ 부모님에게 송구한 마음이 가득해졌다.
両親に申し訳ない気持ちでいっぱいになった。
료-신니 모-시와께나이 기모찌데 잇빠이니낫따

▶ いっぱい는 한 잔을 가리키지만 그릇이 가득 찬 모양을 의미하여 '가득'이라는 관용적인 표현으로도 사용됩니다.

맘속에 담아두지 말고 말하세요
心の内に留めておかないで話してください。
고꼬로노 우찌니 도메떼 오까나이데 하나시떼 구다사이

▶ 상대방에게 의견이나 생각 등을 허심탄회하게 말할 것을 요청하는 말입니다. 다음 문장 표현들을 통해 좀 더 자세히 알아보겠습니다.

회화

A 心の内に留めておかないで話してください。
고꼬로노 우찌니 도메떼 오까나이데 하나시떼 구다사이
맘속에 담아두지 말고 말하세요.

B ここでは言いにくいです。
고고데와 이-니꾸이데스
여기에서는 말하기 곤란합니다.

単語 心の内 마음속 秘める 숨기다 留める 고정하다

관련 표현

■ 그는 속으로 숨긴 강인함이 있다.
彼は内に秘めた強さがある。
가레와 우찌니 히메따 쯔요사가 아루

■ 항상 마음에 새기고 잊지 않는다.
いつも心に留めておく。
이쯔모 고꼬로니 도메떼 오꾸

▶ 동사 뒤에 붙여서 사용하는 ~にくい는 해당 동작이나 행위를 '~하기 어렵다'는 뜻입니다.

의견 있으면 자유롭게 말씀하세요

意見があれば自由に話してください。

이껜가 아레바 지유-니 하나시떼 구다사이

▶ 회의 등에서 참가자들에게 자신의 의견을 자유롭게 말할 것을 요청하는 말입니다.
다음 문장 표현들을 통해 좀 더 자세히 알아보겠습니다.

회화

A 意見があれば自由に話してください。

이껜가 아레바 지유-니 하나시떼 구다사이

의견 있으면 자유롭게 말씀하세요.

B では私の話を皮切りに少し雰囲気を変えましょう。

데와 와따시노 하나시오 가와끼리니 스꼬시 훈이끼오 가에마쇼-

그럼 저의 이야기를 시작으로 조금 분위기를 바꿔보시죠.

単語　自由に 자유롭게　皮切りに 시작

관련 표현

■ 머리를 잘라서 분위기가 바뀌었다.
髪を切って雰囲気が変わった。
가미오깃떼 훈이끼가 가왓따

■ 일본을 시작으로 한류가 붐이 일었다.
日本を皮切りに韓流がブームになった。
니혼오 가와끼리니 간류-가 부-무니 낫따

▶ 皮切りは 가죽을 말하는 皮와 어떤 대상을 자른다는 말의 切り가 합쳐진 말이지만 관용적
인 표현으로 그 뜻은 '최초' 또는 '시작'입니다.

Day 271 선착순이에요
せんちゃくじゅん
先着順です。

Day 272 산책하실까요?
さん ぽ
散歩しましょうか。

Day 273 도와드릴게요
て つだ
お手伝いします。

Day 274 제가 좀 볼게요
わたし
私がちょっと見てみます。

Day 275 저에게 시간을 주세요
わたし じ かん
私に時間をください。

Day 276 좀 더 생각해볼게요
すこ かんが
もう少し考えてみます。

Day 277 이것 좀 치워주세요
かた づ
これちょっと片付けてください。

Day 278 추천해주세요
すいせん
推薦してください。

Day 279 모닝콜 해주세요
モーニングコールしてください。

Day 280 성의를 받아주세요
せい い う と
誠意を受け取ってください。

Day 281 기념으로 사진 찍어요
き ねん しゃしん と
記念に写真を撮りましょう。

Day 282 핸드폰 좀 꺼주세요
けいたい き
携帯をちょっと切ってください。

Day 283 핸드폰을 진동으로 바꾸세요
けいたい か
携帯をマナーモードに変えてください。

Day 284 그렇게 서두르지 마세요
いそ
そんなに急がないでください。

Day 285 융통성이 없는 사람이네요
ゆうずう き ひと
融通が利かない人ですね。

Day 286 잔소리하지 마세요
こ ごと い
小言を言わないでください。

Day 287 잘 생각해보세요
かんが
よく考えてみてください。

Day 288 편한 곳으로 가세요

楽なところに行ってください。

Day 289 지금 가도 늦지 않을 거예요

今行っても遅くありません。

Day 290 이렇게 하는 것은 어떨까요?

こうするのはどうでしょうか。

Day 291 집에 가서 쉬시는 게 좋겠네요

家に帰って休まれたらいい
ですね。

Day 292 다음에 또 기회가 있잖아요

次にまた機会があるじゃな
いですか。

Day 293 지난 일은 이제 잊으세요

過ぎたことは、もう忘れてく
ださい。

Day 294 다음부터 하지 마세요

今度からやめてください。

Day 295 만약에 제가 잊어버리면 다
시 알려주세요

もし私が忘れていたらまた
教えてください。

Day 296 할 말 있으면 말해보세요

言いたいことがあったら言っ
てみてください。

Day 297 할 말이 있으면 손을 들어주
세요

言いたいことがあったら手を
挙げてください。

Day 298 힘든 일 있으면 편하게 말하
세요

大変なことがあったら気軽
に話してください。

Day 299 맘속에 담아두지 말고 말하
세요

心の内に留めておかないで
話してください。

Day 300 의견 있으면 자유롭게 말씀
하세요

意見があれば自由に話して
ください。

Part 11

의견

어떤 의견이 있으세요?

何か意見がありますか。

나니까 이껜가 아리마스까

▶ 상대방에게 의견이 있는지 질문할 때 사용하는 표현입니다. 다음 문장 표현들을 통해 좀 더 자세히 알아보겠습니다.

회화

A 社員旅行の件で何か意見がありますか。

샤인료꼬ー노껜데 나니까 이껜가 아리마스까

사원여행의 건으로 어떤 의견이 있으세요?

B 自由行動の時間を増やしてください。

지유고ー도ー노 지깐오 후야시떼 구다사이

자유 행동 시간을 늘려주세요.

単語 自由行動 자유행동 増やす 늘리다

관련 표현

■ 솔직한 의견을 부탁합니다.
率直な意見をください。

솟쵸꾸나 이껜오 구다사이

■ 자유시간을 늘려서 여가를 즐기다.
自由な時間を増やして余暇を楽しむ。

지유ー나지깐오 후야시떼 요까오 다노시무

▶ 일본은 소규모 회사의 경우 주로 봄이나 가을 시기에 사원 여행을 가기도 합니다. 전통적으로 일본에서 봄에 지인들과 함께 꽃구경을 가던 花見의 영향으로도 보입니다.

좋은 생각이네요
いい考えですね。
이- 강가에데스네

▶ 상대방의 의견에 대해 호응하는 표현으로 자주 사용되는 표현들을 잘 익혀서 상황에
맞게 사용해보시기 바랍니다.

회화

A 社内に託児所をつくったらいいと思うんですけど。
샤나이니 다꾸지쇼오 쯔꿋따라 이-또 오모운데스께도
사내에 어린이집을 마련하면 좋겠다고 생각해요.

B いい考えですね。
이- 강가에데스네
좋은 생각이네요.

単語 託児所 탁아소, 어린이집 浮かぶ 떠오르다

관련 표현

■ 좋은 생각이 떠오르지 않다.
いい考えが浮かばない。
이- 강가에가 우까바나이

■ 좋은 아이디어를 모집합니다.
よいアイディアを募集します。
요이 아이디아오 보슈-시마스

▶ 考えが浮かばない는 생각이나 아이디어와 같이 머릿속의 내용이 떠오르지 않는다는 관용
적인 표현으로, 어떤 것이 수면위로 떠오른다는 뜻을 가진 浮かぶ를 사용한다는 것을 알아
두시기 바랍니다.

당신의 의견에 동의합니다
あなたの意見に同意します。
아나따노 이껜니 도-이시마스

▶ 회의 등에서 의견을 말하는 사람에게 동의할 때 사용하는 표현입니다. 다음 문장 표현들을 통해 좀 더 자세히 알아보겠습니다.

회화

A 人生でお金がすべてだとは思いません。
진세-데 오까네가 스베떼다또와 오모이마센
인생에서 돈이 전부라고는 생각하지 않아요.

B 私もあなたの意見に同意します。
와따시모 아나따노 이껜니 도-이시마스
저도 당신의 의견에 동의합니다.

単語 同意する 동의하다 賛成 찬성

관련 표현

■ 당신의 의견에 찬성입니다.
あなたの意見に賛成です。
아나따노 이껜니 산세-데스

■ 사람의 의견에 동의할 수 없다.
人の意見に同意できない。
히또노 이껜니 도-이데끼나이

▶ 어떤 의견에 대해 찬성과 반대 의견이 있을 수 있습니다. 일본어에서 찬성은 賛成이며 반대는 反対입니다.

생각보다 좋은데요

思ったよりいいですね。

오못따요리 이-데스네

▶ 어떤 내용이 기대했던 것 이상일 때에 사용하는 표현입니다. 다음 문장 표현들을 통해 좀 더 자세히 알아보겠습니다.

회화

A 室内のインテリアを変えてみたんです。

시쯔나이노 인테리아오 가에떼미딴데스

실내 인테리어를 바꿔봤습니다.

B 思ったよりいいですね。

오못따요리 이-데스네

생각보다 좋은데요.

単語 室内 실내 インテリア 인테리어 思ったより 생각한 것보다

관련 표현

■ 방의 배치가 생각보다 좋다.
部屋の間取りが思ったよりいい。

헤야노 마도리가 오못따요리 이-

■ 이번 드라마는 생각보다 재미없다.
今回のドラマは思ったより面白くない。

곤까이노 도라마와 오못따요리 오모시로꾸나이

▶ ~思ったよりと 어떤 것이 기대치와 다를 때 사용하는 표현으로, 뒤에는 긍정적인 내용 또는 부정적인 내용 모두 사용할 수 있습니다.

저는 무엇이든 괜찮아요
私は何でも大丈夫です。
와따시와 난데모 다이죠-부데스

▶ 자신에게 주어진 선택의 상황에서 상대방에게 선택을 유도하는 표현으로 자주 사용되는 표현들을 잘 익혀서 상황에 맞게 사용해보시기 바랍니다.

회화

A 今日はお礼にご馳走します。
교- 와 오레-니 고치소-시마스

どんなものが食べたいですか。
돈나 모노가 다베따이데스까
오늘은 답례로 대접하겠습니다. 어떤 것을 드시고 싶으세요?

B 私は何でも大丈夫です。
와따시와 난데모 다이죠-부데스
저는 무엇이든 괜찮아요.

単語 お礼に 답례로 ご馳走する 대접하다

관련 표현

■ 가리는 것이 없으니 무엇이든 괜찮습니다.
好き嫌いがないので何でも大丈夫です。
스끼끼라이가 나이노데 난데모 다이죠-부데스

■ 어떤 장르의 곡이든지 괜찮습니다.
どんなジャンルの曲でも大丈夫です。
돈나 쟝루노 꾜꾸데모 다이죠-부데스

▶ 好き嫌いは 어떤 것을 '좋아하다'라는 好き와 '싫어하다'라는 嫌い를 함께 사용하는 말로, 선택의 기호를 표시합니다.

그냥 그래요

まあまあです。

마-마-데스

▶ 어떤 사람이나 사물과 같은 대상이 별로 마음에 들지 않을 때 사용하는 표현입니다.
다음 문장 표현들을 통해 좀 더 자세히 알아보겠습니다.

회화

A 今の仕事に満足していますか。
이마노 시고또니 만조꾸시떼이마스까
지금 일에 만족하고 있습니까?

B まあまあです。
마-마-데스
그냥 그래요.

単語　満足する 만족하다　まあまあ 그저 그렇다　そこそこ 그럭저럭

관련 표현

■ 그럭저럭 팔리고 있습니다.

そこそこ売れています。
소꼬소꼬 우레떼이마스

■ 이 작품은 그냥 그런 결과입니다.
この作品はまあまあの出来具合です。
고노 사꾸힌와 마-마-노 데끼구아이데스

▶ まあまあ는 충분하지는 않지만 그 정도로 만족할 수 있는 범위에 해당될 때에 '그럭저럭'이
라는 뜻으로 사용합니다.

안타까운 마음이 생기는 것은 당연하죠
切ない気持ちになるのは当然です。
세쯔나이 기모찌니 나루노와 도−젠데스

▶ 어떤 내용이나 대상에 대해 안타까운 마음을 표현할 때에 切ない気持ち를 사용합니다. 다음 문장 표현들을 통해 좀 더 자세히 알아보겠습니다.

회화

A 彼と遠距離恋愛なので、とても切なくなります。

가레또 엔쿄리렌아이나노데 도떼모 세쯔나꾸나리마스

그이와 원거리 연애를 하고 있어 매우 안타까워요.

B 切ない気持ちになるのは当然です。

세쯔나이 기모찌니 나루노와 도−젠데스

안타까운 마음이 생기는 것은 당연하죠.

単語　遠距離恋愛 원거리 연애　切ない気持ち 안타까운 마음

관련 표현

■ 연애소설을 읽고 마음이 안타까워졌다.
恋愛小説を読んで心が切なくなった。
렌아이쇼−세쯔오 욘데 고꼬로가 세쯔나꾸낫따

■ 안타까운 마음이 들어 눈물이 흘렀다.
切ない気持ちになって涙がこぼれた。
세쯔나이 기모찌니낫떼 나미다가 고보레따

▶ '안타깝다'는 말을 활용한 다양한 표현을 익혀봅시다.

이곳의 서비스가 형편없어요

ここはサービスがなっていないです。

고꼬와 사-비스가 낫떼이나이데스

▶ 음식점 등이나 어떤 서비스가 만족스럽지 않을 경우에 사용하는 표현입니다. 다음 문장 표현들을 통해 좀 더 자세히 알아보겠습니다.

회화

A さっきから何度も店員を呼んでるのに来ないわ。

삿끼까라 난도모 뎅인오 욘데루노니 고나이와

좀 전부터 몇 번이나 점원을 불렀는데도 오지 않네.

B ここはサービスがなっていないです。

고꼬와 사-비스가 낫떼이나이데스

이곳의 서비스가 형편없어요.

単語 店員 점원 なってない 형편없다

관련 표현

■ 그녀는 예의가 형편없다.
彼女は礼儀がなっていない。
가노죠와 레-기가 낫떼이나이

■ 서비스업은 휴일이 바쁘다.
サービス業は休日が忙しい。
사-비스교-와 규-지쯔가 이소가시-

▶ 어떤 평가 대상이 해당되는 정도나 성적이 어느 정도의 수준이 되지 않은 경우에 なっていない라는 표현을 사용합니다. 직역하면 '~되지 않았다'이지만 그 뜻은 '형편없다'입니다.

일본어는 어렵지만 재미있어요

日本語は難しいですが、おもしろいです。

니혼고와 무즈까시-데스가 오모시로이데스

▶ 상반되는 내용을 열거하여 뒤의 내용을 강조할 때 ~ですが、…です라는 표현 방법을 사용할 수 있습니다. 다음 문장 표현들을 통해 좀 더 자세히 알아보겠습니다.

회화

A できそうでできないのが日本語です。

데끼소-데 데끼나이노가 니혼고데스

될 것 같으면서도 되지 않는 것이 일본어입니다.

B 日本語は難しいですが、おもしろいです。

니혼고와 무즈까시-데스가 오모시로이데스

일본어는 어렵지만 재미있어요.

単語 難しい 어려운 さほど 그다지

관련 표현

■ 한국어와 비슷한 일본어가 있다.
韓国語に似た日本語がある。

간꼬꾸고니 니따 니혼고가 아루

■ 어려울 것 같은데 그다지 어렵지 않은 문제였다.
難しそうで、さほど難しくない問題だった。

무즈까시소-데 사호도 무즈까시꾸나이 몬다이닷따

▶ 어떤 행동이나 결과가 생각보다 쉽지 않음을 표현할 때에 쓰는 できそうでできない는 '될 것 같으면서 안된다'는 뜻입니다.

감기에 걸리지 않게 따뜻한 옷을 입으세요

風邪を引かないように暖かい服を着てください。

가제오 히까나이요-니 아따따까이 후꾸오 끼떼 구다사이

▶ 상대방에게 감기 조심할 것을 당부하는 말입니다.

회화

A 今日は少し肌寒いですね。

교-와 스꼬시 하다사무이데스네

오늘은 좀 쌀쌀하네요.

B 風邪を引かないように暖かい服を着てください。

가제오 히까나이요-니 아따따까이 후꾸오 끼떼 구다사이

감기에 걸리지 않게 따뜻한 옷을 입으세요.

単語 肌寒 쌀쌀한 暖かい 따뜻한 悪寒 오한

관련 표현

■ 옷을 입고 체온조절한다.
服を着て体温調節する。
후꾸오 끼떼 타이온쵸-세쯔스루

■ 감기에 걸려서 오한이 난다.
風邪を引いて悪寒がする。
가제오 히이떼 오칸가 스루

▶ 이미 앞에서도 설명이 되었지만 감기를 나타내는 風邪와 바람을 나타내는 風는 동일하게 かぜ로 발음됩니다. 다른 한자를 사용하지만 발음은 같습니다.

할 말이 있는데요

言いたいことがあるのですが。

이-따이 고또가 아루노데스가

▶ 사람들 또는 상대방에게 자신의 의견을 말하고자 할 때 사용하는 표현입니다. 다음 문장 표현들을 통해 좀 더 자세히 알아보겠습니다.

회화

A 言いたいことがあるのですが。
이-따이 고또가 아루노데스가
할 말이 있는데요.

B ええ。何でもおっしゃってください。
에- 난데모 옷샷떼 구다사이
네. 무엇이든 말씀해주세요.

単語 言いたい 말하고 싶다 黙る 침묵하다

관련 표현

■ 묻고 싶은 것이 있습니다만.
聞きたいことがあるのですが。
끼끼따이 고또가 아루노데스가

■ 말하고 싶은 것도 말하지 못하고 침묵했다.
言いたいことも言えず黙っていた。
이-따이 고또모 이에즈 다맛떼이따

▶ ~たいことがある는 '~하고 싶은 것이 있다'라는 말로 ~します나 ~したいです와 같이 직설적인 표현이 아닌 공손한 표현입니다.

특별히 의미는 없습니다

別に意味はありません。
_{べつ} _{い み}

베쯔니 이미와 아리마센

▶ 자신이 말한 내용이나 행동이 다른 뜻이 없음을 말하고자 할 때 사용하는 표현입니다. 다음 문장 표현들을 통해 좀 더 자세히 알아보겠습니다.

회화

A さっきから私にちょっかいを出して、どうしてですか。

삿끼까라 와따시니 춋까이오 다시떼도-시떼데스까

조금 전부터 저에게 참견하시는데 왜 그런가요?

B 別に意味はありません。

베쯔니 이미와 아리마센

특별히 의미는 없습니다.

単語 別 다른 意味 의미 ちょっかい 참견

Part 11

의견

관련 표현

■ 깊은 뜻은 없습니다.

深い意味はありません。

후까이 이미와 아리마센

■ 다른 의미를 가지는 말이 있다.

別の意味を持つ。

베쯔노 이미오 모쯔

▶ 위의 표현 중 ちょっかい는 고양이나 동물이 조심스럽게 앞발로 끌어당기는 것을 말하는 표현으로 '쓸데없는 참견이나 간섭'을 은유적으로 표현하는 말입니다.

이것은 좋은 기회입니다
これはいい機会です。
고레와 이- 기까이데스

▶ 좋은 기회가 생겼을 때 사용하는 표현 방법으로 다양한 표현 방법이 있으므로 자주
사용되는 표현들을 잘 익혀서 상황에 맞게 사용해보시기 바랍니다.

회화

A 海外出張だなんて旅行を兼ねて行けるんだったら、
가이가이 슛쵸-다난떼 료꼬-오 가네떼이께룬닷따라

これはいい機会です。
고레와 이- 기까이데스
해외출장이라니 여행을 겸해서 다녀온다면 이것은 좋은 기회입니다.

B 張り切ってますね。
하리깃떼마스네
의욕이 넘치시네요.

単語 兼ねる 겸하다 張り切る 의욕이 넘치다

관련 표현

■ 드디어 기회를 만났다.
やっと機会に恵まれた。
얏또 기까이니 메구마레따

■ 귀성을 겸해서 동창회에 참석했다.
帰省を兼ねて同窓会に参席した。
기세-오 가레떼 도-소-까이니 산세끼시따

▶ やっと는 어떤 바라던 것이나 목표로 노력하던 것이 이루어질 때에 사용되는 표현으로 '간
신히' 또는 '겨우'라는 뜻을 가지고 있습니다.

입장 바꿔서 생각해보세요

立場を変えて考えてみてください。

たち ば か かんが

다찌바오 가에떼 강가에떼 미떼 구다사이

▶ '입장을 바꿔서'라는 표현을 할 때에 立場を変えて를 사용합니다. 다음 문장 표현들을 통해 좀 더 자세히 알아보겠습니다.

회화

A あの人は一体何をしているのかしら。
ひと いったいなに

아노 히또와 잇따이 나니오 시떼이루노까시라

저 사람은 도대체 무엇을 하고 있는지 모르겠군.

B 田中さん、立場を変えて考えてみてください。
た なか たち ば か かんが

다나까상 다찌바오 가에떼 강가에떼 미떼 구다사이

다나카 씨 입장 바꿔서 생각해보세요.

単語 立場 입장 視点 시점 物事 일, 사물
たち ば し てん ものごと

관련 표현

■ 시점을 바꿔서 사물을 본다.
視点を変えて物事を見る。
し てん か ものごと み

시뗀오 가에떼 모노고또오 미루

■ 상대방의 입장에 서서 생각하는 것은 아주 어렵다.
相手の立場に立って考えるのはとても難しい。
あい て たち ば た かんが むずか

아이떼노 다찌바니 닷따 강가에루노와 도떼모 무즈까시-

▶ 위의 표현 중 一体는 일반문에서는 '전반적으로, 대체로'지만 의문이나 감탄의 표현과 함께 사용하면 '도대체'입니다.
いったい

누구나 그런 시기가 있어요

誰にでもそういう時期があります。

다레니데모 소-유- 지끼가 아리마스

▶ 불특정 다수를 빌어 보통의 경우를 나타낼 때에 誰にでも를 사용하며 '누구에게든
지'라는 뜻입니다.

회화

A 娘が親に歯向かってたいへんです。

무스메가 오야니 하무깟떼 다이헨데스

딸이 부모에게 반항해서 몹시 난감합니다.

B 誰にでもそういう時期があります。

다레니데모 소-유- 지끼가 아리마스

누구나 그런 시기가 있어요.

単語 歯向かう 저항하다 権力 권력 逆らう 반항하다

관련 표현

■ 권력에 정면으로 반항하다.

権力に真っ向から逆らう。

겐료꾸니 맛꼬-까라 사까라우

■ 생각지도 않게 상사에게 반항해버렸다.

思わず上司にたてついてしまった。

오모와즈 죠-시니 다떼쯔이떼시맛따

▶ 歯向かう는 刃向かう로도 사용하며 '반항하다' 또는 '저항하다'라는 뜻입니다. 이는 원래 칼
을 들고 맞서거나 이를 드러내고 물려고 덤비는 모양을 은유적으로 표현한 것입니다.

버려야 얻을 수 있어요
捨てれば入ってきます。
스떼레바 하잇떼끼마스

▶ '어떤 것을 버리다'라고 표현할 때 捨てる를 사용합니다. 다음 문장 표현들을 통해 좀 더 자세히 알아보겠습니다.

회화

A 狭い部屋がものでいっぱいです。
세마이 헤야가 모노데 잇빠이데스
좁은 방이 물건들로 가득 차 있어요.

B 捨てれば入ってきます。
스떼레바 하잇떼끼마스
버려야 얻을 수 있어요.

単語　狭い 좁은　捨てる 버리다　神 신　拾う 줍다　変わる 바뀌다

관련 표현

■ 버리는 신이 있다면 주워주는 신도 있다.
捨てる神あれば拾う神あり。
스떼루 가미아레바 히로우 가미아리

■ 버리면 인생이 바뀐다.
捨てたら人生が変わる。
스떼따라 진세-가 가와루

▶ 일본 속담인 捨てる神あれば拾う神あり는 '버리는 신이 있다면 주워주는 신도 있다'는 말로, 불행을 주는 신이 있다면 행복을 주는 신도 있다는 뜻이며, 낙담할 만한 상황에서 격려하는 의미로 사용됩니다.

그렇게 쉬운 것이 어디 있어요

そんなに易しいことがどこにありますか。

손나니 야사시- 고또가 도꼬니 아리마스까

▶ 어떤 내용이 쉽지 않다는 뜻의 표현입니다. 다음 문장 표현들을 통해 좀 더 자세히 알 아보겠습니다.

회화

A この商品を売ったら、ぼろ儲けでしょうね。

고노 쇼-힌오 웃따라 보로모-께데쇼-네

이 상품을 팔면 떼돈 벌 수 있겠죠?

B そんなに易しいことがどこにありますか。

손나니 야사시- 고또가 도꼬니 아리마스까

그렇게 쉬운 것이 어디 있어요.

単語 商品 상품 ぼろ儲け 한탕 易しい 쉬운

관련 표현

■ 이 문제는 너무 쉽다.

この問題は易しすぎる。

고노 몬다이와 야사시스기루

■ 그렇게 아까운 이야기가 어디에 있습니까?

そんなにもったいない話がどこにありますか。

손나니 못따이나이 하나시가 도꼬니 아리마스까

▶ どこにありますか는 '어디에 있습니까?'라는 질문이 아니라 어떤 것이 일어날 수 없거나 가 능하지 않다는 것을 의미하는 말입니다.

저도 그렇게 생각해요
私もそう思います。
와따시모 소- 오모이마스

▶ 대화 중 상대방의 의견에 동의하는 표현으로 다양한 표현 방법이 있으므로 자주 사용되는 표현들을 잘 익혀서 상황에 맞게 사용해보시기 바랍니다.

회화

A 私は行き当たりばったりの旅行が好きです。
와따시와 이끼아따리밧따리노 료꼬-가 스끼데스
저는 계획성 없는 여행을 좋아합니다.

B 私もそう思います。
와따시모 소- 오모이마스
저도 그렇게 생각해요.

単語 行き当たりばったり 무작정 計画 계획

관련 표현

■ 계획 없이 여행을 한다.
計画立てずに旅行をする。
게-까꾸 다떼즈니 료꼬오스루

■ 그는 무엇을 하든지 무계획적이다.
彼は何をするにも行き当たりばったりだ。
가레와 나니오 스루니모 이끼아따리밧따리다

▶ 行き当たりばったりは '계획성이 없음'이라는 뜻으로 미리 준비되지 않고 형편에 따라 되는 대로 행동할 때 사용합니다.

앞으로 기회가 얼마든지 있어요

これからチャンスがいくらでもあります。

고레까라 챤스가 이꾸라데모 아리마스

▶ 어떤 내용이나 대상이 아주 많음을 나타낼 때 いくらでもある라는 표현을 사용할 수 있습니다. 다음 문장 표현들을 통해 좀 더 자세히 알아보겠습니다.

회화

A オーディションに応募したんだけど落ちてしまいました。

오-디숀니 오-보시딴다께도 오찌떼시마이마시다

오디션에 응모했지만 떨어져버렸습니다.

B これからチャンスがいくらでもあります。

고레까라 챤스가 이꾸라데모 아리마스

앞으로 기회가 얼마든지 있어요.

単語 応募 응모 掴む 쥐다, 붙잡다

관련 표현

■ 찬스를 잡는다.

チャンスを掴む。

챤스오 쯔가무

■ 대학에서 수업 학점을 못 땄다.

大学で授業の単位を落とした。

다이가꾸데 쥬교-노 단이오 오또시따

▶ 일본의 대학에서 학점을 말할 때에는 授業の単位라는 말을 사용합니다. 이는 학습량을 측정하는 단위라는 의미로 사용되어 '학점'이라는 뜻이 된다는 것을 알아두시기 바랍니다.

다른 사람의 의견도 잘 들어보세요

人の意見もよく聞いてみてください。

히또노 이껜모 요꾸 끼-떼미떼 구다사이

▶ 상대방에게 타인의 의견을 들어볼 것을 권고할 때에 사용하는 표현입니다. 다음 문장 표현들을 통해 좀 더 자세히 알아보겠습니다.

회화

A 言いたいことばかり言ってないで

이-따이 고또바까리 잇데나이데

人の意見もよく聞いてみてください。

히또노 이껜모 요꾸 끼-떼미떼 구다사이

말하고 싶은 것만 말하지 말고 다른 사람의 의견도 잘 들어보세요.

B あ、失礼しました。

아 시쯔레이시마시다

아, 실례했습니다.

単語 ばかり ~뿐, ~만 聞く 듣다 耳 귀

관련 표현

■ 사람의 이야기를 잘 듣는다.

人の話をよく耳にする。

히또노 하나시오 요꾸 미미니스루

■ 듣는 것을 잘하면 좋아.

聞き上手になるとよい。

끼끼죠-즈니 나루또 요이

▶ 聞き上手는 말은 상대방이 말하기 쉽도록 응답해주면서 듣고 싶은 것을 충분히 이야기하도록 하는 것을 뜻합니다.

다른 사람의 경험도 존중하세요
他^{ほか}の人^{ひと}の経験^{けいけん}も尊重^{そんちょう}してください。

호까노 히또노 게-껭모 손쵸-시떼 구다사이

▶ 상대방에게 타인의 경험을 존중할 것을 권고할 때에 사용하는 표현입니다. 다음 문장 표현들을 통해 좀 더 자세히 알아보겠습니다.

회화

A 私^{わたし}がやってきたのだから、できないことはないはずだ。

와따시가 얏떼끼따노다까라 데끼나이 고또와 나이하즈다

내가 해온 것이니 할 수 없는 것은 아닐 것이다.

B 他^{ほか}の人^{ひと}の経験^{けいけん}も尊重^{そんちょう}してください。

호까노 히또노 게-껭모 손쵸-시떼 구다사이

다른 사람의 경험도 존중하세요.

単語 経験^{けいけん} 경험 尊重^{そんちょう}する 존중하다

관련 표현

■ 내 사전에는 불가능이라는 말은 없다.
私^{わたし}の辞書^{じしょ}に不可能^{ふかのう}という文字^{もじ}はない。

와따시노 지쇼니 후까노-또 유- 모지와 나이

■ 신입사원의 의견도 존중해주세요.
新入社員^{しんにゅうしゃいん}の意見^{いけん}も尊重^{そんちょう}してください。

신뉴-샤인오 이껜모 손쵸-시떼 구다사이

▶ 프랑스의 나폴레옹이 남긴 유명한 표현인 '내 사전에는 불가능은 없다'는 말을 일본어로 표현해봅시다.

무슨 일이든 긍정적이어야 해요

どんなことでも肯定的でなければなりません。

돈나 고또데모 고-떼-떼끼데나께레바 나리마센

▶ どんなことでもは 예외 없이 모든 것을 말하는 표현입니다. 다음 문장 표현들을 통해 좀 더 자세히 알아보겠습니다.

회화

A 彼は何でも否定的で、とても心配です。

가레와 난데모 히떼-떼끼데 도떼모 신빠이데스

그는 무엇이든 부정적이어서 아주 걱정됩니다.

B どんなことでも肯定的でなければなりません。

돈나 고또데모 고-떼-떼끼데나께레바 나리마센

무슨 일이든 긍정적이어야 해요.

単語 否定的 부정적 肯定的 긍정적

관련 표현

■ 그는 부정적인 것만 말한다.

彼は否定的なことばかり言う。

가레와 히떼-떼끼나 고또바까리 유-

■ 긍정적인 말로 인간관계가 좋아진다.

肯定的な言葉で人間関係が良くなる。

고-떼-떼끼나 고또바데 닌겐깐께-가 요꾸나루

▶ 위의 표현 중 ~でなければなりません는 부정의 부정의 표현으로 강한 긍정의 뜻을 나타냅니다.

너무 쉽게 말하는 것 아니세요?

とても容易く言われるのではないですか。

도떼모 다야스꾸 이와레루노데와 나이데스까

▶ 상대방의 이전의 말의 내용에 대해 공손하게 다시 생각하도록 권고할 때에 사용하는 표현입니다. 다음 문장 표현들을 통해 좀 더 자세히 알아보겠습니다.

회화

A とても容易く言われるのではないですか。

도떼모 다야스꾸 이와레루노데와 나이데스까

너무 쉽게 말하는 것 아니세요?

B いいえ。何でもないことだと思いますよ。

이-에 난데모나이 고또다또 오모이마스요

아뇨. 아무것도 아닌 것이라고 생각합니다.

単語 容易く 쉽다 何でもない 아무것도 아니다

관련 표현

■ 컴퓨터를 쉽게 사용할 수 있다.

パソコンを容易く扱える。

파소콘오 다야스꾸 아쯔까에루

■ 저 사람과 사귀는 것은 쉬운 것이 아니다.

あの人と付き合うのは容易くない。

아노 히또또 쯔끼아우노와 다야스꾸나이

▶ ~が得意는 어떤 것에 대해 자신이 있거나 어느 정도 높은 수준을 가지고 있음을 나타내는 표현으로 잘하는 대상에 조사 が를 사용합니다.

그렇게 말하면 안 되죠

そう言ってはいけないでしょ。

소-잇떼와 이께나이데쇼-

▶ 상대방의 이전 말의 내용이나 표현 방법에 대해 직접적인 자제를 요청할 때에 사용하는 표현입니다. 다음 문장 표현들을 통해 좀 더 자세히 알아보겠습니다.

회화

A 山田さんに「明日から来なくてもいい」って

야마다상니 아시따까라 고나꾸떼모 이- 떼

言っておきました。

잇떼오끼마시따

야마다 씨에게 내일부터 오지 않아도 된다고 말해두었습니다.

B そう言ってはいけないでしょ。

소-잇떼와 이께나이데쇼-

그렇게 말하면 안 되죠.

単語 正しい 바른 折れる 굽히다

관련 표현

■ 한마디 고함을 지르다.

一言喝を入れる。

히또고도 까쯔오 이레루

■ 옳았다고 하더라도 굽히지 않으면 안 되는 때가 있다.

正しかったとしても折れないといけない時がある。

다다시깟따또시떼모 오레나이또 이께나이 도끼가 아루

▶ 明日から来なくてもいい는 '내일부터 오지 않아도 좋다'는 말로, 직장 등에서 상대방을 그만두게 할 때 사용합니다.

제가 보는 눈이 없었어요
私の見る目がなかったようです。
와따시노 미루메가 나깟따요-데스

▶ 어떤 사람이나 사물에 대한 안목이 없었음을 말할 때 사용하는 표현입니다. 다음 문장 표현들을 통해 좀 더 자세히 알아보겠습니다.

회화

A あなたが紹介してくれた人は
아나따가 쇼-까이시떼꾸레따 히또와

会社をすぐ辞めてしまいました。
가이샤오 스구 야메떼시마이마시다

당신이 소개해준 사람은 회사를 금방 그만두었습니다.

B 私の見る目がなかったようです。
와따시노 미루메가 나깟따요-데스

제가 보는 눈이 없었어요.

単語 辞める 그만두다 見極める 판별하다

관련 표현

■ 저는 남자 보는 눈이 없어요.
私、男を見る目がないです。
와따시 오또꼬오 미루메가 나이데스

■ 확인하는 능력이 없다.
見極める能力がない。
미끼와메루 노-료꾸가나이

▶ 見る目がない는 어떤 사람이나 사물 등의 속성을 이해하는 '안목이 없다'는 뜻입니다.

누구의 잘못도 아닙니다
誰の過ちでもありません。

다레노 아야마찌데모 아리마셍

▶ 서로에게 잘못이 없음을 말할 때에 사용되는 표현입니다. 다음 문장 표현들을 통해 좀 더 자세히 알아보겠습니다.

회화

A 誰のせいでこんなことになったんだろう。

다레노세-데 곤나 고또니 낫딴다로-

누구 때문에 이런 일이 생겼을까?

B 誰の過ちでもありません。

다레노 아야마찌데모 아리마셍

누구의 잘못도 아닙니다.

単語 過ち 잘못 犯す 어기다, 저지르다 問いただす 따지다

관련 표현

■ 실수를 저질러버렸다.

ミスを犯してしまった。

미스오 오까시떼시맛따

■ 누구 때문에 이렇게 되었는지 추궁하다.

誰のせいでこうなったのか問いただす。

다레노세-데 고-낫따노까 도이따다스

▶ 어떤 원인이나 이유를 표현할 때 사용하는 ~のせい는 원인이 되는 말에 붙여서 사용됩니다. 이때 조사는 の가 사용됩니다.

잘못한 사람이 책임져야죠

過った人が責任とらないといけませんよ。

あやま　　ひと　　せきにん

아야맛따 히또가 세끼닌 또라나이또 이께마셍요

▶ 책임 소재에 대해 완곡하게 표현하는 말입니다. 다음 문장 표현들을 통해 좀 더 자세히 알아보겠습니다.

회화

A 誰も責任をとろうとしないので困ります。
だれ　せきにん　　　　　　　　　　こま

다레모 세끼닌오 도로-또시나이노데 고마리마스

누구도 책임을 지려고 하지 않아서 곤란합니다.

B 過った人が責任とらないといけませんよ。
あやま　　ひと　　せきにん

아야맛따 히또가 세끼닌 또라나이또 이께마셍요

잘못한 사람이 책임져야죠.

単語 過つ 잘못하다　責任をとる 책임을 지다
あやま　　　　　せきにん

관련 표현

■ 누구도 자리를 양보하려고 하지 않는다.
誰も席を譲ろうとしない。
だれ　せき　ゆず

다레모 세끼오 유즈로-또시나이

■ 용돈을 다 써버렸다.
おこづかいを使い果たした。
つか　は

오꼬즈까이오 쯔까이 하따시따

▶ 使い果たす는 '모두 써버리다'라는 뜻으로 '완수하다'라는 뜻을 가진 果たす가 동사와 함께
つか　は　　　　　　　　　　　　　　　　　　　　　　　　　は
사용되면 '모두 ~해버리다'라는 표현이 됩니다.

설마 그렇게 심각해요?

まさかそんなに深刻ですか。

마사까 손나니 신꼬꾸데스까

▶ 어떤 내용이 예상과 다를 경우 '설마'라는 뜻의 **まさか**를 사용합니다. 다음 문장 표현들을 통해 좀 더 자세히 알아보겠습니다.

회화

A 突然昨日連絡があって、契約が破棄になるかも。

도쯔젠 기노- 렌라꾸가 앗떼 게-야꾸가 하끼니나루까모

갑자기 어제 연락이 있었는데 계약이 파기될 것 같아.

B まさかそんなに深刻ですか。

마사까 손나니 신꼬꾸데스까

설마 그렇게 심각해요?

単語 突然 갑자기 契約 계약 破棄 파기 まさか 설마

Part 11

의견

관련 표현

■ 설마 사고를 당하게 될지는…

まさか事故に遭うとは…

마사까 지꼬니 아우또와

■ 갑자기 비가 내리기 시작했다.

突然雨が降り出した。

도쯔젠 아메가 후리다시따

▶ ~とは思ってもみなかった는 그런 결과를 초래할 것으로 전혀 예상하지 못한 상황이었음을 강조하는 말입니다.

계산은 정확해야 해요

計算は正確にしなければなりません。
けい さん せい かく

게-산와 세-까꾸니 시나께레바 나리마센

▶ 반드시 해야 한다는 말을 하고자 할 때 ~しなければなりません를 사용합니다. 자주
  사용되는 표현이므로 잘 익혀서 상황에 맞게 사용해보시기 바랍니다.

회화

A お金の計算が合わなくて昨日残業でした。
　かね　けい さん　　あ　　　　きのう ざんぎょう

　오까네노 게-산가 아와나꾸떼 기노- 잔교-데시다

　돈 계산이 맞지 않아서 어제 야근했어요.

B 計算は正確にしなければなりません。
　けい さん　せい かく

　게-산와 세-까꾸니 시나께레바 나리마센

　계산은 정확해야 해요.

単語 計算 계산　正確に 정확히　打撃 타격
　　　けいさん　　　せいかく　　　　だげき

관련 표현

■ 시험에서 계산 실수는 타격이 크다.
試験での計算ミスは打撃が大きい。
し けん　　　けいさん　　　　だ げき　　おお

시껜데노 게-산미스와 다게끼가 오-끼-

■ 몇 번 봐도 장부가 맞지 않는다.
何度見ても帳簿が合わない。
なん ど み　　　ちょう ぼ　あ

난도 미데모 쵸-보가 아와나이

▶ 실수를 나타내는 ミス는 다른 명사와 함께 사용하여 '~실수'를 의미할 수 있습니다.

얼굴 보고 이야기하는 것이 좋다고 생각합니다

顔を見て話すのがいいと思います。

가오오 미떼 하나스노가 이-또 오모이마스

▶ 자신의 생각을 말할 때 思います를 사용하여 직접적인 내용을 표현할 수 있습니다.
다음 문장 표현들을 통해 좀 더 자세히 알아보겠습니다.

회화

A オンラインで話し合うっていうのはどうかな。

온라인데 하나시아웃떼 유-노와 도-까나

온라인으로 의논하는 것은 어떨까?

B 顔を見て話すのがいいと思います。

가오오 미떼 하나스노가 이-또 오모이마스

얼굴 보고 이야기하는 것이 좋다고 생각합니다.

単語 オンライン 온라인 話し合う 의논하다

관련 표현

■ 만나서 이야기하시죠.

会って話しましょう。

앗떼 하나시마쇼-

■ 그것이 옳다고 생각한다.

それが正しいと思う。

소레가 다다시-또 오모우

▶ 思う는 '생각하다'라는 의미를 가진 동사입니다.

Day 301 어떤 의견이 있으세요?
何か意見がありますか。

Day 302 좋은 생각이네요
いい考えですね。

Day 303 당신의 의견에 동의합니다
あなたの意見に同意します。

Day 304 생각보다 좋은데요
思ったよりいいですね。

Day 305 저는 무엇이든 괜찮아요
私は何でも大丈夫です。

Day 306 그냥 그래요
まあまあです。

Day 307 안타까운 마음이 생기는 것은 당연하죠
切ない気持ちになるのは当然です。

Day 308 이곳의 서비스가 형편없어요
ここはサービスがなっていないです。

Day 309 일본어는 어렵지만 재미있어요
日本語は難しいですが、おもしろいです。

Day 310 감기에 걸리지 않게 따뜻한 옷을 입으세요
風邪を引かないように暖かい服を着てください。

Day 311 할 말이 있는데요
言いたいことがあるのですが。

Day 312 특별히 의미는 없습니다
別に意味はありません。

Day 313 이것은 좋은 기회입니다
これはいい機会です。

Day 314 입장 바꿔서 생각해보세요
立場を変えて考えてみてください。

Day 315 누구나 그런 시기가 있어요
誰にでもそういう時期があります。

Day 316 버려야 얻을 수 있어요
捨てれば入ってきます。

Day 317 그렇게 쉬운 것이 어디 있어요
そんなに易しいことがどこにありますか。

Day 318 저도 그렇게 생각해요
私もそう思います。

Day 319 앞으로 기회가 얼마든지 있어요
これからチャンスがいくらでもあります。

Day 320 다른 사람의 의견도 잘 들어 보세요
人の意見もよく聞いてみてください。

Day 321 다른 사람의 경험도 존중하세요
他の人の経験も尊重してください。

Day 322 무슨 일이든 긍정적이어야 해요
どんなことでも肯定的でなければなりません。

Day 323 너무 쉽게 말하는 것 아니세요?
とても容易く言われるのではないですか。

Day 324 그렇게 말하면 안 되죠
そう言ってはいけないでしょ。

Day 325 제가 보는 눈이 없었어요
私の見る目がなかったようです。

Day 326 누구의 잘못도 아닙니다
誰の過ちでもありません。

Day 327 잘못한 사람이 책임져야죠
過った人が責任とらないといけませんよ。

Day 328 설마 그렇게 심각해요?
まさかそんなに深刻ですか。

Day 329 계산은 정확해야 해요

計算は正確にしなければな

りません。

....

Day 330 얼굴 보고 이야기하는 것이
좋다고 생각합니다

顔を見て話すのがいいと思

います。

....

Part | 12

일상생활

핸드폰 번호가 어떻게 되세요?

けい たい   ばん ごう   なん ばん
携帯の番号は何番ですか。

게-따이노방고-와 난방데스까

▶ 상대방이나 타인의 핸드폰 번호를 질문하는 표현 방법입니다. 다음 문장 표현들을 통해 좀 더 자세히 알아보겠습니다.

회화

A はっきりしたことがわかったら連絡ください。
れん らく

핫끼리시따 고또가 와깟따라 렌라꾸 구다사이

확실한 것을 알게 되면 연락 주세요.

けい たい   ばん ごう   なん ばん   ひか
B 携帯の番号は何番ですか。あ、ちょっと控えますね。

게-따이노방고-와 난방데스까 아 춋또 히까에마스네

핸드폰 번호가 어떻게 되세요? 아 좀 적어두겠습니다.

単語 携帯の番号 핸드폰 번호 控える 기록하다
けいたい ばんごう   ひか

관련 표현

■ 우편번호는 어떻게 되세요?
ゆうびんばんごう   なんばん
郵便番号は何番ですか。

유-빈방고와 난방데스까

■ 메모를 하는 습관을 가지다.
しゅうかん
メモする習慣をつける。

메모스루슈-깐오 쯔께루

▶ 習慣をつける는 습관을 몸에 붙인다는 뜻으로 사용하여 '습관을 가지다'는 의미로 사용됩니다.
しゅうかん

키가 어떻게 되세요?

身長^{しんちょう}はどのくらいですか。

신쵸-와 도노구라이데스까

▶ 상대방의 신장을 묻는 질문 방법으로 다양한 표현 방법이 있으므로 자주 사용되는 표현들을 잘 익혀서 상황에 맞게 사용해보시기 바랍니다.

회화

A 身長^{しんちょう}はどのくらいですか。

신쵸-와 도노구라이데스까

키가 어떻게 되세요?

B 背^{せい}が伸^のびなくて今^{いま}170センチです。

세-가 노비나꾸떼 이마 햐꾸나나쥿센치데스

키가 크지 않아서 지금 170센치입니다.

単語 身長^{しんちょう} 신장, 키 背^{せい} 키, 높이

관련 표현

■ 도토리 키 재기야.

どんぐりのせいくらべだ。

동구리노 세-구라베다

■ 나는 반에서 제일 키가 작다.

私^{わたし}はクラスで一番^{いちばんせい}背が低^{ひく}い。

와따시와 쿠라스데 이찌방 세-가 히꾸이

▶ 키를 말할 때 사용하는 일본어 표현은 한국어와 차이가 있습니다. '키가 크다'는 背が高い 이라고 하며 반대로 '키가 작다'는 背が低い라고 합니다.

나이가 어떻게 되세요?

お歳はおいくつですか。

오토시와 오이꾸쯔데스까

▶ 상대방의 나이를 묻는 질문 방법으로 다양한 표현 방법이 있으므로 자주 사용되는 표현들을 잘 익혀서 상황에 맞게 사용해보시기 바랍니다.

회화

A 失礼ですがお歳はおいくつですか。
시쯔레이데스가 오토시와 오이꾸쯔데스까
실례지만 나이가 어떻게 되세요?

B 還暦を超えました。
간레끼오 고에마시다
환갑을 넘겼습니다.

単語　失礼 실례　還暦 회갑　超える 넘다

관련 표현

■ 행동이 어리게 보인다.
行動が幼く見える。
고-도-가 오사나꾸 미에루

■ 고희연이 임박하다.
古希のお祝いが間近に迫る。
고끼노 오이와이가 마찌까니 세마루

▶ 일본어로 나이를 나타내는 표현 중 60세를 말하는 표현은 위에 나오는 還暦입니다. 한국과는 다름을 알아두세요.

당신의 고향은 어디인가요?
あなたの故郷はどちらですか。

아나따노 고꾜-와 도찌라데스까

▶ 상대방의 고향을 묻는 질문 방법으로 다양한 표현 방법이 있으므로 자주 사용되는 표현들을 잘 익혀서 상황에 맞게 사용해보시기 바랍니다.

회화

A あなたの故郷はどちらですか。
아나따노 고꾜-와 도찌라데스까
당신의 고향은 어디인가요?

B 生まれは東北です。
우마레와 도-호꾸데스
태어난 곳은 동북지역입니다.

単語 故郷 고향 生まれ 태어남, 태어난 곳 東北 동북

관련 표현

■ 휴일에는 시골에 간다.
休みの日には田舎に帰る。
야스미노 히니와 이나까니 가에루

■ 어릴 때 오사카에 이사 왔다.
幼いころ大阪に引っ越してきた。
오사나이꼬로 오-사까니 힛꼬시떼끼따

▶ 일본어의 田舎는 주로 도심과는 다른 '시골' 또는 '전원'이라는 의미로 사용됩니다만 '고향' 이라는 뜻으로도 사용됩니다.

저는 서울에서 15년째 살고 있어요

私はソウルに15年住んでいます。

와따시와 소우루니 쥬-고넨 순데이마스

▶ 어느 지역에서 살고 있다는 표현을 할 때에는 지역에 조사 に를 사용합니다. 다음 문장 표현들을 통해 좀 더 자세히 알아보겠습니다.

회화

A 私はソウルに15年住んでいます。
와따시와 소우루니 쥬-고넨 순데이마스
저는 서울에서 15년째 살고 있어요.

B ソウルが第二の故郷といえますね。
소우루가 다이니오 고쿄-또 이에마스네
서울이 제2의 고향으로 말할 수 있겠네요.

単語 住んでいる 살고 있다 暮らす 살다

관련 표현

■ 저는 줄곧 여기에서 살고 있습니다.
私はずっとここで暮らしています。
와따시와 줏또 고꼬데 구라시떼이마스

■ 제2의 인생을 걷기 시작했다.
第二の人生を歩き始めた。
다이니노 진세-오 아루끼하지메따

▶ ずっと는 처음부터 또는 오랫동안 계속 어떤 동작이 진행되는 모양을 나타낼 때 '쭉' 또는 '줄곧'이라는 표현으로 사용합니다.

일본 노래를 부를 수 있어요?

日本の歌を歌えますか。
に ほん　うた　　うた

니혼노 우따오 우따에마스까

▶ 상대방에게 노래를 부를 수 있는지를 질문하는 표현입니다. 다음 문장 표현들을 통해 좀 더 자세히 알아보겠습니다.

회화

A 日本の歌を歌えますか。
に ほん　うた　うた

니혼노 우따오 우따에마스까

일본 노래를 부를 수 있어요?

B 童揺を少し勉強しました。
どう よう　　すこ　べんきょう

도-요-오 스꼬시 벵꾜-시마시다

동요를 조금 공부했습니다.

単語 歌 노래　童揺 동요
　　　うた　　　どうよう

관련 표현

■ 가라오케에서 18번을 부르다.

カラオケで定番の曲を歌う。
ていばん　きょく　うた

가라오께데 데-방노 교꾸오 우따우

■ 동요는 부모로부터 자식에게 이어내려져왔다.

童謡は親から子へと受け継がれてきた。
どうよう　おや　　こ　　う　つ

도-요-와 오야까라 꼬에또 우께쯔가레떼끼따

▶ 동작이 연속적으로 진행되는 과정을 말할 때에 ~から...へ를 사용하여 '~부터...에'의 뜻을 나타냅니다.

노래 정말 잘하시네요
歌がほんとに上手ですね。
우따가 혼또니 죠-즈데스네

▶ 어떤 능력이 좋다는 것을 말할 때에 사용하는 표현은 上手를 사용하며 반대의 의미
는 下手라고 함을 알아두시기 바랍니다.

회화

A 歌がほんとに上手ですね。
우따가 혼또니 죠-즈데스네
노래 정말 잘하시네요.

B 小さいころから歌手になりたかったんです。
찌사이꼬로까라 가슈니 나리따깟딴데스
어릴 적부터 가수가 되고 싶었습니다.

単語 歌手 가수 料理 요리 交番 파출소 お巡りさん 경찰관

관련 표현

■ 요리를 정말 잘하시네요.
料理がほんとに上手ですね。
료-리가 혼또니 죠-즈데스네

■ 어릴 적에 파출소의 경찰이 되고 싶었다.
小さいころ交番のお巡りさんになりたかった。
찌-사이 고로 고-방노 오마와리상니 나리따깟따

▶ 이루지 못한 소망이나 희망사항을 나타낼 때에 ~になりたかった라는 표현을 사용합니다.
이는 '~되고 싶었다'라는 뜻입니다.

DAY
338

저는 음치입니다
私は音痴です。
わたし　おん　ち

와따시와 온찌데스

▶ 일본어로 音痴는 다양한 표현 방법이 있으므로 자주 사용되는 표현들을 잘 익혀서 상황에 맞게 사용해보시기 바랍니다.

회화

A これからカラオケに行きませんか。
고레까라 가라오께니 이끼마센까
지금 가라오케에 가지 않으실래요?

B 私は音痴です。歌はちょっと…。
わたし　おん　ち　　　　うた
와따시와 온찌데스 우따와 춋또
저는 음치입니다. 노래는 좀….

単語 音痴 음치 運動音痴 운동을 잘 못함 味覚音痴 미각이 둔함

관련 표현

■ 운동을 못합니다.
運動音痴です。
うんどうおんち
운도-온찌데스

■ 미각이 둔합니다.
味覚音痴です。
みかくおんち
미가꾸온찌데스

▶ 노래를 잘하지 못하는 사람을 '음치'라고 하며 音痴로 표현합니다. 특히 일본어에서는 어떤 행동 능력이 부족한 경우에도 音痴가 사용됩니다.

Part 12

일상생활

제가 노래 부르면 소음공해입니다

わたし うた そう おん こう がい
私が歌ったら騒音公害です。

와따시가 우땃따라 소-온꼬-가이데스

▶ 노래를 잘하지 못하는 상황을 은유적으로 표현하는 방법입니다. 다음 문장 표현들을 통해 좀 더 자세히 알아보겠습니다.

회화

わたし ひと まえ うた は
A **私、人前で歌うの恥ずかしいです。**
와따시 히또마에데 우따우노 하즈까시-데스
저는 사람 앞에서 노래하는 것이 부끄럽습니다.

わたし うた そう おん こう がい
B **私が歌ったら騒音公害です。**
와따시가 우땃따라 소-온꼬-가이데스
제가 노래 부르면 소음공해입니다.

単語 そうおんこうがい ひとまえ
騒音公害 소음공해 人前で 사람 앞에서

관련 표현

■ 사람 앞에서 말하는 것은 부끄럽다.
ひとまえ はなし は
人前で話をするのは恥ずかしい。
히또마에데 하나시오스루노와 하즈까시-

■ 소음에 시달립니다.
そうおん なや
騒音に悩まされる。
소-온니 나야마사레루

▶ 말과 소리에 관한 표현을 익혀봅시다.

큰 꿈을 가지세요
大きな夢を持ってください。
오-끼나 유메오 못떼 구다사이

▶ 상대방을 독려할 때에 말하는 방법으로 다양한 표현 방법이 있으므로 자주 사용되는 표현들을 잘 익혀서 상황에 맞게 사용해보시기 바랍니다.

회화

A 夢って叶うのかな。
유멧떼 가나우노까나
꿈은 이루어질까?

B まだ若いんだから大きな夢を持ってください。
마다 와까인다까라 오-끼나 유메오 못떼 구다사이
아직 젊으니까 큰 꿈을 가지세요.

単語 夢 꿈, 바람 叶う 이루어지다

관련 표현

■ 저 사람은 큰 꿈만 꾸고 있다.
あの人は大きな夢ばかり見ている。
아노 히또와 오-끼나 유메바까리미떼이루

■ 그는 세계일주의 꿈을 이루었다.
彼は世界一周の夢を叶えた。
가레와 세까이잇슈-노 유메오 가나에따

▶ 夢が叶う는 '꿈이 이루어지다'입니다.

빨리 꿈 깨세요
早く夢から覚めなさい。
하야꾸 유메까라 사메나사이

▶ '꿈을 깨다'라는 표현은 夢から覚める입니다. 일본어의 관용적인 표현이므로 잘 익혀서 상황에 맞게 사용해보시기 바랍니다.

회화

A 宝くじに当たって億万長者になるのが夢です。
다까라꾸지니 아땃떼 오꾸만쵸-쟈니나루노가 유메데스
복권에 당첨되어서 억만장자가 되는 것이 꿈입니다.

B 早く夢から覚めなさい。
하야꾸 유메까라 사메나사이
빨리 꿈 깨세요.

単語 宝くじ 복권 億万長者 억만장자

관련 표현

■ 꿈에서 깼다.
夢から覚めた。
유메까라 사메따

■ 매월 복권을 산다.
毎月宝くじを買う。
마이쯔끼 다까라구지오 가우

▶ 일본에서 복권을 부르는 말은 宝くじ입니다. 일본에도 다양한 복권이 있지만 특히 연말에 대규모 금액이 걸려 있는 ジャンボ宝くじ는 판매 개시일부터 대중의 관심을 모으기도 합니다.

가끔 잠꼬대를 해요
たまに寝言を言います。
따마니 네고또오 이-마스

▶ 어떤 일이 어쩌다가 일어날 때에 쓰는 표현은 たまに입니다. 다음 문장 표현들을 통해 좀 더 자세히 알아보겠습니다.

회화

A 私はたまに寝言を言います。
와따시와 따마니 네고또오 이-마스
저는 가끔 잠꼬대를 해요.

B 寝言は誰にでもあることです。
네고또와 다레니데모 아루고또데스
잠꼬대는 누구나 하는 것입니다.

単語 たまに 가끔 寝言 잠꼬대 誰 누구

관련 표현

■ 자기의 잠꼬대로 눈이 뜨였다.
自分の寝言で目が覚めた。
지분노 네고또데 메가 사메따

■ 실패는 누구에게도 있다.
失敗は誰にでもある。
싯빠이와 다레니데모 아루

▶ '잠꼬대'는 일본어로 寝言라고 합니다. 이는 잠을 잘 때에 하는 말이라는 뜻으로 사용하므로 '잠꼬대를 하다'는 寝言を言う라고 합니다.

코를 심하게 골아요

ひどくいびきをかきます。

히도꾸 이비끼오 가끼마스

▶ 코골이를 한다는 표현은 いびきをかく라고 말합니다. 다음 문장 표현들을 통해 좀 더 자세히 알아보겠습니다.

회화

A 父はひどくいびきをかきます。
찌찌와 히도꾸 이비끼오 가끼마스
아빠가 코를 심하게 골아요.

B 一度病院で検査してみたらどうでしょう。
이찌도 뵤-인데 겐사시떼미따라 도-데쇼-
한번 병원에서 검사를 받아보시면 어떨까요.

単語
ひどく 심하게 いびき 코골이 検査する 검사하다

관련 표현

■ 한번 도전해보면 어떨까요.
一度挑戦してみたらどうでしょう。
이찌도 쵸-센시떼미따라 도-데쇼-

■ 아이들은 잘 때 자주 오줌을 싼다.
子供は寝ているとき、よくおねしょをする。
고도모와 네떼이루 도끼 요꾸 오네쇼오스루

▶ 주로 어린아이들이 밤에 잠자리에 소변을 보는 야뇨를 おねしょ라고 합니다. 寝와 小便이 결합한 표현입니다.

어제 저녁에 푹 잤어요
昨夜はぐっすり寝ました。
유-베와 굿수리 네마시다

▶ 잠을 깊이 잔다는 것을 표현할 때에 ぐっすり라는 말을 사용합니다. 다음 문장 표현들을 통해 좀 더 자세히 알아보겠습니다.

회화

A 昨夜はぐっすり寝ました。
유-베와 굿수리 네마시다
어제 저녁에 푹 잤어요.

B リフレッシュできましたね。
리후렛슈데끼마시다네
기분이 상쾌해지셨군요.

単語 ぐっすり寝る 잠을 푹 자다 リフレッシュ 기분을 새롭게 하다

관련 표현

■ 운동을 해서 기분을 새롭게 하다.
運動してリフレッシュする。
운도-시떼 리슈렛슈스루

■ 아침까지 푹 잔다.
朝までぐっすり眠る。
아사마데 굿수리 네무루

▶ 푹 잔다는 표현을 조금 더 익혀봅시다.

누구랑 같이 온 거예요?

誰と一緒に来たんですか。

다레또 잇쇼니 끼딴데스까

▶ 상대방에게 동행인의 여부에 대해 질문 방법으로 다양한 표현 방법이 있으므로 자주 사용되는 표현들을 잘 익혀서 상황에 맞게 사용해보시기 바랍니다.

회화

A 迷子になったんですね。誰と一緒に来たんですか。
마이고니 낫딴데스네 다레또 잇쇼니 끼딴데스까
미아가 되었군요. 누구랑 같이 온거예요?

B 僕とおばあちゃんの二人で。
보꾸또 오바-짱노 후다리데
저랑 할머니 둘이서요.

単語 迷子 미아 おばあちゃん 할머니

관련 표현

■ 누구랑 해외여행을 가십니까?
誰と海外旅行に行くんですか。
다레또 가이가이료꼬-니 이꾼데스까

■ 누구와 영화를 보았습니까?
誰と映画を見ましたか。
다레또 에-가오 미마시다까

▶ '누구와'라는 표현을 활용한 문장을 익혀봅시다.

일본인인 줄 알았어요

日本人だと思ってました。
にほんじん　おも

니혼진다또 오못떼마시다

▶ 어떤 사실로 생각하고 있다는 것을 말할 때에 ~だと思う라는 표현을 사용합니다. 다음 문장 표현들을 통해 좀 더 자세히 알아보겠습니다.

회화

A 両親が韓国から遊びに来ました。
りょうしん　かんこく　あそ　き

료-신가 간꼬꾸까라 아소비니 끼마시다

부모님이 한국에서 놀러 오셨어요.

B 韓国の方だったの。
かんこく　かた

간꼬꾸노 가따닷따노

あなたが日本人だと思ってました。
にほんじん　おも

아나따가 니혼진다또 오못떼마시다

한국분이었어요? 당신이 일본인인 줄 알았어요.

単語 遊びに来る 놀러 오다　似てる 닮다
あそ　き　　　　　に

관련 표현

■ 일본인과 한국인은 외관이 닮았다.
日本人と韓国人は外見が似ている。
にほんじん　かんこくじん　がいけん　に

니혼진또 간꼬꾸진와 가이껜가 니떼이루

■ 사촌이 한국에 놀러 갔다.
いとこが韓国に遊びに行った。
かんこく　あそ　い

이또꼬가 간꼬꾸니 아소비니 잇따

▶ 일본어의 가족 관계를 나타내는 말 중 いとこ는 '4촌형제'를 가리키는 말입니다. 또한 いとこ는 성별에 관계없이 사용하는 표현이며, 부계 4촌은 父方いとこ, 모계 4촌은 母方いと
ちちかた　　　　　　　　ははかた
こ라고 합니다.

그렇게 할게요

そうします。

소-시마스

▶ 타인의 요청 또는 제안 등에 대해 수락할 때 사용하는 표현입니다. 다음 문장 표현들을 통해 좀 더 자세히 알아보겠습니다.

회화

A 長崎に行くんだったら
　나가사끼니 이꾼닷따라

　ハウステンボスを観光してきたらいいよ。
　하우스탠보스오 간꼬-시떼 끼따라 이-요
　나가사키에 간다면 하우스 텐보즈를 관광하고 오면 좋아요.

B はい、そうします。
　하이 소-시마스
　네. 그렇게 할게요.

単語 観光する 관광하다 古風 고풍, 옛모습

관련 표현

■ 그렇게 하려고 생각했습니다.

　そうしたいと思っています。
　소-시따이또 오못떼이마스

■ 교토를 관광하면 고풍스러운 일본을 느낄 수 있다.

　京都を観光すると古風な日本を感じられる。
　교-또오 간꼬-스루또 고후-나 니혼오 간지라레루

▶ ハウステンボス는 나가사키현의 대규모 리조트로 일본에 서양 문물을 전해준 네덜란드를 재현한 테마 파크입니다.

곧 도착합니다
もうすぐ到着します。
모- 스구 도-챠꾸시마스

▶ 시간적으로 '곧' 또는 '금방'이라는 표현은 もうすぐ를 사용합니다. 다음 문장 표현들을 통해 좀 더 자세히 알아보겠습니다.

회화

A 駅に到着しましたか。
에끼니 도-챠꾸시마시다까
역에 도착했습니까?

B もうすぐ到着します。
모- 스구 도-챠꾸시마스
곧 도착합니다.

単語 もうすぐ 곧 到着する 도착하다 宅配便 택배

관련 표현

■ 곧 택배가 도착합니다.
もうすぐ宅配便が届きます。
모- 스구 타꾸하이빈가 도도끼마스

■ 곧 공항에 도착합니다.
もうすぐ空港に到着します。
모-스구 구-꼬-니 도챠꾸시마스

▶ '도착하다'를 활용한 다양한 표현을 익혀봅시다.

우리도 막 도착했어요

私たちも丁度着きました。

와따시따찌모 쵸-도 쯔끼마시다

▶ 수량이나 형태의 정도가 '정확하다' 또는 '알맞다'라는 표현은 **ちょうど**라는 말을 사용합니다. 다음 문장 표현들을 통해 좀 더 자세히 알아보겠습니다.

회화

A どこまで来られましたか。
도꼬마데 고라레마시다까
어디까지 오셨습니까?

B 私たちも丁度着きました。
와따시따찌모 쵸-도 쯔끼마시다
우리도 막 도착했어요.

単語 丁度 꼭, 알맞게 温泉 온천

관련 표현

■ 이 온천은 물 온도가 딱 좋습니다.
この温泉は丁度いい湯加減です。
고노 온센와 쵸-도 이- 유까겐데스

■ 마침 눈앞에 있었습니다.
丁度目の前にいました。
쵸-도 메노마에니 이마시다

▶ 湯加減는 차나 탕약 또는 목욕물 등이 적당한 온도를 가지고 있다는 것을 나타낼 때에 쓰는 표현입니다.

무엇이 있습니까?

何かありますか。
なに

나니까 아리마스까

▶ 상대방에게 어떤 사실을 확인하거나 질문 방법으로 다양한 표현 방법이 있으므로 자주 사용되는 표현들을 잘 익혀서 상황에 맞게 사용해보시기 바랍니다.

회화

A これから計画していることが何かありますか。
けい かく　　　　　　　　　　　　なに

고레까라 게-까꾸시떼이루고또가 나니까 아리마스까

이제부터 계획하고 있는 것은 무엇이 있습니까?

B 計画も何もこれからです。
けい かく　なに

게-까꾸모 나니모 고레까라데스

계획도 무엇도 지금부터입니다.

単語 昔のまま 옛날 그대로　許す 용서하다
むかし　　　　　　　　　　ゆる

관련 표현

■ 알든 모르든 그는 옛날 그대로입니다.
知ってるも何も彼は昔のままです。
し　　　　なに　かれ　むかし

싯떼루모 나니모 가레와 무까시노마마데스

■ 용서하든 말든 나와는 관계없는 일입니다.
許すも何も私には関係ないことです。
ゆる　　　なに　わたし　　かんけい

유루스모 나니모 와따시니와 간께-나이 고또데스

▶ ~も何もは '~이든 무엇이든' 또는 '~나 뭐나'라는 뜻으로 어떤 것이라도 상관이 없다는 뜻으로 사용합니다.

401 •

말하자면 길어요
話せば長いです。
하나세바 나가이데스

▶ 상대방에게 많은 변화가 있었거나 모르는 새로운 사실을 전할 때 사용하는 표현입니다. 다음 문장 표현들을 통해 좀 더 자세히 알아보겠습니다.

회화

A あれからどうしてましたか。
아레까라 도-시떼마시다까
어떻게 지내셨어요?

B それが話せば長いです。
소레가 하나세바 나가이데스
그것은 말하자면 길어요.

単語 話せば 말하자면

관련 표현

■ 말을 하자면 길어지니…
話せば長くなるから…。
하나세바 나가꾸나루까라

■ 이야기 꽃이 핀다.
話に花が咲く。
하나시니 하나가 사꾸

▶ 어떤 상황이나 내용에 대해 말하는 사람의 확신이 있을 때에 쓰는 표현인 きっと는 '반드시' 또는 '틀림없이'라는 뜻입니다.

감기에 걸렸어요
風邪を引きました。
가제오 히끼마시다

▶ '감기에 걸리다'는 風邪を引く라고 표현합니다. 다음 문장 표현들을 통해 좀 더 자세히 알아보겠습니다.

회화

A 週末思いっきり遊ばないとね。
슈-마쯔 오모잇끼리 아소바나이또네
주말 마음껏 놀아야죠?

B わたし風邪をひきました。
와따시 가제오 히끼마시다
저는 감기에 걸렸어요.

単語 思いっきり 마음껏 風邪 감기 こじらせる 악화시키다

관련 표현

■ 감기를 악화시켜버렸습니다.
風邪をこじらせてしまいました。
가제오 고지라세떼 시마이마시다

■ 마음껏 웃다.
思いっきり笑う。
오모잇끼리 와라우

▶ 어떤 병이나 습관 등을 방치하여 '악화시키다'는 こじらせる라고 합니다. 어떤 문제를 꼬이게 만들거나 어렵게 만든다는 뜻입니다.

이번 시험 망쳤어요
今度の試験めちゃめちゃでした。
곤도노 시껨 메챠메챠데시다

▶ 어떤 내용이나 상황 등이 뒤죽박죽이 된 상황을 말할 때에 사용하는 표현입니다. 다음 문장 표현들을 통해 좀 더 자세히 알아보겠습니다.

회화

A 今度の試験めちゃめちゃでした。
곤도노 시껭 메챠메챠데시다
이번 시험 망쳤어요.

B 結果が出るまでわからないですよ。
겟까가 데루마데 와까라나이데스요
결과가 나오기까지 모릅니다.

単語
めちゃめちゃ 엉망진창　結果 결과

관련 표현

■ 그는 엉터리 같은 일본어를 사용하고 있다.
彼は出鱈目な日本語を使っている。
가레와 데따라메나 니혼고오 쯔깟떼이루

■ 아이는 엄청 귀엽다.
子供は滅茶苦茶かわいい。
고도모와 메챠꾸챠 가와이-

▶ 滅茶苦茶는 어떤 상황이 형편없거나 엉망진창이 된 모양을 나타내는 표현입니다. 이는 주로 めちゃくちゃ나 めちゃめちゃ와 같이 사용됩니다.

작심삼일이에요

三^{みっ}日^か坊^{ぼう}主^ずです。

밋까보-즈데스

▶ '작심삼일'을 일본어로 三^{みっ}日^か坊^{ぼう}主^ず라고 표현합니다. 다음 문장 표현들을 통해 좀 더 자세히 알아보겠습니다.

회화

A 私^{わたし}は何^{なに}をしても三^{みっ}日^か坊^{ぼう}主^ずです。

와따시와 나니오시떼모 밋까보-즈데스

저는 무엇을 해도 작심삼일이에요.

B 三^{みっ}日^か坊^{ぼう}主^ずを克^{こく}服^{ふく}する方^{ほう}法^{ほう}があるそうですよ。

밋까보-즈오 고꾸후꾸스루 호-호-가 아누소-데스요

작심삼일을 극복하는 방법이 있는 것 같던데요.

単語 三^{みっ}日^か坊^{ぼう}主^ず 작심삼일로 끝나는 사람

관련 표현

■ 3일 이상 길게 해본 사례가 없다.

三^{みっ}日^か以^い上^{じょう}長^{なが}続^{つづ}きしたためしがない。

밋까이죠- 나가쯔즈끼시따 다메시가나이

■ 작심삼일의 나쁜 버릇을 고치다.

三^{みっ}日^か坊^{ぼう}主^ずの悪^{わる}い癖^{くせ}を治^{なお}す。

밋까보-즈노 와루이 꾸세오 나오스

▶ ~したためしがない는 어떤 상황이나 행위를 '한 적이 없다'는 뜻으로 강한 부정의 의미를 나타냅니다.

식은 죽 먹기죠

お茶の子さいさいです。

오챠노 꼬사이사이데스

▶ 어떠한 일이 매우 쉽다는 것을 말하는 방법으로 다양한 표현이 있으므로 자주 사용되는 표현들을 잘 익혀서 상황에 맞게 사용해보시기 바랍니다.

회화

A 駅まで迎えに来てもらえますか。

에끼마데 무까에니 끼떼모라에마스까

역까지 마중을 나와주시겠습니까?

B そんなのお茶の子さいさいです。

손나노 오챠노 꼬사이사이데스

그건 식은 죽 먹기죠.

単語 迎え 마중 お茶の子さいさい 식은 죽 먹기 朝飯前 식은 죽 먹기

관련 표현

■ 달리기는 식은 죽 먹기입니다.
走るのは朝飯前です。
하시루노와 아사메시마에데스

■ 그것은 아주 쉬운 일입니다.
そんなのお安い御用です。
손나노 오야스이 고요-데스

▶ お茶の子さいさい는 아침 식사로서 차로 만든 죽을 먹는 것을 의미합니다. 죽처럼 쉽게 넘어가는 모양과 같이 '매우 쉬운 일'이라는 뜻입니다.

안색이 안 좋으시네요
顔色が良くないですね。
가오이로가 요꾸나이데스네

▶ 상대방의 건강 상태나 기분에 대한 질문 방법으로 다양한 표현 방법이 있으므로 자주 사용되는 표현들을 잘 익혀서 상황에 맞게 사용해보시기 바랍니다.

회화

A 今日顔色が良くないですね。
교- 가오이로가 요꾸나이데스네
오늘 안색이 안 좋으시네요.

B 最近、貧血気味で…。
사이낀 힌께쯔기미데
요즘 빈혈기로….

単語 顔色 안색 貧血 빈혈 気味 경향, 조심

관련 표현

■ 안색이 안 좋은 것 같은데…
顔色が悪いみたいけど…
가오이로가 와루이미따이께도

■ 가끔 빈혈이 있다.
時々貧血をおこす。
도끼도끼 힌께쯔오 오꼬스

▶ 아픈 것에 대한 표현을 익혀봅시다.

도와주시겠어요?

手伝ってくださいますか。

데쯔닷떼 구다사이마스까

▶ 상대방에게 도움을 요청하는 방법으로 다양한 표현 방법이 있으므로 자주 사용되는 표현들을 잘 익혀서 상황에 맞게 사용해보시기 바랍니다.

회화

A もしよかったら手伝ってくださいますか。

모시 요깟따라 데쯔닷떼 구다사이마스까

괜찮으시다면 도와주시겠어요?

B ええ。私の仕事が終わり次第、協力しますよ。

에- 와따시노 시고또가 오와리시다이 교-료꾸시마스요

네. 제 일이 끝나는 대로 도와드릴게요.

単語 終わり次第 끝나는 대로 協力 협력

관련 표현

■ 바빠서 고양이 손이라도 빌리고 싶다.
忙しくて猫の手も借りたい。
이소가시꾸떼 네꼬노 데모 가리따이

■ 도움이 된다.
助けになる。
다스께니 나루

▶ 猫の手も借りる는 고양이의 손이라도 빌린다는 표현으로 일손이 부족할 정도로 매우 바쁘다는 뜻을 은유적으로 표현하는 말입니다.

제가 할게요. 당신 일 보세요

私がします。あなたは自分の事をしてください。

와따시가 시마스 아나따와 지분노 고또오 시떼구다사이

▶ 自分은 자기 자신을 나타내는 말입니다. 다음 문장 표현들을 통해 좀 더 자세히 알아 보겠습니다.

회화

A 電球が切れたな。交換しないと。

덴뀨-가 기레따나 고-깐시나이또

전구가 나갔나? 교환해야겠네.

B 私がします。あなたは自分の事をしてください。

와따시가 시마스 아나따와 지분노 고또오 시떼구다사이

제가 할게요. 당신 일 보세요.

単語 電球 전구 切れる 끊어지다

관련 표현

■ 저의 자신 있는 분야니 제가 할게요.

私の得意分野なので私がします。

와따시노 도꾸이분야나노데 와따시가 시마스

■ 일을 멈추지 않아도 좋아요. 제가 할 테니까요.

手を止めなくていいですよ。私やりますから。

데오 도메나꾸떼 이-데스요 와따시 야리마스까라

▶ 手を止める는 손을 멈춘다는 표현이지만 이는 어떤 지속되는 동작이나 일을 멈춘다는 의미로 사용됩니다.

너무 촌스러워요

とてもダサイです。

도떼모 다사이데스

▶ 어떤 사람이나 내용이 유행과 거리가 있다는 의미의 표현입니다. 다음 문장 표현들을 통해 좀 더 자세히 알아보겠습니다.

회화

A これ、とてもダサいです。
고레 도떼모 다사이데스
이거 너무 촌스러워요.

B 意外とおしゃれに着こなせるかも。
이가이니 오샤래니 끼꼬나세루까모
의외로 멋지게 옷을 입는 것 같아.

単語　ダサい 촌스러운　着こなす 맵시 있게 옷 입다

관련 표현

■ 그는 패션감각이 없다.
彼はファッションセンスがない。
가레와 홧숀센스가 나이

■ 촌스러워도 괜찮아요.
ダサくても平気です。
다사꾸떼모 헤-끼데스

▶ 平気는 심리 상태가 아무렇지도 않거나 태연함을 나타내는 표현입니다. 동일한 의미로는 大丈夫를 사용할 수 있습니다.

생각날 듯 생각나지 않네요
思い出しそうで思い出せないです。
오모이다시소-데 오모이다세나이데스

▶ 상대방에게 전하고자 하는 내용이 생각나지 않을 때에 사용하는 표현입니다. 다음 문장 표현들을 통해 좀 더 자세히 알아보겠습니다.

회화

A 思い出しそうで思い出せないです。
오모이다시소-데 오모이다세나이데스
생각날 듯 생각나지 않네요.

B 思い出せないともどかしくなるよね。
오모이다세나이또 모도까시꾸나루요네
생각나지 않으면 초초해지죠.

単語 思い出す 생각해내다　もどかしい 안타깝다

관련 표현

■ 자. 그것이야 그것 무엇이라고 했더라…
ほらアレだよアレ、何つったっけな。
호라 아레다요 아레 난쯧땃께나

■ 목구멍까지 나올 것 같은데 나오지 않는다.
喉元まで出かかってるのに出てこない。
노도모또마데 데까깟떼루노니 데떼꼬나이

▶ 위의 내용에서 사용된 ~しそうで…ない는 '~할 듯하면서 …않는다'는 뜻으로 사용되어 안타까운 느낌을 표현하는 방법입니다.

저는 일찍 자고 일찍 일어납니다
私は早寝早起きです。
와따시와 하야네하야오끼데스

▶ 생활 습관을 나타내는 표현 중 早寝早起き는 일찍 자고 일찍 일어난다는 것을 말합니다. 다음 문장 표현들을 통해 좀 더 자세히 알아보겠습니다.

회화

A 小さいころからの習慣で私は早寝早起きです。
찌-사이꼬로까라노 슈-깐데 와따시와 하야네하야오끼데스
어릴 때부터 습관으로 저는 일찍 자고 일찍 일어납니다.

B 幼いころから習慣が大事ですね。
오사나이 꼬로까라 슈-깐가 다이지데스네
어릴 때부터 습관이 중요하군요.

単語 習慣 습관 心がける 마음에 새기다

관련 표현

■ 일찍 자고 일찍 일어나는 것을 마음에 새기고 있다.
早寝早起きを心がけている。
하야네하야오끼오 고꼬로가께떼이루

■ 어릴 때의 습관이 몸에 배어 있다.
幼いころの習慣が体に染みついている。
오사나이 고로노 슈-깐가 가라다니 시미쯔이떼이루

▶ 三つ子の魂百까지는 '세 살 아이의 정신이 백 살까지' 즉 '세 살 버릇 여든까지 간다'와 같은 뜻의 속담입니다.

아침에는 식욕이 없어요

朝は食欲がありません。

아사와 쇼꾸요꾸가 아리마셍

▶ 상대방과 아침 식사 습관에 대한 대화에서 사용할 수 있는 표현입니다. 다음 문장 표현들을 통해 좀 더 자세히 알아보겠습니다.

회화

A 私、朝は食欲がありません。
와따시 아사와 쇼꾸요꾸가 아리마셍
저는 아침에는 식욕이 없어요.

B 何でも口に入れたら良いですよ。
난데모 구찌니 이레따라 요이데스요
무엇이든 드시면 좋습니다.

単語 食欲 식욕 夏バテ 여름을 탐 赤ちゃん 아기

관련 표현

■ 여름을 타서 식욕이 없습니다.
夏バテで食欲がありません。
나쯔바떼데 쇼꾸요꾸가 아리마셍

■ 아기는 무엇이든지 입에 넣는다.
赤ちゃんは何でも口に入れる。
아까쨩와 난데모 구찌니 이레루

▶ 일본어로 '아기'를 나타내는 말은 赤ちゃん입니다. 모든 생명체의 아기가 태어날 때 붉은 색을 띠는 것에서 유래했다는 말이 있습니다.

아침형 인간이 되기 위해 일찍 일어나려고 해요

朝型人間になるように早く起きようと
思います。

아사가따인겐니 나루요-니 하야꾸 오끼요-또 오모이마스

▶ 상대방과의 생활 습관에 대한 대화에서 사용할 수 있는 표현입니다. 다음 문장 표현
들을 통해 좀 더 자세히 알아보겠습니다.

회화

A 朝早く起きてジョギングしました。

아사 하야꾸 오끼떼 죠깅구시마시다

아침에 일찍 일어나 조깅했습니다.

B 僕も朝型人間になるように早く起きようと思います。

보꾸모 아사가따인겐니 나루요-니 하야꾸 오끼요-또 오모이마스

저도 아침형 인간이 되기 위해 일찍 일어나려고 해요.

単語 朝早 아침형 人間 인간

관련 표현

■ 일찍 일어나면 어떻든 이득이 있다.
早起きは三文の徳。

하야오끼와 산몬노도꾸

■ 밤형 인간이 되어버렸다.
夜型人間になってしまった。

요루가따닌겐니 낫떼시맛따

▶ 일본 속담인 三文の徳는 과거의 화폐단위에서 '세 푼'이라는 뜻인 三文과 '이익'이라는 徳
가 결합된 뜻으로 아주 작은 가치로 얻을 수 있는 가치가 있다는 표현으로 쓰입니다.

잠을 깨려고 커피를 마셨어요

眠けを覚まそうとコーヒーを飲みました。

네무께오 사마소-또 고-히-오 노미마시다

▶ '졸음'을 일본어로 眠気라고 하며 졸음을 깨운다는 말은 覚ます를 사용합니다. 다음 문장 표현들을 통해 좀 더 자세히 알아보겠습니다.

회화

A 午後は眠たくて仕事が進まないです。
고고와 네무따꾸떼 시고또가 스스마나이데스
오후는 잠이 와서 일이 진척되지 않습니다.

B 私は眠けを覚まそうとコーヒーを飲みました。
와따시와 네무께오 사마소-또 고-히-오 노미마시다
저는 잠을 깨려고 커피를 마셨어요.

単語　眠け 졸음　覚ます 깨다

관련 표현

■ 잠이 와서 그대로 잠들어버렸다.
眠くなってそのまま寝てしまった。
네무꾸낫떼 소노마마 네떼시맛따

■ 잠을 쫓으려고 안약을 넣는다.
眠気覚ましに目薬をさす。
네무께 자마시니 메구수리오 사스

▶ 동작의 상태가 지속되고 있는 표현과 そのまま가 함께 사용될 경우, 해당 동작을 '그대로 유지하는 상황'을 나타냅니다.

이제는 세뱃돈 줘야 할 나이가 되었네요

もうお年玉をあげるような歳に なりましたね。

모- 오토시다마오 아게루요우나 토시니 나리마시다네

▶ '세뱃돈'을 일본어로 お年玉라고 합니다. 특히 한자를 잘 기억하시고 자주 사용되는 표현이므로 잘 익혀서 상황에 맞게 사용해보시기 바랍니다.

회화

A 就職もしたし、
슈-쇼꾸모시따시

もうお年玉をあげるような歳になりましたね。
모- 오토시다마오 아게루요우나 토시니 나리마시다네

취직도 했으니 이제는 세뱃돈 줘야 할 나이가 되었네요.

B たくさんはあげれないけど気持ちだけです。
다꾸상와 아게레나이께도 기모찌다께데스

많이는 주지 못해도 성의입니다.

単語 お年玉 세뱃돈   気持ちだけ 마음만

관련 표현

■ 세뱃돈을 받아서 기쁘다.

お年玉をもらって嬉しい。
오토시다마오 모랏떼 우레시-

■ 그저 마음 정도입니다.

ほんの気持ちだけです。
혼노 기모찌다께데스

▶ 인간관계의 대화에서 많이 쓰는 気持ちだけ는 마음을 나타내는 気持ち와 정도와 범위를 말하는 だけ가 결합되어 '마음만' 또는 '마음 정도'라는 의미로 사용이 됩니다.

Day 331 핸드폰 번호가 어떻게 되세요?
携帯の番号は何番ですか。

Day 332 키가 어떻게 되세요?
身長はどのくらいですか。

Day 333 나이가 어떻게 되세요?
お歳はおいくつですか。

Day 334 당신의 고향은 어디인가요?
あなたの故郷はどちらですか。

Day 335 저는 서울에서 15년째 살고 있어요
私はソウルに15年住んでいます。

Day 336 일본 노래를 부를 수 있어요?
日本の歌を歌えますか。

Day 337 노래 정말 잘하시네요
歌がほんとに上手ですね。

Day 338 저는 음치입니다
私は音痴です。

Day 339 제가 노래 부르면 소음공해입니다
私が歌ったら騒音公害です。

Day 340 큰 꿈을 가지세요
大きな夢を持ってください。

Day 341 빨리 꿈 깨세요
早く夢から覚めなさい。

Day 342 가끔 잠꼬대를 해요
たまに寝言を言います。

Day 343 코를 심하게 골아요
ひどいいびきをかきます。

Day 344 어제 저녁에 푹 잤어요
昨夜はぐっすり寝ました。

Day 345 누구랑 같이 온 거예요?
誰と一緒に来たんですか。

Day 346 일본인인 줄 알았어요
あなたが日本人だと思ってました。

Day 347 그렇게 할게요

そうします。

Day 348 곧 도착합니다

もうすぐ到着_{とうちゃく}します。

もうすぐ到着します。

Day 349 우리도 막 도착했어요

私_{わたし}たちも丁度_{ちょうど}着_つきました。

Day 350 무엇이 있습니까?

何_{なに}かありますか。

Day 351 말하자면 길어요

話_{はな}せば長_{なが}いです。

Day 352 감기에 걸렸어요

風邪_{かぜ}を引_ひきました。

Day 353 이번 시험 망쳤어요

今度_{こんど}の試験_{しけん}めちゃめちゃでした。

Day 354 작심삼일이에요

三日坊主_{みっかぼうず}です。

Day 355 식은 죽 먹기죠

お茶_{ちゃ}の子_こさいさいです。

Day 356 안색이 안 좋으시네요

顔色_{かおいろ}が良_よくないですね。

Day 357 도와주시겠어요?

手伝_{てつだ}ってくださいますか。

Day 358 제가 할게요. 당신 일 보세요

私_{わたし}がします。あなたは自分_{じぶん}の事_{こと}をしてください。

Day 359 너무 촌스러워요

とてもダサイです。

Day 360 생각날 듯 생각나지 않네요

思_{おも}い出_だしそうで思_{おも}い出_だせないです。

Day 361 저는 일찍 자고 일찍 일어납니다

私_{わたし}は早寝早起_{はやねはやお}きです。

Day 362 아침에는 식욕이 없어요

朝_{あさ}は食欲_{しょくよく}がありません。

Day 363 아침형 인간이 되기 위해 일찍 일어나려고 해요

朝型人間_{あさがたにんげん}になるように早_{はや}く起_おきようと思_{おも}います。

Day 364 잠을 깨려고 커피를 마셨어
요

眠けを覚まそうとコーヒーを
飲みました。

- -

Day 365 이제는 세뱃돈 줘야 할 나이
가 되었네요

もうお年玉をあげるような歳
になりましたね。

- -

MEMO